作者簡介：

溫斯頓・邱吉爾（Winston S. Churchill, 1874.11-1965.1），二十世紀偉大的政治領袖。一九○○年當選為英國保守黨議員，以後歷任英國政府殖民副大臣、商務大臣、內政大臣、海軍大臣、不管部大臣、軍需大臣、陸軍大臣、空軍大臣、財政大臣等要職，在每一個崗位上，他都做的有聲有色，頗有建樹。一九三九年英國參加第二次世界大戰後，他開始擔任海軍大臣；後來在一九四五年五月至一九四五年七月間，擔任聯合政府首相；一九五一至一九五五年間又出任保守黨政府之首相。由於在一戰期間擔任英國海軍大臣，二戰時又擔任英國首相，故兩次帶領英國渡過最艱難灰暗的時刻，並獲得了最終勝利。他高度的文學素養亦為舉世所公認，著作等身，包括有：《倫道夫・邱吉爾傳》、《我的非洲之行》、《自由主義和社會問題》、《人民的權利》、《我的早年生活》、《印度》、《當代的偉人們》，以及描述其先祖的《馬爾博羅傳》（四卷）、記錄第一次世界大戰之宏篇鉅著《世界的危機》（五卷）和大英帝國的歷史著述《英語民族史》（四卷）等。

人類的經典
（三十三）

英語民族史
偉大的民主國家

A History of the English-Speaking Peoples

（卷四）

溫斯頓・邱吉爾 著
Winston S. Churchill

劉會梁 譯

Original Title *"A History of the English-Speaking Peoples"*
Original Copyright © 1956 by Cassell Publishers Limited
This Edition arranged with Curtis Brown-U.K.
Through Big Apple Tuttle-Mori Agency, Inc.
All Right Reserved.

人類的經典 （33）

英語民族史(卷四)：偉大的民主國家

作者	溫斯頓‧邱吉爾（Winston S. Churchill）
譯者	劉會梁
系列主編	龐君豪
責任編輯	李育華
協力編輯	徐鵬博　陳相如　許雅婷　鄭秀娟
封面設計	郭佳慈
電腦排版	嚴致華　曾美華
社長	郭重興
發行人暨出版總監	曾大福
出版	左岸文化
發行	遠足文化事業有限公司
	231 台北縣新店市市民權路 117 號 3F
	客服專線：0800-221-029
	電話：（02）2218-1417
	傳眞：（02）2218-1142
	E-Mail：service@sinobooks.com.tw
版權代理	大蘋果版權公司
法律顧問	北辰著作權事務所　蕭雄淋律師
印刷	成陽印刷股份有限公司
初版	2004 年 3 月

ISBN　986-7854-55-1
有著作權 翻印必究（缺頁或破損請寄回更換）
Chinese (Complex character) © copyright 2004 by Rive Gauche Publishing House, An Imprint
　　of Walkers Cultural Co.
ALL RIGHTS RESERVED

國家圖書館出版品預行編目資料

英語民族史 / 溫斯頓.邱吉爾(Winston S.
　Churchill)著；劉會梁譯. -- 初版. -- 臺
　北縣新店市：左岸文化出版：遠足文化發行
　, 2004[民 93]
　　冊；　公分. -- (人類的經典；30-33)
　譯自：A history of English-speaking
peoples
　ISBN 986-7854-55-1(全套：精裝)

　1. 英國 - 歷史

741.1　　　　　　　　　93000691

左岸丰華——
多采深情的追尋

午后的空氣中凝結著的，是一份亟欲掙脫但又優游沈醉的心情。
不解、鬱結、搔首、頓足——怦然心動、展眉、手舞、弄足、高歌；
這是什麼樣的心情呵！
相傳 左岸就是醞釀這樣一種心情的地方。

閱讀，是什麼動機下的行為？
思索，背裡隱含著的又是什麼樣的企圖？
是為了取得生活技藝的需求？是出於對生命困惑的自省？
抑或純粹只是找尋舒緩心靈的藥方？
聽說 左岸也是一個對生命及自身存在意義的追尋者。

挫折總是在力所不及處蔓生，
但，也正是在每一次「勉強」克服了困難、跨越了挫折之後，
才能體悟到生命所釋放的酣暢淋漓。
閱讀及思索 也正是這樣一種自我蛻變的行為。
恰巧 左岸也有一份不安現狀的執著。

不是熱愛自己生活的人，不會文章有情；
不是那樣熱切地注視著人間世的心靈，
就不會比自己想像中的更沈醉——
沈醉在浩瀚知識的無涯裡。
可喜的是 左岸懷著對知識最純粹敬虔的依戀。

且讓左岸與您一起在閱讀中搔首延佇、隨想於多采深情的追尋裡。

左岸文化
2001

編輯室報告

　　每個時代與社會，都有特別關心的議題。回應這些議題的思考，在時間歷練、眾人閱讀之後，漸漸就形成了經典。後來者如我們在面對未知時，有了前人的思考，也就不至於從頭開始；如果我們說，站在巨人的肩上望前看才能看得更遠，正是因為前人的思考構成了巨人的臂膀。

　　本系列的出版主旨即在幫助讀者了解構成此一厚實臂膀的偉大心靈，推介對人類社會演進和自我認知上具啟發性和開創性影響力的著作。

　　當然，「經典」相對意謂著一定的時空距離，其中有些知識或已過時或證明有誤，那麼，為什麼現代人還要讀經典？

　　人類社會的歷史是條斬不斷的長河，知識的演進也有一定的脈絡。不論是鑑往知來，或覺今是而昨非，都必須透過閱讀「經典」與大師對話，藉由這種跨越時空的思想辯難才有所得。

　　在二十世紀的科技文明即將邁入下一個新世紀之前，左岸文化出版社整理推出一系列的經典著作，希望為社會大眾在面對未來愈趨多元的挑戰時，提供可立足的穩固基石。

左岸文化「人類的經典」編輯室　謹識

誌　謝

筆者要再次感謝狄金先生（Mr. F. W. Deakin）與楊格先生（Mr. G. M. Young）於第二次世界大戰前為準備此作品所提供的協助，對於一直協助完成本書的里茲大學（Leeds University）的阿薩‧布里格斯教授（Professor Asa Briggs）、曼徹斯特大學（Manchester University）的馬爾德溫‧A‧瓊斯先生（Mr. Maldwyn A. Jones）、牛津大學學院（University College，Oxford）的莫里斯‧蕭克先生（Mr. Maurice Shock），以及亞倫‧賀吉先生（Mr. Alan Hodge）、丹尼斯‧凱利先生（Mr. Denis Kelly）、安東尼‧蒙塔古‧布朗先生（Mr. Anthony Montagae Browne）及伍德先生（Mr. C. C. Wood），筆者都在此銘謝以誌不忘。對熱心閱讀這些篇章並發表評論的其他許多人士，筆者也表示感謝。

承蒙牛津大學出版社（the Oxford University Press）允許筆者引用《牛津美國史》(the Oxford History of the United States)，特此感謝。

序

拿破崙一八一五年的失敗,使得不列顛稱霸於地球上的大部分地區,所向無敵。法蘭西以及整個歐洲大陸的確都已筋疲力竭。統一的德國尚未崛起,而義大利依然支離破碎。俄羅斯正由西歐撤走。西班牙與葡萄牙的人民則在他們的半島上與熱帶殖民地上忙碌。在接下來的幾十年當中,革命與內戰侵襲著歐洲的許多強國,新的國家紛紛誕生。獨獨不列顛逃過了這些動盪,幾乎毫髮未傷。英語民族的拓展藉由出生與移民而盛況空前。

美國革命所造成的英美之間的決裂,尚未結束,也並非已成定局。當美國致力於安頓半個北美大陸之時,不列顛則開始佔據、開發地球上許多空著的地區。王室海軍在兩者之間的海域上維持著不偏不倚的管轄,屏衛著兩者免於舊世界的敵對與干擾。

在澳大利亞與紐西蘭的殖民,與因荷蘭衰敗而獲得的南非,創造了一個仍植基於海上霸權,並統治五分之一人類的嶄新且更為廣袤的不列顛帝國;不列顛歷史上在位最久的維多利亞女王(Queen Victoria),就在這帝國稱尊。在這個時期,基督教倫理所帶來的道德議題變得至為顯著。不列顛過去極其無恥由其中牟利的奴隸販賣,受到了王室海軍的鎮壓。在美國,歷經慘烈的內戰,犧牲了百萬生靈,才根除了奴役制度;最重要的是,聯邦保存了下來。

十九世紀是個有目標的、進步的、啟蒙的、容忍的文明時期。法蘭西大革命所引起的世界動亂,加上蒸汽機與許多關鍵發明所展開的工業革命,無可避免地導向民主時代。選舉權持續在歐洲所有西方國家中發展,就像美國的情況一樣,直到普天之下盡皆如此。許多世紀以來導引不列顛進步的貴族階級,在崛起的大眾當中消失了。在美國,沒有階級之分的政黨結構與金錢勢力在這塊美洲大陸上發展經濟之際維繫著社會結構。

在此同時，新的不列顛帝國或大英國協(Commonwealth of the Nations）在王室治下自治邦國的自願聯合以及意見一致的基礎上實行統治。維多利亞女王駕崩時，人們可能已相信過去許多世紀的難題正漸漸地獲得解決。但是此時在歐洲，曾因分裂而受阻或受限於殘留的中古制度但仍強大的條頓民族，開始以它爆裂的力量維護自己的權利。在這場爭鬥中，大不列顛與美利堅合眾國將首次爲了共同的目標而並肩作戰。

W. S. C.

查德維爾（Chartwell）、西罕（Westerham）、肯特

一九五七年二月十日

目次

地圖與系譜

第四卷

第十部

恢復與改革

第一章　勝利之後的和平

　　經過長達一代的戰爭之後，和平於一八一五年夏天來到歐洲，且將長久維持。雖然仍有民間騷動與局部軍事攻勢，但是不會熊熊燃燒成爲大火，和平一直要持續到日耳曼的擴展取代了法蘭西稱霸的時代爲止。在法蘭西大革命與同拿破崙的鬥爭中，不列顛都扮演著英勇的角色，團結她的人民，專心一致地終於完成任務。此後他們可以將精力用來發展擁有豐富資源的工業及商業；過去半個世紀，工商業早在這個島嶼上累積經驗，並受到二十二年戰爭的考驗與淬鍊。但是滑鐵盧戰役之後，繁忙的貿易及製造業，以及辛勤工作於其中的眾男男女女和兒童的需求與渴望，遠非國家領導者所能掌握。英國的政治不免停滯不前。托利黨人（Tories）──我們如此稱呼他們，但是他們並非所有人都願承認這個名稱──牢牢地掌握著權勢。他們透過主導戰時內閣（War Cabinet），而在對抗拿破崙的鬥爭中獲勝；他們實踐了反對法蘭西大革命思想以及反抗拿破崙帝國侵略武力的傳統。舉凡國內的資產家及具有獨立思考能力的人當中，許多人都是他們的盟友；這些人雖然不屑貼上黨派標籤，但是卻擁護當紅的托利黨的觀點。他們不僅自視爲這個島嶼的捍衛者，而且是一六八八年革命幾乎不流血而解決貴族政治的成果的捍衛者。受到法蘭西恐怖時代的震驚，英國的統治階級已經封閉起他們的心智而不思改變。長期的努力累垮了這個國家。休養生息一直要延續到一八五〇年才告結束。

　　政府中的主要人物爲利物浦勛爵（Lord Liverpool）[1]、卡斯爾雷勛爵（Lord Castlereagh）[2]，以及一八一八年後的威靈頓公爵（the Duke of Wellington）。卡斯爾雷與威靈頓廁身高位，位列同僚之上。歐洲在拿破崙敗亡之後所享受到的太平，大都得歸功於威靈頓豐沛的常識與精明的判斷力，以及卡斯爾雷的超然無私。儘管有許多挫敗與某些軍事上的謬誤，這些人總算是領導國家走向勝利。利物浦是查爾斯‧詹金斯(Charles Jenkins)之子，

而詹金斯是喬治三世（George III）治下分配政府權力的籌畫人，同時也是小皮特（the younger Pitt）[3] 親密的同僚。利物浦是位脾氣隨合、態度溫和的首長，也是容易相處的同僚。自從與法蘭西交戰以來，他幾乎持續地擔任許多不同的官職。一八一二年他當上了首相，以老練、耐心與隨遇而安的姿態主持國政達十五年之久。

卡斯爾雷在任職愛爾蘭事務首席大臣（Chief Secretary for Ireland）時於政壇上初試牛刀。在聯合王國（Union）與愛爾蘭談判的艱難日子中，當時政府過度行使權勢，他就已經見識到了十八世紀最嚴重的營私舞弊情形。他加入了戰時內閣擔任陸軍大臣（Secretary for War），但是在與同僚坎寧伯爵（Canning）[4] 發生眾所皆知的爭執，導致他們在普特尼荒野（Putney Heath）決鬥之後，不得不辭職。一八 ·二年卡斯爾雷重回政府內閣，被派到外交部任職。他是最後獲得勝利的聯盟（coalition）的創建者，也是和約的主要草擬者之一。他不太關心內政，而且他缺乏與自己的遠見相匹配的雄辯口才去闡述他的外交政策。卡斯爾雷不是演說家。他冷靜、鎮定的性情因為倨傲而頑固不通；他認為坦白告知公眾有關政府的計畫與措施是他屬下的事。不過，他是平民院的領袖。這個職位很少由資格不符的人士擔任。

所有的人都承認威靈頓是位赫赫有名的將領。他曾與拿破崙交鋒，並且將其打敗。他的政治概念很單純。他期望聯合所有的黨派，並灌輸他們維護現有秩序的職責。內閣中其餘的人都是窮兇極惡的托利黨人，例如大法官約翰·斯科特·埃爾登（John Scott Eldon）；現為西德茅斯子爵（Viscount Sidmouth），一度任首相，現任內政大臣的亨利·亞丁頓（Henry Addington）；以及殖民事務大臣（Colonial Secretary）亨利·巴瑟特斯伯爵（Henry Earl of Bathurst）。羅茲伯里勛爵（Lord Rosebery）曾經描述巴瑟斯特是「我們政治制度中那些莫明其妙的產物之一。他們完完全全默默無聞，卻擔任最令人目眩的官職。」這些人都是在世界革命的威脅之下開始他們的政治生命。他們在政治上的唯一目的是捍

衛他們已經知道的制度，毫不讓步。他們頑固不靈，幾乎無法掌握英國社會中山雨欲來的改變。他們是政府中持有土地權益的支持者，在愛爾蘭維護新教優勢，在英國本土內則支持英國國教（Anglicanism）。卡斯爾雷是外交專家，威靈頓是軍事專家。其他的人純然是托利黨的政客，一心一意盡其所能事情做得越少越好。

他們擁有許多優勢。不列顛的海上軍力、財政實力與韌性以及打敗了拿破崙。一八一五年夏天，不列顛與卡斯爾雷都站在歐洲的頂端，而數代的和平將視現在即將締結的歐洲協定之條件而定。必須由井然有序的制度取代強權國家之間支離與扭曲的關係；必須使法蘭西對未來無害；必須建立超乎民族相爭、理論對立及階級衝突的國際架構。這些創建新歐洲的條約，使不列顛涉入以前從未擔當的義務。她是處理法蘭西新疆界的當事者之一，藉此剝奪了復辟後的波旁家族（Burbons）的土地——即現在薩爾蘭（Saarland）與薩瓦的部分地區。法蘭西的疆土縮小到一七八九年的疆界，普魯士成了萊茵河流域的主要強國。佔領法蘭西東北的盟軍共十五萬人，全由威靈頓公爵指揮，其中有三萬不列顛部隊。雖然甚至在凱旋之日，托利黨人仍舊害怕對歐洲大陸做出種種承諾，卡斯爾雷堅決認為不列顛不應當放棄她在戰爭之際贏得的強權地位。他全然無視於民眾的激情、民族的仇恨以及任何想蹂躪戰敗敵人的欲望；他預見到對於歐洲的權力均衡，以及對不列顛、普魯士、奧地利與俄羅斯的利益而言，都有需要法蘭西的一天。他與威靈頓共同在法蘭西與對其懷恨的仇敵之間進行調解。若未能加以抑制，普魯士、奧地利與俄羅斯必然會分割日耳曼的諸邦，以苛刻的和約對付法蘭西，並且彼此為了瓜分波蘭而相鬥。不列顛充當調人的影響力是歐洲和平的基礎。

在十八世紀，歐洲列強並沒有互相磋商的常設機構，也幾乎沒有共同利益的概念。法蘭西大革命將它們團結起來抵抗共同的危險，現在它們決心維持團結防止危險進一步爆發。四大強國之前已

經結成聯盟，並且誓言視情況需要而就歐洲的問題進行會商。這個聯盟現在由歐洲大陸三位專制統治者——俄羅斯與奧地利的皇帝及普魯士的國王——組成的神聖同盟（the Holy Alliance）遞補。「神聖同盟」的主要目的是在歐洲出現革命的地方進行干預，並以合法性之名立刻對革命進行鎮壓。

　　卡斯爾雷對這件事興趣不大。他反對對主權國家的事務做任何的干預，不管這些國家是多麼之小，或者其政府可能採取何種忍讓態度。雖然他在國內被漫畫諷刺為反動分子，他可不是歐洲大陸專制政治的朋友。對他而言，四國聯盟（the Quadruple Alliance）與維也納會議（the Congress at Vienna）僅僅是討論歐洲問題的外交機制。在另一方面，奧地利的首相梅特涅（Austrian Chancellor Metternich）與他的同僚則視它們是保護既有秩序的工具。列強之間的這種分歧，部分是由於不列顛具有雖不完善卻代表國家的議會政府（Parliamentary Government）。卡斯爾雷的歐洲同盟都是專制君主政體的奴僕。不列顛是個世界強權，她的實力存在於廣布四方的貿易以及對海域的掌控。她的貿易不受歐洲盛行的觀念支配，不斷興隆且加倍成長。甚且，她久已習於公開辯論的統治階級，並不像各國受到激發及迷惑的專制君主一樣，同樣存有專制主義者的夢想。

　　儘管有這些歧異，維也納會議仍然奠定成了代表典型成功外交的紀念碑。它的談判錯綜複雜，令人嘆為觀止。除了令人生畏的「會議最後法」（the Final Act of Congress），在一八一五年前六個月當中締結的個別協議不少於二十七項；同一階段還在其他地方另外簽訂了二十項條約。不過，曾對他的皇帝拿破崙陽奉陰違、耍弄陰險的塔里蘭（Talleyrand），展示出堅定不移、富有才智的決心，要恢復他的國家在歐洲的地位。但是就現代的眼光來看，卡斯爾雷卓越超群，成了會議中的天才。他調停相反的看法，而他謙遜地期望能確保七年和平，結果則超出他的預期五倍。他代表一種以超然的均衡及不偏不倚的態度來處理歐洲大陸事務的解決方

式；這種方式雖然功過兼具，卻成為不列顛最佳外交政策的特色，並長達幾乎一世紀。維也納會議結束之後，分裂已不可避免；但是卡斯爾雷在會議結束之前至少獲得了一項勝利。在和約簽訂後的三年之內，不列顛的部隊撤出法蘭西的疆土，戰爭賠償金也付訖，法蘭西則成了受尊敬的國家而為歐洲會議（the European Congress）接納。威靈頓解除了在法蘭西時擔任的軍職，進入內閣，擔任還算適當的軍械署總監（Master-General of the Ordnance）之職。

　　英國政府在國內面對著微妙與令人困惑的經濟重建任務。戰爭結束所引起的脫節，與工業進展帶來的新問題，都非這些人所能補救或解決。不列顛較她的鄰邦早享受到工業革命的成果，卻也較早遭遇到工業革命的嚴酷煎熬。她在新的領域得到力量與繁榮，而同時間在簡陋城鎮中逐漸增長的大眾往往陷入污穢與悲慘的境地，成了無數有充分理由的不滿根源。她的技術領先地位，是基於十八世紀不列顛的發明家與生意人的才智與成功，以及主要的煤礦與鐵礦很幸運地彼此鄰近，並且也靠近海岸。海上稱雄，殖民地資源豐富，再加上運用貿易所累積的資金，工業運動得以滋長。蒸汽機漸漸被運用在當代的整個工業。在工程方面，精確的機具趨於完美，使得出產量大增。棉紡已機械化，工廠制度逐步成長。熟練的、仍然自己在家經營工作的人，逐步遭到了取代。機器、人口的成長以及就業方面廣泛的改變，在在呈現出難以應付的社會問題。執政者由於他們的背景與教養，大都沒有察覺到必須醫治的弊病根源。他們全神貫注於一個他們瞭解的問題──保衛財產。在一個正在快速變遷成工業性的社會中，他們大多數人都代表著固有的、擁有土地的利益團體。因為恐懼流血革命的執念，使他們甚至連微小的改革也無法完成。

　　拿破崙對不列顛的商業關上了歐洲大陸的門戶，而不列顛對此所回應的封鎖使得國內的工業更加雪上加霜。工業興盛的北方與密德蘭的失業情形更加嚴重。在一八一二年與一八一三年爆發搗毀機器的「勒德分子暴動」[5]，曝露出根本缺乏維持公共秩序的方法。

位於倫敦的內政部與全國的保安官彼此意見不一。這場失序的暴動
最後只能靠著老練、有效率的軍官指揮前來鎮暴的部隊，才鎮壓了
下來。在十八世紀，時常因為低工資與缺少就業機會而引起廣泛的
不穩定。當連續歉收驅使物價上漲，食物更加昂貴時，這種不穩定
就極易演變成暴動。穀物歉收加深了普遍的民間疾苦。但是十八世
紀的暴動通常不久便結束了。只要絞死幾個人，或判決流放到殖民
地去，便可以平息暴動。在國內繼續承受苦難的人，對於他們的悲
苦比較傾向於埋怨天地，而非責怪經濟或政治制度。在滑鐵盧戰役
之後，公眾的心情則迥然不同。極端主義的激進派（Radical）領
袖不再藏匿，現身出來接續進行長久存在且日益擴大的鼓吹教唆活
動。他們在法蘭西大革命期間被鎮壓下去的組織現在重新出現，並
且開始進行政治運動，不過平民院還幾乎沒有他們的代表。

　　依激進派的看法，只有政府應該為人民的不幸而受到責備，而
與機運或不可抗力（the Act of God）無關。面對這些指責的托
利黨內閣不知道該做些什麼。托利黨人的理念並不是將一切交由市
場上的討價還價方式來解決，也不是相信好運、忽視壞運。這個時
期的托利黨人認清了統治階級對全國福祉所負的責任，有時還為此
誇耀。政府的任務獲得充分的理解，一如埃德蒙‧伯克（Edmund
Burke）[6] 為它們所下的界說，即「公共安寧、公共安全、公共秩
序、公共繁榮」。其中的最後一項現在最為重要。麻煩的是，政府
處於以前從未遭逢的情況中，根本不知如何維護公共繁榮。即使他
們靈光乍現想出了計畫，也沒有具有經驗的公僕去付諸實施。結
果，對苦難的唯一補救之道，是私人慈善事業或「濟貧法」（the
Poor Law）。

　　在這些歲月中，很不幸的，不列顛國會中的反對黨勢力最弱。
在野長達一個世代的處境，使輝格黨人意氣消沈；他們自一七八
三年以來就不曾實際擔任官職。輝格黨人本身意見嚴重分歧，而
且沒有任何比托利黨更好的戰後重建計畫。沒錯，他們的主要興
趣都相同。就像他們的政敵一樣，他們代表地主階級以及倫敦金融

商務界。他們與政府唯一有嚴重爭執的議題是「天主教解放運動」（Catholic Emancipation）[7]，以及關於在新崛起的工業城鎮授與中產階級參政權及選舉權。輝格黨人在一七九○年代曾贊成國會改革（Parliamentary Reform）的主張。它曾經是根有用的木扙，可以用來鞭策小皮特的行政。但是他們對法蘭西的魯莽革命過程感到極度恐懼，所以他們的領袖只是漸漸地、勉強地重新拾起從事改革的熱情。同時，如同威廉·里茲利特（William Hazlitt）所言，這兩個黨像競爭中的驛馬車，泥土互濺，但走的是要到同一個地方去的同一條路。找到路子進入國會的激進派人數寥寥無幾，而無法成立有效的反對黨。他們一位老練的領袖約翰·卡特頓特（John Cartwright）四十年來一直利用一大堆小冊子鼓吹年年召開國會與舉行普選。他是位地主縉紳，許多議員都喜歡他，但是他從未進到平民院。在選舉權未改革的情形下，沒有選民會選他。激進派所使用的粗暴語言嚇到了托利黨人與輝格黨人。它使得工業階級與地主這些中上階級的人，對於所有改革提議的抵抗變得強硬起來。

英國的政治傳統是以國會為中心，人們仍舊期望國會診治當時的各種弊病。如果國會什麼事都不做，那麼國會的結構就必須變更。因此鼓動者就由發表對社會的不滿變成了要求國會改革。於是他們常舉行人數眾多的集會，大聲疾呼提出抗議。但是激進派的戰術太酷似法蘭西大革命分子的戰術，以致於得不到中產階級的支持。中產階級雖然仍未在國會中獲得較大的影響力，但是由於恐懼革命而只好訴諸最後手段，與地主階級站在同一邊。內閣徹底地感到煩惱。「人身保護令」暫時停止實行，同時還通過禁止舉行叛亂集會的法令。整個國家隨即掀起了新一波的示威浪潮。大批人士由曼徹斯特出發前往倫敦，提出反對政府措施的請願，每人都帶著毛毯準備過夜蔽寒之用。這次「毛毯黨」（the「Blankefeers」）的遊行使得當局深感困擾。帶頭的人都遭到逮捕，餘眾很快地被驅散了。在德貝郡（Derbyshire）的另一次起義很輕鬆地就敉平了。

這些請願活動與軍隊出兵鎮壓，都透露出情況的嚴重。不僅勞

工階級受貧窮的折磨，製造業階級與農業階級之間也有根深柢固的衝突。全國經濟失衡瀕危。戰爭債款已達到令人膽顫心驚的比例。公債持有者（fund-holder）擔憂國家財政不穩定。國家於一七九七年已經不採行通貨的金本位制（the gold standard），紙幣嚴重貶值。一八一二年國會的一個委員會建議回歸到金本位，但是英格蘭銀行（the Bank of England）持強烈的反對意見，結果此項建議並未付諸實現。皮特為了資助戰爭而推行的所得稅制度極不得人心，在工業中產階級當中尤其如此。此稅對年收入超過一百五十英鎊的人抽取百分之十的稅金，收入越少則稅率越低。一八一五年的所得稅收入達一千五百萬英鎊，在政府預算中佔有很大比例。農業與工業在戰爭結束時都搖搖欲墜。為了高利潤，大多資金都投入土地。和平的來臨使收成的售價大跌，地主大聲抗議政府輸入廉價的外國穀物。一八一五年的「穀物法」（the Corn Law）批准了一項措施，即除非國內小麥價格每季超過八十先令，否則便禁止外國麥類進口。麵包的成本上揚，製造業必須提高工資使員工免於饑餓。這回是製造業者促使所得稅遭到廢止，這樣做對他們有利，但是卻危及到政府預算。財政大臣尼古拉‧范西塔特（Nicholas Vansittart）拼命與赤字日益高增及通貨不穩定的混亂搏鬥，但是徒勞無功；在這些技術性問題的背後，窮困更為普遍而且加劇。

　　一八一九年發生了一樁事件，更使政府不孚民望，也增加了政府的恐懼。一場抗議大會在曼徹斯特城外聖彼得廣場（St Peter's Fields）進行，參加人數超過五萬，其中包括婦女與兒童。當地的行政長官慌張失措，在宣讀過「暴動法」（the Riot Act）之後，便下令義勇騎兵（Yeomanry）衝鋒。結果十一人被殺，其中二人是婦女，還有四百人受傷。這場「彼得盧」的屠殺（the"massacre of Peterloo"）──如此稱呼乃是語帶諷刺地與滑鐵盧戰役相提並論──引起了遍及四方的憤慨；政府採取大刀闊斧的步驟防止再度發生失序情形，結果使憤慨更加激昂。政府通過了規範公眾集會的

六項法案，包括授權行政長官沒收叛亂性文宣品、禁止未授權而舉行軍事形式的操練、對報業課以重稅以限制激進派報紙的發行量，以及規範逮捕令的發布及案件的移送審判。不久之後，發現了一樁針對整個內閣的陰謀。一小幫密謀者在厄治瓦路（Edgeware Road）轉過去的卡托街（Cato Street）遭到逮捕；他們在那裡開會，計畫在一場晚宴上殺掉所有的大臣，並佔領英格蘭銀行。

　　政府違反英國自由權的傳統原則一事，喚醒了輝格黨人的良知。他們認為「彼得盧」事件不能做為侵犯百姓權利的藉口。他們要求調查。自由權瀕臨破壞，他們十分瞭解這是一場抗爭。雖然在表決時喫了敗仗，不過他們頗為鎮定地接受敗績；因為他們像托利黨人一樣，也對苦惱整個歐洲的社會動盪感到害怕。與歐洲大陸大多數的國家比較起來，不列顛輕鬆地由這些煩惱的歲月中走了出來。但是海外動亂的景象使國內的諫勸黯然無光。到了一八一九年年底，貿易與農作收穫均有所進展。一位二十四歲就當上愛爾蘭事務大臣的托利黨年輕政治家羅伯特・皮爾（Robert Peel），由他擔任主席的委員會建議回歸到金本位。皮爾提出並且表決通過的一項法案，落實了委員會報告中的原則。最後終於由國會中一名無官職的議員（Private member）使幣值趨於安定。雖然有地主階級的利益團體蒙受到若干艱苦，大聲抱怨，但是英國似乎已有了轉機。

　　王室的個人事務再度於英國歷史上轉變成公眾所關注的事件。打敗拿破崙對於「王權神授」（the Divine Right of Kings）與君主政治的主張而言，誠然是凱旋告捷。但是法蘭西大革命共和政制的影響對大多數歐洲國家的輿論都留下了它的烙印，許多君主的惡行或無能輕易就成了批判與辱罵的目標。英國國王喬治三世（George III）長久以來就時斷時續地發瘋，政治家每隔一段相當時期，就必須考慮處理王室繼承的現實問題。一七八八年國王首次發瘋，使皮特遭到極嚴重的政治危機。應否由威爾斯親王（Prince of Wales）擔任攝政來行使權力一事，引起了查爾斯・詹姆斯・

福克斯（Charles James Fox）與輝格黨人的劇烈爭執，最後因爲
喬治三世突然復原而告一段落。一八一〇年，年老的喬治三世終於
陷入了無法醫治的低能狀態。他又活了十年，垂著白色長髯，穿著
紫色晨袍，在溫莎堡（Winsor Castle）的走廊到處漫遊。威爾斯
親王成了攝政，享受著不受限制的王室特權。他讓他輝格黨的老友
感到驚愕，因爲他任由他的托利黨顧問們掌權，並且大力進行戰
爭。姑且不論喬治四世（George IV）有什麼過錯，身爲攝政，他
支持威靈頓與卡斯爾雷，以及挺身對抗拿破崙的決心，應當在國史
上替他掙得一個受人尊崇的地位。

　　漢諾威王朝的王室家族現在已在英國的土地上牢牢地站穩了腳
跟。喬治三世在他比較快樂的中年歲月被人稱作「農夫喬治」
（Farmer George），深孚民望。在戈登暴動（the Gordon Riots）[9]
中，他是唯一沒有喪失膽量的人；當時瘋狂的新教暴民由一位心理
不平衡的貴族階級成員領導，使倫敦人心惶惶。喬治曾經遭受到美
國獨立戰爭帶來的災難。雖然他受到人民的愛戴，卻無法讓人民尊
他爲一位領袖。他娶了一位日耳曼公主——夏洛蒂王后（Queen
Charotte），她爲他生了一大堆兒子，其中七個長大成人。可是他
們之中沒有任何人幫王室增添尊嚴或光采。

　　宮廷的氣氛與其他日耳曼小邦國的氣氛相同。一切都很僵硬、
狹窄、守舊。將成爲喬治四世的精力充沛少年不久就開始忤逆他力
持端莊的母親與講究節儉的父親。他有種易於與人——時常都是可
疑人物——結交的天賦，使他與家人更加疏遠。他的兄弟們被送到
日耳曼去接受徹底條頓民族的基礎訓練，使他很早就被剝奪了與手
足爲伴之樂。喬治四世身爲王位繼承人，必須具有英國的背景；而
他從比較親密的朋友圈子當中——如查爾斯・詹姆斯・福克斯、理
查德・謝里登（Richard Sheridan）[10]與美男子布魯梅爾（Beau
Brummel）[11]——很快地學到了十八世紀英國縉紳的品性——四
處舉債、衣著華麗、高談闊論。他的天生智力與良好品味無所羈絆
地盡情發揮，他自我表述的才賦往往浪擲在低俗的戲劇化情感中。

他的自我放縱扭曲了他的判斷力，而輕浮佻達敗壞了他的舉止。縱情逸樂與王室職責發生衝突之時，通常都是逸樂佔了上風。身兼攝政及國王，孤高的地位無情地彰顯出他無法冷酷待人的弱點。

一七八四年這位王子戀愛了。他的選擇很不幸。瑪麗亞‧菲茨赫伯持（Maria Fitzherbert）不但是個出身默默無聞的平民，而且還是位天主教徒。她的德行無懈可擊，只有正式的婚姻才會讓她接受。當這位在歐洲中新教徒色彩最鮮明的王儲堅持要娶一位已經二度守寡、信奉天主教的寡婦時，王子的輝格黨朋友都不免大為驚惶。根據「王室婚姻法」（the Royal Marriage Act），這椿結合並不合法，喬治的行為對他自己或他的地位都沒有好處。這段偷偷摸摸開始的關係，加上喬治的暴躁性情，果然造成負面作用。菲茨赫伯特夫人端莊文靜，並不是能長久抓得住他的女性。兩人關係滑落到戀情被迫曝光之前的祕密狀態，直到喬治四世訂下了第二次、合法的、門當戶對的婚姻之後若干年，兩人關係才終於破裂。

一七九六年他奉雙親之命娶了不倫瑞克公國（Brunswick）[12]的卡洛琳（Caroline）。她是一位聒噪、反覆無常、相貌不揚的日耳曼公主。他一眼看到新娘就不禁魂飛魄散，以致他在醉酒中度過婚姻生活裡的第一個二十四小時。結婚幾天之後他寫了一封信給他的妻子，免除她任何進一步的夫婦之間的職責。幾年之後他開始向傑西夫人（Lady Jersey）尋求慰藉。他對卡洛琳的恨意日增。他們短暫的結合生下了一位精神奕奕、心地善良的女孩──夏洛蒂公主（Princess Charlotte）。她發現她的母親與父親完全一樣令人不滿意。一八一四年喬治四世禁止他的妻子進出宮廷，在一次難看的口角之後，她離開英國到歐洲去旅遊，並且矢言將在她的丈夫登基的時候回來折磨他。

英國政府對於繼位的問題感到很苦惱。夏洛蒂公主已嫁給了薩克森科堡（Saxon Coburg）[13]的利奧波德王子（Princes Leepold），即後來比利時的國王；但是一八一七年她因難產而去世。她的嬰兒是個死胎。喬治的弟弟們，雖然方式不同但全都行為

古怪，根本不受人歡迎；如同威靈頓所言，他們是「掛在任何政府脖子上最糟糕的石磨，……他們本身就是對英國三分之二的紳士們的一種侮辱。」他們不僅缺乏魅力，而且沒有法定的子嗣。但是他們深知自己地位的重要性。在王室婚姻市場上，他們對政府而言具有現金的價值。他們多半已經與婦女涉及長久的不合法關係。不過，一八一八年克拉侖斯公爵（Duke of Clarence）與肯特公爵（Duke of Kent）都爲了一筆錢而盡了他們的王室職責。肯特與一位日耳曼人聯姻，然後退居到直布羅陀鍛練他的武術天賦。這項聯姻所生的女兒就是未來的維多利亞女王。

威爾斯親王長久以來就盤算著與他四處旅遊的妻子離婚。但是利物浦的政府甚爲擔心。親王窮奢極侈，他在布萊頓（Brighton）與溫莎投下鉅資的建築實驗，引起他們的焦慮，並且在國會中引起反對的言論。大法官是托利黨人中最嚴格的，大聲反對任何離婚的主意。主教委員會採取同樣但適度的態度。但是喬治（即威爾斯親王）固執己見。他任命了一個專門委員會去調查卡洛琳的言行。委員會的人趕到義大利，由卡洛琳聲名狼藉的侍從那裡搜集證據。一八一九年七月政府接到了報告，其中提出相當多不利於她的間接證據。喬治樂不可支，而利物浦與內閣則感到不安。自從一七一四年以來，王室的爭吵就已爲黨派的政爭提供武器彈藥。反對黨一定會支援這位受到傷害的妻子的立場。

王妃的主要法律顧問是亨利‧布魯厄姆（Henry Brougham），他是輝格黨年輕黨員中最能幹的。這位富有機智、雄心勃勃並且無所憚忌的律師，看出來這個案件對他的黨具有價值，儘管他並不深信他的客戶卡洛琳清白無辜。他取得政府的信任，期望藉由妥協而使他自己獲得晉陞。但是發瘋的老王喬治三世於一八二〇年一月駕崩，因此得決定新君配偶的地位。喬治四世身患重病，但是他對卡洛琳的恨意支撐並促使他復原。他堅持要將她的名字自教堂祈禱文中除掉。內閣呈給他一分惴惴不安的奏章，指出此行動的重重困難。但是他現在已是國王。他警告要將他們革職，並且威脅要退居

漢諾威。對於國王的決心，輝格黨人像托利黨人一樣感到驚惶。他們也害怕如此做法對國會與政治圈外的興論所產生的影響。不論發生什麼事，都會成為醜聞，而使得君主制度名譽掃地。

　　卡洛琳開始展現出她的手腕。一八二〇年四月，倫敦報紙出現了一封由她簽名的公開信，詳述她的悲哀苦惱。倫敦金融商界的激進派支持她的同情心就這樣輕易地被引發出來。市議員伍德（Wood）與她頻繁通信，承諾給予她熱烈的歡迎。激進派看到了可以使傳統政黨名譽掃地的機會。政府做了最後的努力，派布魯厄姆在卡洛琳王后返回英國的路上將她攔截下來。於是他在聖托美（St Omer）與王后匆匆地舉行了會談。但是沒有任何東西可以擋住被激怒的王后，何況激進派的建議更加煽動了她的拗勁。她於六月在英國登陸，在人們激烈的熱情場面中由多佛（Dover）驅車前往倫敦。她的鸞駕在大多數路程中都由精力旺盛的支持者拖著前進。她的抵達產生了很大的騷動。

　　政府勉強地決定徹底辦完這件事。貴族院成立了一個祕密委員會（Secret Committee of the Lords），他們的報告勸利物浦當局在王后如果被證明有淫亂罪時，引用「刑罰法案」(Bill of Pains and Penalties）。對英國現狀不滿的民情現在轉移焦點到針對君主制度狀況的全國調查上面來了。與此有關的王室人物之品格全都受到了無情的調查。由倫敦市的激進派帶頭，代表卡洛琳王后發動了一個籌備周全的運動，現在布魯厄姆已經無法走回頭路了。歡呼的群眾每天都聚集在她倫敦宅邸的外面。她在公眾場合露面都受到大聲的喝采。對她的案子持反對立場的政客一旦曝光，他們的車子便會被人砸石頭。七月，在西敏寺宮（Westminster Hall）為這項指控案舉行聽證會。在冗長的會議中，司法大臣（Attorney General）代表政府提出指控，並且傳喚來自卡洛琳流浪宮廷中令人無法信賴的義大利證人。她的典禮官（Master of Cermonies）伯佳密（M. Bergami）在她身邊安插無數他自己的親戚，頂著虛假的頭銜。而這雜亂的一夥人若干年來一直在地中海沿岸國家旅

遊，惹來許多政府的嘲笑與侮辱。侍從與貼身女侍的證詞充滿矛盾與卑鄙，都在威斯敏特宮當眾呈示。關於鑰匙孔、失禮的服裝與行為，使公眾大飽耳福。倫敦報業公開抨擊證人的可信度，以及證人那口破爛的義大利式英文與醜陋的相貌。利‧亨特（Leigh Hunt）[14] 寫下了辛辣的詩句：

> 你發誓──你發誓──「啊是的，先生。」
> 經由那雙重門，呃
> 你看到了她思春想偷情？
> 「正是如此，閣下──是的，先生！」

當時的一位史家寫道：「有十五天之久，全國人民都很可憎。」由布魯厄姆主導辯護。他將喬治四世一七九六年所寫的那封免除他妻子所有婚姻義務的信取了出來，產生了很大的影響。要指出那些呈示出的矛盾證據根本無法適用「刑罰法案」中的離婚條款，可說是毫不困難。他大膽地抨擊這樁案件幕後蒙著面紗的人物──國王本人，並且引用《失樂園》（Paradise Lost）[15]，幸災樂禍地中傷喬治四世的肥胖：

> 另一個形態──
> 如果它可以被稱為形態──沒有任何可以辨認的肢體、關節或手腳；
> 它既可稱為影子，又可稱作實體，
> 或者兩者都不是……
> 它的頭上似乎戴上了與王冠相似之物。

貴族院議員都認為王后有罪，但是認為離婚是不智之舉，所以「刑罰法案」僅以九票之差在貴族院獲得通過。輝格黨人看到妥協已不可能，便投票反對政府。他們的領袖格雷伯爵（Earl Grey）

宣布他相信卡洛琳清白無辜。內閣現在認定使「法案」在平民院強行過關的機會很小，便撤除提案，這件事就此落幕。倫敦的民眾樂得放縱喧鬧；整個城市張燈結彩。大臣府邸的窗戶都被人打破。西德茅斯勛爵首先遭殃；他很謹慎，不讓他的幾個女兒看報紙。但是群眾的興奮像泡沫一樣很快就退了。卡洛琳獲賜五萬英鎊的年金，對此她倒未倨傲地加以拒絕。這次危機的一項政治後果，是與王后友誼甚篤的喬治‧坎寧辭職。這位皮特的天才門生於一八一六年重新加入行政組織，擔任監督印度政府之監督委員會的主席（President of the Board of Control）。他的影響力擴及其他領域，他當時的離去是內閣嚴重的損失。

　　兩個更加令人困窘的場面結束了這個令人惋惜的故事。一八二一年七月，喬治四世在西威寺大教堂隆重地加冕。卡洛琳企圖強行進入教堂內，但是因為沒有請柬而遭到擋駕。一個月之後她就去世了。當局企圖將她的棺木偷運出國但並未得逞，一場得意洋洋而十分喧鬧的葬禮行列通過了倫敦市。這是激進派由這椿事中獲得的最後勝利。

　　為王后而引起的騷動主要是表達不滿。它代表在這些戰後歲月中激進派運動的最高點。不過，到了一八二〇年年底，工業與貿易雙雙復甦，大眾的騷動便風平浪靜下來。全國大眾天生就是保王黨，君主個人的缺陷對於根深柢固的傳統幾乎毫無影響。一六八八年革命而確立的君主制度不會被棄置。坎寧自己低估了這個國家深沈的保守主義。貝德福德公爵（the Duke of Bedford）在危機中失掉了勇氣，以致於宣布「君主制度已經告終」。埃爾登展現出較佳的判斷力：「這兒的下層社會都是王后的子民；而中層或上層社會只有少數是站在王后這邊，除了浪蕩子，或那些致力於在災難中漁利而攫取權勢的人。……下層社會確實有憂慮不安的傾向；但是仔細觀察的結果，這種傾向並不是動盪的重要因素。」

　　這個插曲的政治影響並沒有隨著坎寧的辭職而結束。托利黨的行政組織大都是由上了年紀的反動分子組成，實力已經大為減弱。

它與一般社會輿論有距離，極其需要新血。輝格黨也被逼得承認他們缺乏大眾的支持，年輕的議員則看到了「輝格黨與人民之間舊有的自然聯盟」現在陷入了危機。因此他們開始重振對於國會改革的興趣，而此種改革不久就成了這個時期的問題。

【1】　譯注：全名爲羅伯特・班克斯・詹金森（Robert Banks Jenkinson）。
【2】　譯注：全名爲羅伯特・斯圖亞特（Robert Stewart）。
【3】　編注：William Pitt the Younger (1759-1806)，一七八三年被任命爲首相，時年二十四歲。他所主持的內閣持續了十九年，至一八〇一年才告結束。任內於一七八三至一七八九年間拯救英國財政免於崩潰，然而一七九三年爆發的法蘭西戰爭卻讓這項政績功虧一簣。
【4】　編注：George Canning (1770-1827)，一八一二至一八二三年擔任利物浦的平民院議員，他反對議院的改革，認爲此舉爲導致革命的先兆。
【5】　譯注：the Luddite riots，指一八一一年至一八一六年英國手工業工人參與搗毀機器運動的人；又有人譯作「拉德派」，因其領袖爲勒德而有其名。
【6】　譯注：Edmund Burke（1729-1797），英國輝格黨（Whigs）政論家。
【7】　譯注：指英國一八二九年的天主教徒解脫法，允許愛爾蘭的天主教徒擔任議員和公職。
【8】　譯注：William Hazlitt（1778-1830），英國作家、評論家，著有散文集《席間閒談》等。
【9】　譯注：一七八〇年由查爾斯・喬治・戈登勛爵（Charles George Gordon）在英國煽起的反天主教暴動。
【10】　譯注：Richard Sheridan（1751-1816），英國戲劇家，一七八〇年當選下院議員，曾在外交部等任職，著有《造謠學校》等劇本。
【11】　譯注：Beau Brummel（1778-1840），全名爲George Bryan Brummel，英國紈褲子弟，其深色樸素的服式成爲英國攝政時期另式流行服裝的代表。
【12】　譯注：德意志聯邦共和國東部一地區。
【13】　譯注：又作Saxon-Coburg-Gotha，舊時德意志中東部圍林根地區一公國。
【14】　譯注：全名爲James Henry Leigh Hunt（1784-1859），英國詩人、散文家、評論家，在政治上激進，主張社會改革。
【15】　譯注：英國詩人密爾頓所著之長詩。

第二章　坎寧與公爵

　　在喬治四世統治的十年期間，舊的政治黨派集團正在快速地解體。一個多世紀以來輝格黨與托利黨因不同的、引起爭論的議題，在平民院中彼此相鬥。輝格黨則還有內鬥。現代學者深入探究「家族關係」（family Connection）與商業利益團體，企圖指出十八世紀的不列顛根本沒有所謂的兩黨制。如果說歷史的特徵是謹慎小心，那麼能說的便只有：當權者受到未當權者極力的反對，同時在這兩者之間有許多心存中立的縉紳，不論哪個集團當政，他們都心平氣和地準備予以支持。對於國會辯論這個大時代而言，這樣的說法不算是蓋棺論定。在政壇上進進出出的人可能都有名有姓，但是為何不使用他們的支持者扔給彼此的「輝格黨」與「托利黨」這些名稱呢？無論如何，在一八○二年代一個具有托利黨面貌的政府曾經掌權達三十年之久，其間從未中斷。

　　這個政府成功地帶領全國走過不列顛歷來最長而又最危險的戰爭。它也在五年戰後的動盪不安中熬了過來，雖然聲譽並不光彩。然而工業革命帶來了一連串專門的行政問題，無論貴族的或農業的黨派，輝格黨或托利黨，都無能加以處理。十九世紀籲求重新闡釋政府的職責。新的原則與學說正在興起，這將會粉碎舊的黨派，並且在維多利亞時代予以重塑與重新創造。這些發展都需要時間，但是由小皮特建立的政黨已經感受到它們的騷動與壓力。皮特已經將他那個時期正在成長中的商業與貿易利益團體爭取到托利黨這一邊，而他推動的自由貿易與行政效率的政策也爭取到工業界的領袖，例如羅伯特‧皮爾與威廉‧尤爾特‧格拉史東（William Ewart Gladstone）兩人各自的父親的支持。但是在戰爭時期，皮特建立的傳統漸漸黯然失色。較年輕的忠實信徒努力推行他的觀念，但是政府中的繼任者卻都缺乏他那樣的聲望與遠見。缺少有技巧的經營，地主縉紳與新興商人階級的結盟就注定要瓦解。穀物的種植者與勞工的雇主幾乎沒有什麼共同之處，皮特仍然在世的時候

他們便開始不和。破裂一直延後到皮爾執政之日；但是自從戰爭結束以來，由於農產品價格下跌，以及為「穀物法」(the Corn Laws)吵得舌乾唇焦聲中，雙方的衝突早就更形加劇。卡洛琳的離婚已經使政府名譽掃地，實力減弱。人們尚未盼望政黨能有所幫助並且能提出雄心勃勃的行動方案。甚至對支持利物浦政府的友人而言，這位勛爵的行政方針除了保存現有的制度之外，便別無目標或目的可言。

托利黨的少壯派，以喬治‧坎寧為首，並受到商人代表威廉‧赫斯基森(William Huskisson)的支持，倡導回歸到皮特自由貿易以及明智的為商業立法的政策。但是，甚至於他們自己也都不團結。「天主教解放運動」這個議題不久就會使托利黨昏頭轉向並且分裂，而在這個議題上他們也受到同一世代人的反對。羅伯特‧皮爾於統治愛爾蘭的六年期間，曾經成功地壓制強烈的不滿與潛伏的反叛，維護英國的統治地位。他相信「可敬的專制政府至此刻為止將是最適合愛爾蘭的政府」。他恩威並施，藉此強制取得相對而言比較安定的秩序跟平靜。就事論事，他的方法與成效都不曾博得愛爾蘭人的喜愛。他回得國來，深信「天主教解放運動」不但會危及在愛爾蘭的新教，而且還危及在西敏寺的整個政治體系。早在十九世紀尚未結束之前，種種事件都證明他的看法是對的。同時，皮爾為了托利黨未來的領導權而成了坎寧的對頭。他們的個性更加深他們的糾葛。坎寧對半島戰爭(the Peninsular War)的籌畫與發動曾經扮演過領導的角色。他主要的興趣在外交事務方面。但是他與卡斯爾雷的爭執似乎阻礙了他在這方面的發展。老一代的議員都不信任他。他才華洋溢、機智、活潑又天生善於譏諷，以致於樹敵不少。說他為人不可信賴的傳言發展開來，他的上司都認為他是個陰謀者；當他於一八〇二年因國王離婚一事而辭職時，一位托利黨的貴族院議員意味深長地宣布：「現在我們擺脫了那些討厭的天才。」一八二二年八月，坎寧被授以印度總督(Governor-General)之職。他自己對這體面的流放甘之如飴；他的政治生命

似乎已到了終點。然後，命運居然從中插手。當船隻溯泰晤士河而上，來接他到東方去的時候，卡斯爾雷因為工作過度而心智錯亂，在自己家中的化妝室割喉自殺。此時，坎寧在政府中的存在便至為必要：他被任命為外交大臣，而他在這個職位上支配著英國的政治，直到五年之後他去世為止。

內閣進行改組，由皮爾主持內政部，赫斯基森主持貿易監督委員會。政府現在於平民院有多達三位的重要內閣成員。一八一五年內閣四分之三的成員都進入貴族院。接下來的歲月所看到的是更加開明的托利黨主政時期。坎寧、皮爾和赫斯基森奉行大膽的政策，這些政策在許多方面都勝過輝格黨人所提的建議。皮爾對刑法做了改革，倫敦警力便是由他創始。赫斯基森徹底革新了關稅制度，並繼續皮特的工作，廢除違反經濟原則的稅賦，並且修改關稅。由於國內價格上揚，坎寧力促降低穀物稅。這樣做一定會將衝突帶進托利黨的陣營。他明白這會在國內引起困擾與政治危機，因而在一個場合宣布：「我們現在瀕臨財產與人口的嚴重搏鬥。……這樣的搏鬥只有靠最溫和且最開明的立法來避免。」他自行擔起這個紓解異議的重任；但是當危機來臨時，必須挺身面對的卻是皮爾。

每年都會提出的「天主教解放運動法案」又被提了出來，使得支持政府的反動分子感到不寧。但是對於某個議題，坎寧的態度很堅定：他是現行選舉權的頑強辯護者。他相信藉著具有遠見的商業措施以及符合民意的外交政策，可以避開國會改革的難題。但是歲月不饒人，他並未來得及察覺自己錯了。

坎寧擔任外交大臣遭遇到的第一個任務，便是西班牙的危機。曾經奮鬥反抗拿破崙的民眾領袖，現在不服專制的波旁政府；他們成立了革命的軍政府（Junta），並且依一八一五年在法蘭西樹立的模式宣布立憲。坎寧曾支持一八〇八年的西班牙民族起義，個性上傾向同情；但是梅特涅與神聖同盟視不久就蔓延到波旁家族那不勒斯王國（Kingdom of Naples）的反叛，是對君主立憲原則以及整個歐洲體系的威脅。一八二二年秋天舉行的維洛拉會議

（Congress of Verona），討論是否爲波旁家族對西班牙進行干預。身爲不列顛代表的威靈頓在會議中退席，因爲卡斯爾雷指示不列顛將不會在這樣的行動中扮演任何角色。坎寧極其同意這種見解，並在英國大肆宣傳此事。不列顛外交政策的整個傳統，的確反對對其他國家的國內事務進行干預。但是奧地利與俄羅斯決心行動。他們已經整裝待發了。而以前的敵人法蘭西，貪圖自己的威望。復辟的波旁政府害怕革命分子，提議派軍遠征西班牙，爲裴迪南國王（King Ferdinand）恢復他的專制權力。在維洛拉會議中，這個提議被接受了。坎寧不願管此閒事。但倫敦的民眾極其興奮。英國的志願兵前往西班牙擔任西班牙「自由黨」（Liberals）的防禦軍力；「自由黨」這個名稱因西班牙叛亂而進入英國政治，而「保守黨」（Conservatives）一詞則由法蘭西傳入英國。但是坎寧同樣反對正式介入「西班牙自由主義」（Spanish Li beralism）。輝格黨基於這一點對他展開抨擊。不列顛的這些因反省而引起的分歧，對於西班牙並未造成多大影響。法蘭西的遠征未遭到任何嚴重的抵抗，西班牙的自由黨人退到了卡地茲（Cadiz）並且投降。

　　此時，歐洲之外的地方隱然出現了一個更大的議題。不列顛對於西班牙的立憲幾乎沒有什麼直接的興趣，但是她曾經想爭取南美洲西班牙殖民地的貿易達兩個世紀之久。這些殖民地的自由對她而言很重要。在與拿破崙作戰期間，這些殖民地都嚐到了自治的滋味。當波旁家族在馬德里復辟的時候，它們並不喜歡看到西班牙王室統治的復甦。遍及整個安地斯山脈（the Andes）的軍事攻勢都是爲了解放南美洲而戰。到坎寧出掌外交部的時候，現在在地圖上出現的大多數共和國，或許不安定，但已經個別地獨立於世。同時，不列顛與這些區域的貿易來往自一八一四年以來已經增值三倍。如果法蘭西或神聖同盟在新世界（the New World）從事干預，如果歐洲部隊奉遣越過大西洋去降伏叛亂者，所有這一切都會喪失，而且還會有更多其他損失。這些危險使坎寧備感憂心。他很敏於掌握英國商業界的支持，而這些人對於危局至爲敏感。他於是

決心採取行動。他敦促美利堅合眾國與不列顛聯手反對歐洲對於大西洋對岸的南美洲國家進行干預。當美國人考慮此項提議的時候，坎寧也向法蘭西交涉。法蘭西無意開始與不列顛發生海外的爭執。她否認在南美洲使用武力，並且放棄對南美洲的殖民野心。因此神聖同盟也受到阻撓而無法行動。猶如坎寧後來以得意的詞句宣布的，他「令新世界得以存在，藉此匡正舊世界的平衡」。

同時，新世界自己有話要說。美利堅合眾國不希望看到歐洲的爭執傳到大洋的另一邊來。她已經承認拉丁美洲各主要共和國的獨立。她並不想要歐洲王室胸懷大志的王親貴胄渡海而來，在這民主大陸自立爲君主，更不希望歐洲人再來美洲從事征服與殖民。坎寧所提英美聯合聲明的建議開始變得很有吸引力。兩位受人尊敬的前任總統——傑佛遜與麥迪遜——與門羅總統（President Monroe）都同意那將是受人歡迎及影響深遠的一大步。他們都心知肚明俄羅斯在太平洋的大計以及來自歐洲的威脅；因爲俄羅斯佔領了阿拉斯加（Alaska），沙皇要求領土權利延伸到美國西海岸的加利福尼亞，他的特務在那裡很活躍。然而門羅以脾氣謹慎頑固、對不列顛存有疑心的約翰·昆西·亞當斯（John Quincy Adams）擔任國務卿。亞當斯不信任坎寧，認爲坎寧擁有「就國務大臣（the Minister of State）而言未免多了些的心計」。他相信合眾國應該採取主動。如果在未來的某個時候，古巴或者甚至於加拿大，想要加入美利堅這偉大的共和國（the Great Republic），那麼與不列顛關於這個大陸不可侵犯的聯合聲明難道不可能損害到這些可能性嗎？美國人要是較聰明的話，是放手不管。像亞當斯在他的日記中所記，「對俄羅斯與法蘭西明明白白地公開宣布我們的原則，比尾隨在不列顛的軍艦後面做一隻供應船，要來得坦蕩、來得莊嚴。」因此在一八二三年，門羅總統每年對國會發表的咨文中提出了純粹的美國主義——門羅主義（the Monroe Doctrine），自從那個時候起它就時常在對歐洲事務中爲人提及。門羅說：「美洲大陸，憑藉著它們所承擔與維持的自由及獨立，此後將不被任何歐洲強國視爲

未來殖民的所在。……他們任何意欲將他們的（政治）體制擴張到
這個半球的任何部分的企圖，我們都視之為危及我們的和平與安
全。」這是擲地有聲的權利主張。世界其餘各國接受這個主張，乃
是有賴於友善的「不列顛軍艦」保持警戒，但這卻是很少被公開承
認的事實。一個世紀中在最佳的狀況下，王室海軍一直是美洲自由
最堅強的保證。因此在不列顛的保衛下，美洲大陸才能不受任何阻
礙而開創它自己的命運。

　　門羅著名的主張對不列顛與持獨裁主義的列強都傳達出警告。
坎寧瞭解因為美國人現在已聲言在美洲大陸佔有優勢，在此與合眾
國競爭與對抗必有風險。他決心避免可能傷害不列顛本身適當利益
或陷入困窘的所有衝突。不過，大多數的危險仍然尚未來到，為此
爭辯毫無意義。他私下發表的評論很簡短，並且切中要點。他寫
道：「合眾國所公開宣稱的主張，自居於美洲同盟的領導地位，並
欲指揮同盟反抗歐洲（包括大不列顛在內），這與我們的利益並不
一致，也不是我們所能支持或容忍的。在理念上對其加以反駁可說
毫無用處，但我們也絕對不能對這項主張表達任何似乎加以承認的
說法。」

　　不久以後，不列顛正式承認了南美洲國家的獨立。根本不喜歡
共和國的喬治四世以及坎寧在政府中的許多同僚，都極力反對這個
行動。甚至現在，國王都拒絕宣讀包含這項宣布的王室演說，而由
大法官勉強代他宣讀。所以坎寧的意見佔了上風。他為南美洲所施
展的手腕，大概可能被評斷成他外交政策方面的最大勝利。但是這
並不是要求他做出果決行動的唯一領域。

　　在與拿破崙戰爭最惡劣的歲月，不列顛為了保衛葡萄牙發動了
最大的軍力。現在我們最長久的盟友再度呼籲援助。南美洲再度牽
涉了進來。葡萄牙的殖民地巴西已經宣布獨立，而且令人驚訝的是
接受王室一位駐地親王做為它的統治者。坎寧承認了新的巴西帝
國，並且勸葡萄牙也予以承認。但是事情發生了新的轉變。葡萄牙
國王駕崩，王位的繼承引起了爭執。他合法的女繼承人是巴西皇帝

年方八歲的女兒，自由派與立憲派的勢力都站在她這一邊。但是另一位要求權利者是她擁護專制政體的叔叔，他擁有神聖同盟的眷顧與西班牙積極的支持。不列顛的政策是，而且至今依然是：里斯本一定不能落入不友好國家的手中；現在似乎葡萄牙可能要對獨裁主義強國的干預屈服了。根據古老結盟的條件，不列顛的部隊於一八二六年十二月被派駐太加斯河（the Tagus）沿岸。坎寧對平民院宣布他的看法。他說，部隊的調動並無意「規定他人接受某些體制，而是要保衛與維持盟邦的獨立」。我們在里斯本的大使描述在太加斯河上看到王室海軍船隻的儡人景象：「現在沒有任何人害怕成爲君主立憲主義者。……英國已經言出必行，她的若干部隊已經抵達。雄獅的覺醒威儀莊嚴。」然而，葡萄牙的問題只是暫時得到解決。在即將來臨的若干歲月中，它依然使坎寧的繼任者感到困擾。

　　同時，另一項危機在地中海東部爆發。對土耳其人[1] 臣服了四個世紀之後，希臘人爭取自由的精神正在躍躍欲動。他們揭竿而起，於一八二二年宣布獨立。在英國爲此掀起廣泛的熱情有其理由。對於被灌輸塞英布萊（Thermopylae）[2] 與薩拉米（Salomis）[3] 的光榮故事而教養長大的有識階級，這個事件會吸引他們的注意。倫敦的開明人士急急想要參與，到處都在募捐，拜倫勛爵（Byron）[4] 與其他不列顛志願兵都前往援助希臘。他於米索隆吉（Missolonghi）病逝之前，早已深深感到幻滅。在希臘的歷史上這不是第一次也不會是最後一次，一個崇高的大業幾乎被派系內鬥毀掉。若沒有歐洲列強施壓，希臘就會屈服。由於得到令人不寒而慄的埃及軍司令官（Pasha）馬罕默特·阿里（Mahomet Ali）提供的軍隊之助，土耳其的蘇丹（Sultan）幾乎是所向無敵。對於希臘人而言，不幸的是列強本身意見分歧。希臘人的起事已經使神聖同盟分裂，奧地利與俄羅斯採取相反的立場。坎寧，像卡斯爾雷在世時一樣，一個勁兒贊成調停。另一方面，他害怕俄羅斯會干預，在希臘設立一個附屬國（client state），並爲自己向土耳其人強索

報酬。如果俄羅斯利用土耳其而壯大，不列顛在中東及印度的利益就會陷入危險境地。這便是所謂的「東方問題」（the "Eastern Question"）的根源，歐洲列強日益全神貫注這個問題，並為此所困惑一直到第一次世界大戰（the First World War）。經過複雜的談判之後，不列顛、法蘭西與俄羅斯於一八二七年對於要向土耳其人提出的條件達成共識。不列顛與法蘭西的艦隊被派往希臘水域加強防衛。這是坎寧最後的外交成就。在他去世後，希臘戲劇的下一幕才開始上演。

　　坎寧的同僚對他們外交大臣的批評日益升高。威靈頓特別感到困擾，認為坎寧的路線莽撞。政府中的兩派靠著利物浦首相做和事佬才勉強結合，但一八二七年二月利物浦中風，接下來發生了重大的政治危機。坎寧的外交政策及赫斯基森的國內政策，使他們與托利黨中的老黨員疏遠。現在由誰來領導政府呢？托利黨整個前途都瀕臨危險。他們將會追隨威靈頓還是坎寧？選擇首相的權利仍操在王室之手，喬治四世猶豫不決了一個月才做出決策。輝格黨無法提供組閣的第二選擇。他們本身意見分歧，沒有希望獲得多數現有選民的支持。因此一定是托利黨的此派或彼派組閣。利物浦內閣中的許多成員，包括威靈頓與埃爾登，都婉拒在坎寧手下效力。在另一方面，坎寧能夠掌控許多輝格黨領袖的支持。應當成立輝格黨和托利黨的聯合政府嗎？那會粉碎這個王國的政府長久以來做為基礎的老舊效忠黨派。或者是否應當試一試純粹的托利黨統治呢？那種做法在平民院會不受歡迎，也不為全國人民接受。或者可否找個中立的人物，或許親切卻無能管理這黨派相爭的場面？接下來許多星期，溫莎堡的人民茶於飯後都興奮地議論紛紛。不久，情況已經明朗；若不包括坎寧與他的朋友，便無法組織政府，而且坎寧要不就獨攬大權，要不乾脆不出面組閣。他終於說服了國王。他說：「先王粉碎了輝格黨的獨霸局面。我希望陛下不要忍受托利黨的那種氣焰。」喬治四世回道：「不會的，朕如果那樣做，就會被人咒罵。」一八二七年四月坎寧成為首相，在短短的百日期間掌握著至

高的政治權勢。

　　坎寧的內閣部會代表著十八世紀的政治體制即將解體。基於輝格黨某一派系的好意，坎寧得以組閣。他在平民院失去了唯一能幹的托利黨領袖羅伯特・皮爾。皮爾的辭職部分因個人理由，部分因為他知道坎寧贊成天主教解放運動。但是，托利黨內的反對派與輝格黨的死硬派不斷騷擾新政府。如果天假以年，坎寧能夠活得長久一點的話，他所領導的團體可能已建立起新的政治國體。但是坎寧在害過小病之後，於八月八日過世了。他像卡斯爾雷一樣，因為過分操勞而歿。

　　坎寧曾在新世紀的形成中扮演過決定性的角色。在戰時與平時他都證明了自己是位高瞻遠矚、積極果斷的人。他的心思敏捷、脾氣急躁，使他成為不易相處的黨內同僚，如同他的朋友沃爾特・司各脫爵士（Sir Walter Scott）[5] 所言：他不夠審慎。不過，皮特的傳統中較好的一面透過坎寧傳給了後世。在許多方面，他對擾動英國現狀的新運動都表示同情。他也與報業保持密切接觸，知道如何在理政方面使用文宣。就像查塔姆一樣，他的政治權勢大都立基於輿論與得人心的外交政策。對「天主教解放運動」的信仰，顯示他在看法上較他大多數的托利黨同僚都要先進。他反對國會改革，部分是因為厭惡所有與法蘭西大革命有所聯繫的英國政客。在這一點上，他後來可能改變了心意。無論如何，在他死後，式微的托利黨中他的追隨者都改變了態度而支持此一主張。佛蘭克林・迪斯累利（Disraeli）[6] 為這位令人印象深刻的人做見證：「我只見過坎寧一次。我仍記得他那激動的稀疏眉頭，一切彷彿昨日。我的耳際仍舊停留著他聲音的韻律。」

　　坎寧在國內外情勢都很緊張的時刻去世，使政壇十分混亂。他的追隨者、他的輝格黨盟友，以及一群托利黨人組成的臨時政府，笨拙地掙扎著應付情況。它的領袖是以前的財政大臣，一副可憐樣子的哥德瑞奇勛爵（Lord Goderich）。半數以上的托利黨人，由皮爾與威靈頓領導站在反對立場。政府中輝格黨大臣與托利黨大臣

的不和破壞了它的團結。坎寧對希臘的不干預政策在實行之際遭遇困難——因為「不干預」的確具有某種涵義，儘管可以不理會塔里蘭對此惡意的定義：「此一抽象的政治字眼幾乎與干涉同義」（un mot metaphysique et ploitique qui signifie a peu pres la meme chose qu'intervention.）。納爾遜的一位艦長——海軍將領愛德華・科德林頓爵士（Sir Edward Codrington），曾參與特拉法加（Trafalgar）作戰，現在於希臘的水域指揮盟軍的艦隊，他採取主動在納瓦里諾灣（the Bay of Navario）海戰中摧毀了整個土耳其艦隊。英國感到驚惶，深恐俄羅斯將不當地利用這項勝利。這場戰役對希臘人而言意義至為重大，但國王的國情演說不以為然，將它描述成「不幸的事件」，而勝利者差一點就遭到軍法審判。被輝格黨陰謀撕裂的政府驟然垮台。根本不可能有清一色的輝格黨政府。輝格黨很軟弱，領導又草率。威靈頓和皮爾奉命出來組成政府：威靈頓成了首相，皮爾任內政大臣兼平民院議長。老派的托利黨人將要再進行一次戰爭，一場頑強的後衛戰。

　　新政府的政治見解很單純——保衛現有的制度，深信他們單獨屹立在次序與混亂之間，下定決心只有在受到壓倒性的力量逼迫時才會讓步。皮爾是不列顛歷來最能幹的大臣之一。但他只知行政管理。公眾的意見只有在引起全國注意，並且成為不可逃避的政治事實時，才能夠打動他。政府首先的讓步是表決通過反對派的要求，廢除不讓非國教徒擔任官職的「宣誓法」（Test Act）與「公司法」（Corporation Act）。在長期奮鬥之後，他們終於獲得政治上的權利與平等。天主教的情形並非如此。他們的解放不僅是一個原則問題，關係著朝宗教完全平等的方向邁出的一步，而且是大英帝國關切的事。不列顛政府最大的失敗在愛爾蘭。拿破崙戰爭期間，愛爾蘭的不滿削弱了不列顛的戰略地位。少數新教徒在社會上與政治上的壟斷，自克倫威爾時代以來便使愛爾蘭人受到壓迫，愛爾蘭人不會對此無限期地容忍。不列顛政府永遠受到愛爾蘭革命的威脅。一八一五年之後主要的政治分界線，便在「天主教解放運動」這個

議題上。它將坎寧與他的追隨者連同輝格黨，和威靈頓與皮爾之間，畫出界線。決策年復一年因爲英國政客們的「君子協定」而延擱。但是愛爾蘭人的忍耐快到極限。他們在丹尼爾‧奧康內爾（Daniel O'Connell）的領導下掀起反對英國的運動。奧康內爾是地主兼律師。他信賴在不列顛王室治下進行後來所謂的愛爾蘭「地方自治」（Home Rule）。他自己並非革命分子，卻是一個有力的、具煽動力的演說家，他的演說助長了人們的暴力思想。

英國的一件次要政治事件點燃了導火線。坎寧派(the Canningites)的領袖威廉‧赫斯基森與他的追隨者，被逼而退出了政府，由一位愛爾蘭的新教地主維西‧菲茨杰拉德（Vesey Fitzgerald）填補空缺，被晉陞爲大臣。當時官職的派任是提交給選民進行補選，因此在克雷爾郡（County Clare）舉行投票。奧康內爾由他的組織——天主教協會（the Catholic Association）——全力支持成爲候選人。他自然受到現有立法的阻止而不能在國會取得席位；但是儘管地方上新教縉紳努力相抗，他仍舊獲勝當選。這是一項考驗。如果英國拒絕授予天主教徒參政權，愛爾蘭將會發生革命，國內也會有政治災難。

皮爾在愛爾蘭已建立起政治生涯，他長久以來是反對向天主教教徒做任何讓步的象徵。他的政治聲譽便是以那樣的見解做爲基礎。他是最支持英國國教的牛津大學（Oxford University）選區選出的議員。面對日益成長的危機，他的態度無可避免地很微妙。威靈頓的處境比較愜意。他比較少介入，能夠採取權宜之計，而不會感到不安。愛爾蘭的立場很單純。愛爾蘭人民的獨立協會已經破壞了政府的行政。若不是選擇「天主教解放運動」，便是有系統地再征服愛爾蘭。一八二八年八月，威靈頓將此事奏告國王：「那個國家中政府的影響力與諸多權力已不再握在政府官員的手中，而已經被天主教協會（the Roman Catholic Association）的群眾煽動家篡奪走了。這些人透過天主教教士的影響力行事，照他們認爲適當的方式指導這個國家。……一場叛亂在愛爾蘭正逼近我

們，⋯⋯而我們英國這裡有個我們無法解散的國會，其中大多數議員認為，⋯⋯補救之道可以在『天主教解放運動』中找到。他們願意勉強地加入此一爭辯，而不會去努力安撫那個國家。」

愛爾蘭的新教徒徹底地感到驚惶。他們在愛爾蘭的叛亂中一無所得。給予天主教徒政治上的平等，等於要他們吞下苦果。但是如果不讓步給予解放，整個地區的安定便會陷入危險。不是天主教徒獲得選舉權，便是新教徒要面對失去財產。愛爾蘭事務大臣於十二月對皮爾說明這些危險：「我毫不懷疑南方的農民現在寄望奧康內爾被驅出平民院的期間就是起義的時刻。但是在這期間之外，對天主教徒不利的任何事，都可能使他們提前採取行動。」英國一位反對黨在信中描述愛爾蘭新教徒的意見：「我由最無可質疑的權威人士得知，愛爾蘭非常多的奧蘭治派（Orange）新教徒，現在對他們自己的處境十分驚惶，以致於他們以最逾越分際的言詞表達他們迫切期望用任何手段、不惜任何代價解決爭論中的問題。」

威靈頓身為將領，深知企圖平定全國的起義是毫無希望。在西班牙他曾經非常清楚地看到過內戰。他自己出自愛爾蘭家庭，對這個動亂的島嶼很熟悉。他明明白白地對貴族院表示：「我是那種一生中投入戰爭的時間比大多數人都長的人，而且主要是關於內戰；我必須說，如果藉任何犧牲能夠使我所愛的國家避免甚至一個月的內戰，我會為此犧牲我的生命。」

反對「天主教解放運動」的只有英國主教、老托利黨人以及國王。主教們與托利黨人可以用選票予以擊敗；但是國王是個較嚴重的障礙。威靈頓及皮爾兩人與國王在溫莎的晤談根本無法令人滿意，但是他們還不曾與整個內閣磋商。皮爾變得越來越不安，但是國王仍舊我行我素。皮爾覺得，當政府意欲提出他從政以來一直反對的措施，那麼只有當他的存在能對那項提案形成重要關鍵之時，他的留任才有意義。反對黨可以在國會中強渡關山，通過「天主教解放運動」這項法案，但這對他並不重要。反對黨缺少來自王室的信賴；這仍然至關緊要。威靈頓少了皮爾的支持，便無法通過這措

施；而輝格黨少了國王，也不能通過這項法案。這種情形使皮爾下定了決心。他辭去了代表牛津大學的托利黨議員席位，自行贏得威斯柏立（Westbury）的席位。他表示願支持威靈頓，終於說動了害怕輝格黨主政的喬治四世。皮爾自己向平民院提出「天主教解放法案」，一八二七年它以令人欣慰的多數在國會表決通過。愛爾蘭避開了一場革命。但是英國托利黨的團結受到另一個打擊。由於未改革的選舉權而仍然勢力強大的「元老派」（the "Old Guard"），絕不會原諒皮爾與威靈頓拋棄了英國國教在大不列顛大權獨攬的基本方針。托利黨的黨綱（Toryism）對它的追隨者而言意謂著許多不同的、甚至衝突的意義，但是新教的優越地位長久以來都是他們必須遵守的一種政治信仰。

　　威靈頓以軍事眼光看待政治，導致他以「決鬥」這種獨特方式來挑戰進而懾服批評他的人。溫切爾西勛爵（Lord Winchilses）逾越了禮儀在貴族院中抨擊首相，控指威靈頓不誠實。一場正式挑戰隨即來臨。雙方在巴特西公園（Battersea Park）會面。這位戰地元帥，已屆六旬，一舉一動表現得若無其事、好整以暇而且從容不迫。這無寧比較符合他的本色，而不是安撫政客們的多愁善感──或者像他一度抱怨時所言，「緩和紳士們所謂的情感」。他轉身向決鬥幫手陸軍大臣說：「現在，哈丁（Hardinge），趕快退出這個場子。我沒有可以浪費的時間。可惡！不要將他逼到水溝的附近。如果我擊中他，他會摔進水溝中。」決鬥的兩造當事人都沒有受傷，溫切爾西簽了一分文件，表示收回他的明嘲暗諷。當天稍後，威靈頓去朝見國王：「我有另一件事，對我自己而言是私事，要對陛下提一提。今天早上我進行了一場決鬥。」喬治四世和藹地回答說他對此感到高興，他總是贊成維護紳士榮譽的行為規範。然而政治啊，並不是常常都易於掌理的。

　　威靈頓公爵的政府幾乎讓人看不出要繼續走開明路線的跡象。在坎寧派辭職之後，兩個內閣位置已經給予威靈頓以前的參謀。這個軍事的、由副官組成的政府日益脫離政治輿論，反對黨的力量遂

日行集聚。但是表面氣氛很平靜。一八三〇年六月國王喬治四世駕崩，頸子上還掛著菲茨赫伯特夫人（Mrs. Filtzherbert，即Maria Fitzherbert）的小畫像。他的人民並未長久悲悼這位「歐洲首位紳士」。在他最後病痛之際，他的情婦——科寧尼姆夫人（Lady Conyngham）[7]——忙於蒐集她的細軟財物。這位一度很英俊的男子已經變得肥大、臃腫，恥於在公眾場合露面。他的窮奢極侈已成了病態，他的天賦因爲多年縱欲而消蝕殆盡。他並非天生暴君，然而樂於想像他自己是位專制君主。但是隨著歐洲大陸上的諸多王位搖搖欲墜，他明白他對專制這個議題還是少說爲妙。維多利亞時代的人對他的回憶都是詆毀之詞。與大多數當時的風雲人物相比，他的所作所爲並不會更壞或更好。

喬治四世的王位由他的弟弟克拉侖斯公爵繼承，後者是喬治三世的兒子當中行爲最爲古怪，而又最少惹人憎惡的一位。他在海軍中被教養成人，一生默默無聞，除了有段短暫而又可笑的期間，坎寧曾讓他在一八二七年擔任海軍大臣（Lord High Admiral）。多年來他都與一位女伶住在布細公園（Bushey Park）。但是到了最後，他還是得盡他的職責，迎娶一位日耳曼公主，薩克森-邁寧根（Saxe-Meiningen）[8] 的阿德萊德（Adelaide）。後來證明她是位心胸寬大與爲人接受的王后。在天性善良、心地單純方面，威廉四世（William IV）與她旗鼓相當。使他的大臣感到最困窘的，是他的饒舌。在公開集會的場合，很難制止他不夠圓滑的談吐。在一場宴請內閣大臣與外國外交人員的正式晚宴中，他站起身來，像海員一般直率，粗魯地敬酒，還添上一句「居心不良者可恥」（Honi soit qui mal y pense），使得在座的人都感到尷尬。最後他坐了下來之後，有位客人轉頭對法蘭西大使塔里蘭說：「尊意以爲如何？」這位法蘭西人，臉上肌肉一動也不動地回答道：「妙不可言。」

但是這對王室伉儷很孚人望，儘管樞密院的司書（Clerk）與密切的觀察者查爾斯·格雷維爾（Charles Greville）都不能確定

國王的機智能否持續到國會召開。王后並不是位美人，但是在見識了喬治四世的私生活之後，她的文靜、樸素無寧是受人歡迎的改變。這位君王的虛張聲勢則很吸引下層階級；雖然有一次，他從內御輦的窗口探首出來吐唾，群眾當中有人叱責說：「喬治四世絕不會那樣做！」無論如何，倫敦社會的生活與禮儀並非奉王室的範例為圭臬。

　　一般咸盼新國王可能願意建立輝格黨政府。他身為克拉侖斯公爵的時候，曾遭到威靈頓免除他的海軍大臣職位。但是他登基成為威廉四世之後，甚為歡迎並延聘威靈頓公爵。威廉四世處事公正的聲譽證明其具政治價值。威靈頓證實了這一點，他說：「一個人不可能對待另一人比國王自他登基至駕崩期間之待我還要好，還要良善。然而一個人也不可能惡待另一個人，像我對待繼位之前身任海軍大臣的他一樣。但是他並未對此事表現任何憎恨。」「水手威廉」（Sailor William）必須力求公正，因為大風大浪即將前來。革命已再度在法蘭西爆發，波旁王朝的君主制度已經到達末日。消息由英吉利海峽對岸橫掃過來的時候，英國已經是山雨欲來風滿樓。

【1】　譯注：即先前之突厥人。

【2】　譯注：位於希臘東部——多岩石平原，古時為一山口，西元前四八〇年希波戰爭中，斯巴達王曾在此禦敵而與手下數萬人均戰死於此。

【3】　譯注：西元前四八〇年希波戰爭中，希臘海軍在此戰勝。

【4】　譯注：全名為 George Gordon Byron（1788-1824），英國詩人，出身破落貴族家庭，投身希臘民族獨立戰爭中病逝。

【5】　譯注：英國法學家兼作家。

【6】　譯注：Benjamin Disraeli（1804-0881），英國首相，現代保守黨的創始人之一；亦即比康斯菲爾德伯爵（Earl of Beaconfield）。

【7】　譯注：有女侯爵 Marchioness 實銜。

【8】　譯注：舊時德意志東部圍林根地區一公國。

第三章　改革與自由貿易

　　一八三〇年自由派的勢力再度在歐洲騷動。法蘭西的七月革命成立了奧爾良（Orleans）王室統治下的君主立憲制度。新的國王路易‧菲力普（Louis Philippe）是革命分子菲力普‧埃格里特（Philippe Egalite）的兒子；埃格里特曾投票贊成處死他的表親路易十六（Louis XVI），他自己後來也上了斷頭台。路易‧菲力普比他父親聰明又可敬，因此他那不易維持的王位可以保住達十八年之久，也保住他的頭顱。受到巴黎的一些事件鼓勵，比利時人起義反抗他們在一八一五年的和約中被併入的尼德蘭王國（the Kingdom of the Netherlands）。不列顛在這樁協商中扮演重大角色。不列顛的政策長久以來，而且現在依然是，支持「低地區」（the Low Countries）的獨立以及防止它們的行省受到威脅而轉手落入強國的控制。毋須提醒，二十世紀即曾經為這個首要的主張打過大戰。一八一五年擴大領土而且統一的尼德蘭似乎已成了很有前途的實驗。畢竟，它最終實現了在伊莉莎白女王時代第一位奧蘭治的威廉（William of Orange）的夢想。但是荷蘭人與比利時人在語言、宗教及商業利益方面均南轅北轍，這些障礙都不太容易克服。比利時人要求自治，然後要求獨立。隨後展開了許多外交活動，最後漸漸找到了和平的解決之道。同時，叛亂的浪潮在日耳曼散布開來並傳入波蘭。梅特涅與神聖同盟統率下的歐洲大受震動，雖然尚未遭到推翻。

　　歐洲大陸上的這些騷動，大都仍維持著秩序，其目的也基於民主，英國對之極為稱讚，它們的進展也受到密切與熱切的研究。托利黨政府與威靈頓公爵自己似乎對此存疑並懷著敵意。政府因某種理由恐懼法蘭西可能併吞比利時，或在布魯塞爾於新王位上扶植法蘭西的王子。威靈頓甚至被懷疑有意藉武力恢復尼德蘭王國。此說自然不是真的。維持和平才是他主要關心的事。但是反對派的人都樂於將他不會承認的意圖歸諸於他，而謠言四起足以煽動當時激昂

的情緒。鄉村與農莊的貧窮已經導致英國東南部的暴動。在成長的城鎮與城市中，工業方面的不滿已在驅使業主與他們的工人採取政治行動。動亂、劇變，甚至革命，似乎都山雨欲來。結果，來的反而是一場大選。

輝格黨在選票中大有斬獲，但是選舉結果並未決定勝負。輝格黨的領袖是福克斯的朋友兼門生格雷伯爵（Earl Grey）。屈指可數的人鼓吹了四十年都不成功的改革，直到他們晚年才終於實現。這是格雷的成就。他在一八〇六年的內閣部會中於福克斯手下短暫任職。至於其餘的歲月，他自小皮特早年執政以來，不僅一直未能擔任官職，而且幾乎既不期待也毫無欲望想要贏得一官半職。現在他的時機就在眼前。格雷是位地主，視政治為社會職責，他寧可過他的鄉下生活而不想在西敏寺開會。不過，他仔細研究過歐洲大陸的動亂，明白它們並不像威靈頓所想的那般邪惡。他對於內政的判斷也十分正確。他與他的同僚察覺到，自從滑鐵盧戰役以來使英國動搖的騷動，來自兩個十分不同的來源──一是中產階級，在國會中無代表為之代言、富裕、受人尊敬、受到法蘭西大革命民主觀念的影響，但是在渴望政治權力時仍十分守法；而在另一方面，是心存恨意而又較具革命意識的工人，被戰爭及其餘波引起的經濟脫節所累，準備宣揚暴力或甚至使用暴力。無論如何就一時而言，與中產階級結盟，並且適度地延伸選舉權，便足夠解決問題。而格雷在為這事準備他的計畫。他得到貝德福德公爵之子約翰‧羅素勛爵（Lord John Russell）的支持。羅素心性衝動，不論實際上可能有何後果，他都會為了抽象的自由權這個主張而高度奉獻他的心力。與他們站在一起的是亨利‧布魯厄姆。他期盼任官，是位急進的政客，因為替卡洛琳王后仗義執言而出名。布魯厄姆滿腦子都是現代觀念，而且是激進派領導分子與報紙編輯的朋友。

國會十一月召開會議。若干人希望托利黨人會再做些之前為「天主教解放運動」所做的事，而且在經過奮力抗爭行動之後，會自行改革選舉權。有一群托利黨人深信更廣大的選民會成為更加堅

定的新教徒。其他的人則與正爲改革展開運動的民間協會有所接觸。但是威靈頓唱反調。他對貴族院說：「我從來沒有看到或聽說任何措施……在任何程度上能說服我代議制度（representation）的現況可以改進……我深信國家在現在這個時刻就擁有可以制定所有良好目的之法律的立法機構，而這個立法機構比任何國家曾有過的任何立法機構都更加稱職。……目前的人民代議制度包含國家中廣大的有產階級，而地主階級在其中擁有佔優勢的影響力。在這種情況下，我並不準備提出人們描述中暗示的那種措施。」他坐下來的時候，朝著他的外交大臣亞伯丁伯爵（Earl of Aberdeen）問道：「我並沒有大放厥詞，不是嗎？」外交大臣沒有直接回答；但是後來外交大臣在報告這事件的時候，將威靈頓的演說簡潔地描述了一下：「他說我們要下台了。」

威靈頓希望輝格黨鬆散到無法成立一個政府，但是他自己的黨甚至於更不團結。那些追隨過坎寧的人不會再與托利黨的「元老」有任何牽扯，現在都與輝格黨人支持共同的主張。兩個星期之後托利黨被擊敗了，國王威廉四世請格雷組織政府。除了一個短暫的期間，輝格黨人已經幾乎有五十年未擔任過官職了。現在他們一躍就登上了權勢與影響力的頂峰。

他們面對著惡劣的情況。法蘭西一直揚言要在比利時進行干預，使得增加軍事預算勢在必行，但是並不孚民望。財政大臣未能提供有效的預算。東南各郡的法律與秩序正在崩潰，新的內政大臣墨爾本勛爵（Lord Melbourne）[1] 毅然採取行動。四萬多名農莊工人被判決放逐。激進派大爲憤慨，感到幻滅。只有國會改革才能拯救政府，而現在他們要自己動手進行。

內閣任命了一個祕密委員會草擬計畫。一八三一年三月，約翰·羅素勛爵在平民院挺身提出第一個「改革法案」。在叫囂以及蔑笑聲中，他對它們的持有者宣讀一分名單。名單中有一百個以上「腐敗的」（rotten）及「獨占的」（pocket）選區 [2]，他提議要予以廢除，改而用大都會、工業化的北部、與英國中部尚未有代表爲之

發言的新選區來予以取代。對托利黨而言，這違反他們所支持的一切，是公然侮辱他們最深刻的政治信念以及對財產權的重大攻擊。席次如同房子或產業成了可以買賣之物，而比較統一的投票權帶有算數意味的政治概念，與法蘭西民主制度庶幾相似而頗為危險。許多也期盼較溫和措施的輝格黨人，起初也被羅素的提議範圍之廣弄得驚愕不止。當他們看到全國的狂熱時，立刻就支持政府，因為輝格黨人相信改革會預先制止住革命。另一方面，托利黨人恐懼這是走向社會大變動的第一步。對他們，以及對許多輝格黨人而言，英國的國政意謂著地主階級為了社會的利益而進行的統治，以及統治上應盡的職責。擴大選舉權將意謂著以影響力與任命來管理國政的舊制度開始要結束了。若是沒有這兩個屬於威權的支柱，國王的政府能繼續維持下去嗎？這並不是個全然無益的問題。一八三二年後，不列顛的許多大臣地位不穩，直到紀律嚴明的政黨崛起，藉著中央組織以及黨鞭改變政治模式，這種狀況才告停止。

　　激進派的領袖認為法案受到節制而感到失望，但是他們以各種不同方式支持它。他們之間倒是沒有太多的相同之處。杰里米·邊沁（Jeremy Bentham）與詹姆斯·穆勒（James Mill）理性地鼓吹民主制度與中產階級教育；威廉·科貝特（William Cobbett）是位精力充沛、思想獨立的新聞人員；法蘭西斯·普萊士（Francis Place）是查寧十字路（Charing Cross）的裁縫，而湯瑪斯·阿特伍德（Thomas Attwood）是伯明翰（Birmingham）的銀行家──他們全都是活躍的政治組織人才。但是他們全都認定這項法案不應當被修正與妥協削弱。全國議論紛紜。這時沒有經濟危機來分散公眾對於這個燙手議題的注意力，或動搖民眾認為擴大投票權並根據工業革命而重新分配國會席次就可醫治國家所有弊病的信仰。鋪天蓋地的雜誌與報紙文章相繼支持這個主張。為了規避報業稅，郵寄的每週簡訊（News-letters）便告興起，它算是一八一九年抑制性法令的遺物。

　　托利黨人在平民院中寸土必爭。政府對於能否得到多數議員支

持毫無把握。儘管解放後的天主教徒的領袖奧康內爾所控制之小部分愛爾蘭的票都投給了格雷，法案仍未能通過。仇恨與失望的咆哮聲掃過全國。格雷請求國王解散國會，威廉四世明白了解拒絕意謂著革命。這消息在貴族院引起了喧囂；有人提出動議，請求國王對他的決策三思。但是當議席上叫聲四起，議員揮拳抗議之時，砲聲隆隆可聞，原來國王已來到聖詹姆斯宮（St. James Palace）要親自宣布解散國會。托利黨人大聲咆哮。他們當中有個人跳起來，對著歡欣的輝格黨大叫：「下次聽到砲聲的時候，它們將不會發射空包彈，而會帶走你們的腦袋。」格雷維爾（Greville）在他的回憶錄中寫道：「那些在場的人告訴我說，它像我們在＜網球場誓言＞（the Serment du Jen de Paume）[3] 中讀到的情形，整個場面太像能夠想像得出來的、準備革命的口了。」

　　爲了「改革」這個議題，英國舉行了令人興奮的選舉。有史以來第一次有這種選舉議題要求不列顛人民投票。他們做了個不可能弄錯的回答。托利黨人在郡的選區中全軍覆沒，輝格黨人與他們的盟友在平民院得到了一百三十六個席次的多數。國會再開議的時候，戰役移到了貴族院。威靈頓一再發言表示反改革的立場。他說：「在世界的任何地方，如果沒有立即對財產、公共債務的支付與一切保護原則宣戰，就永遠無法建立民主制度。而這些都是現在存在的不列顛憲法所維護的東西，事實上也是不列顛憲法的主要宗旨。財產與它的擁有者都將成爲公敵。」他大多數的政治經驗都是在西班牙建立起來的，他想起革命的軍政府便感到鬱悶。改革會粉碎「陛下需要用來保護與整頓他的海外屬地，以及確保那些居民服從的力量。我們將會失去這些殖民地與海外屬地，以及所伴隨的海外的威權與影響力。」在一八三一年十月七日的夜裡，關鍵性的分歧發生了。貴族分成立場鮮明的兩派，決定這個議題的是貴族院（the Upper House）中的二十一位主教議員，他們都反對改革。因此托利黨人獲勝。「改革法案」被擊敗而未通過，新的憲政議題則浮現了——貴族對抗人民。

　　次晨報紙都印上黑框宣布這項消息。英國中部地區發生了暴動；房子與財物遭到焚毀；布里斯托失序而亂成一團。國內被稱爲政治聯盟（Political Union）的改革者團體，努力爭取人們對「法案」的熱心支持，並穩定公衆的情緒。同時，政府也不屈不撓。羅素於十二月第三次提出「改革法案」，平民院以二對一的多數將它表決通過。次年五月它再度提交貴族院，卻遭到四十四票否決。現在要再度解散國會已經行不通，格雷明白唯有極端的補救之道才會有用。他因此驅車前往溫莎，請國王新增足夠的貴族院議員以便通過這項法案。國王拒絕此請，內閣遂行總辭。威廉四世請威靈頓與皮爾組閣，希望他們像進行「天主教解放運動」一樣去進行改革，這樣就可以避免以多數壓倒貴族院。但是皮爾不肯從命，他並沒有準備要爲他不贊成的措施負起內閣的責任。全國的情緒變得具有威脅性。罷工與全面拒絕納稅的計畫都準備好了。倫敦街頭到處出現上面寫著「阻止公爵爭取金子」字句的布條與木牌，英格蘭銀行則發生擠兌情形。激進派的領袖宣布他們會令當權的任何托利黨政府癱瘓。一個星期之後，威靈頓公爵承認失敗而下臺。五月十八日的下午，格雷與布魯厄姆造訪聖詹姆斯宮。國王授權他們起草一分名單；這些人將被冊封爲貴族院議員，並且可以依仗他們投票支持輝格黨。同時，他派遣他的私人秘書將他的決策告知托利黨的領袖，並且建議他們可以棄權以迴避那些極端手段。當這個法案被再度提出的時候，反對派的席位上實際上空無一人。法案遂以壓倒性的多數票通過，並於一八三二年六月七日成爲法律。

　　新的選舉人與激進派都不滿意在擴大選舉權上止步不前，在隨後的五年期間，較年輕的政治家對公共行政做了同樣的擴大改革。輝格黨人變得越來越不安；格雷覺得他已經鞠躬盡瘁，遂於一八三四年退休。新的領袖是墨爾本勛爵與約翰‧羅素勛爵。羅素是舊派的輝格黨人，對於政治自由與權利所做的任何侵害他都很敏感。他看出來在管理方面有必要做進一步的改革，但是他對拓寬民主制度的道路並不熱衷。墨爾本在青年時期曾抱持著前衛的意見，但是他

缺少任何指引的目標與動機、缺乏信念、謹慎而多疑，在在都使他與他的黨派找不到任何主題或啓示。個人友誼與令人愉悅的交談對他而言比政治議題還要重要。他勉強接受首相一職，而且確實懷疑這項榮譽是否值得一顧。一旦掌權，他和藹的素質幫助他將分歧的團隊團結起來。但是在十九世紀的緊張局面中，他的政府卻有著十八世紀的風情。

墨爾本有位最能幹的同僚，帕默斯頓勛爵（Lord Palmerston）[4]，擔任外交大臣幾乎有十一年之久。在格雷勛爵英明的引導下，帕默斯頓已經解決了仍然持續著的比利時問題。荷蘭與法蘭西雙雙接受勸說而撤退，比利時減少對荷蘭領土的權利要求，而薩克森－科堡的利奧波德王子（Prince Leopold）在布魯塞爾被扶植爲獨立的君主。國際條約保證了這個國家的中立。此一承諾將在一九一四年以血做爲代價。在墨爾本的領導下，帕默斯頓如願地在外交事務上伸展長才。他主要的信念有二：首先，在任何地方都必須堅定地維護不列顛的利益，必要時不惜展示武力；其次，歐洲各國的自由派運動，不論何時只要不列顛在其權力範圍之內能夠對它們施予同情或甚至援助，便應當加以鼓勵。帕默斯頓做的每件事，都有種得意洋洋的、直率的自恃意味，時常冒犯到比較沈著的歐洲大使官員（chancelleries），並且使他比較緊張的同僚感到驚惶。但是他泰然自若的精神漸漸贏得了眾多國內同胞的讚賞。他這些年所建立起來的人望，後來使他成爲維多利亞時代中期所具有的信心的具體表徵。

輝格黨人上上下下都感到困惑與不確定。他們本是政治改革的擁護者，卻對較嚴峻與較重大的社會改革議題產生動搖與猶豫。他們在過去曾因憲政問題——王室特權的限制、國教的地位、宗教上的容忍——與托利黨不和，現在這一切都塵埃落定，解決了，而工業革命帶來的問題與風險虎視眈眈地掃視著過時的黨派聯盟。隨著「改革法案」的通過，輝格黨已經完成了它的工作。他們的領袖不喜歡也不了解中產階級。他們認爲激進主義（Radicalism）只是一

時風行的信條，在力量尚未強大時期加以奉行，但在勢力成熟時就予以放棄；而他們不安地、模模糊糊地察覺到自己被群眾的騷動與組織推到陌生而又危險的路徑上。

　　而且，他們對於全國人民的掌握絕不是十拿九穩。已經有大約二十五萬人由於「改革法案」的通過而成了選民，使選民人數現在達到了七十萬人左右。這表示成年男子六人中有一人享有選舉權。不過，他們絕對不是一致支持輝格黨。英國選民有個奇怪習慣，總是投票反對將選舉權給予他們的政府，這一次這種狀況令人無法忽視。輝格黨的政府幸而得到奧康內爾控制的愛爾蘭票數之幫助，才保持著多數。他們唯一的希望是與激進派團結起來；激進派在國會中的席次雖說是不多，但都擁有中產階級與報業的支持，而他們的實力也並未由他們擁有的席次數目真正地反映出來。但是輝格黨人躊躇不決。少數贊成這種結盟的人當中，有一位是「激進的傑克」——約翰‧藍布頓（John Lambton），亦即德罕伯爵（Earl of Durham），也是格雷的女婿。但是他的脾氣火爆，使他成了麻煩的同僚。他不久離開了政府，後來專心研究殖民地管理問題，大部分著眼於對加拿大及整個帝國連繫有利的狀況。他的早逝奪走了激進派與輝格黨在國內聯合起來的所有希望。

　　不過，這些歲月裡頒布的法案與成立的委員會絕對不是沒有什麼成果。西印度群島的奴隸終於在一八三三年得到了解放。英國歷史上政府首次對宗教社團給予教育補助。「濟貧法」依照行政圈子與智識分子圈子認為極為先進的路線做了修改，雖然受益者並不歡迎這些變動。第一項有效的「工廠法」（Factory Act）通過了，雖然它規定的漫長工作時數會使二十世紀的人感到恐怖，也未能使當時的人道主義者感到滿意。地方政府的整個體制都改革一新，舊的地方寡頭政治集團遭到了剷除。同時，政治重心都集中在維持國教的地位與愛爾蘭的秩序；不過在處理這些問題以及平衡政府預算方面，輝格黨人失敗了，結果使他們垮台。另外，平民院之外還有很大的勢力在發揮作用。大批人民仍舊沒有選舉權。國會的立法幾

乎根本沒有觸及到勞資的關係，早期同業公會的活動嚇得政府採取高壓措施。最著名的案例是一八三四年托爾普爾村「殉難者」（Tolpuddle「Martyrs」）的案件。來自多塞特郡那個名稱古怪鄉村中的六名勞工，因技術上犯了對他們工會成員「執行非法宣誓」的罪名而被判決放逐。公眾群情憤激，才使他們獲得赦免，不過他們早已經在新南威爾斯（New South Wales）服刑兩年。因為許多原因，到處散布著不安，同時君主制度本身的地位顯示出減弱的徵象。政治官場與人民之間似乎鴻溝大張，但輝格黨人卻不是填平這鴻溝的人才。

在另一方面，羅伯特‧皮爾爵士很快就調整托利黨對於新時代的態度，並且著手快速整頓他們黨內的運作機制。他於一八三三年宣布：「我認為被稱爲保守的那個黨之主要目的是抗拒激進主義、防止民主影響的進一步侵占，因爲這些侵占會被視爲已獲得的勝利之自然結果而受到覬覦。」他明言托利黨人會支持增加效率的行政變革，但是反對將國家傳統制度做任何的削弱。在他的領導之下，一個有紀律的、有目的的、並且不搞傾軋的反對派漸漸地成形了。次年，皮爾對他的選民所發表的令人振奮的選舉演說，讓這個反對派大受鼓舞。他們採取的立場是開明地保留國家現有制度中的精華部分。皮爾表現出相當的聰明，透露他想要調整國教的整個地位。非信奉國教的投票者在即將來臨的歲月中並沒有忘記這一點，因爲宗教在政治中仍舊很有分量。重要的改革法案相繼提出，更多的利益遭到對抗，而國內的保守勢力漸漸地倒向皮爾，在一八三四年的選舉中，托利黨共贏到一百個席次，他得以主持一個由少數黨執政的政府達幾個月之久。然後輝格黨人捲土重來，卻仍然像以前一樣分歧。他們似乎在玩火。他們提出沒有任何政府能夠實現的希望。他們笨拙的領導使間歇且不協調的改革危及中產階級。輝格黨像一輛馬車，正在彎彎曲曲、不知名的路上轆轆前行，許多支持者都在這旅程中途下了車。

一八三七年國王威廉四世駕崩。他幽默而不圓滑，討人喜歡但

不受尊敬，在君主制度日益不受尊重的情形下扮演他的角色。喬治三世的兒子們在這個時候已經因爲墮落及怪癖而毀掉了君主制度對於民心的掌握。對君主制度的攻擊看來已迫在眉睫，這在英國歷史中佔有重要地位的狀況，卻似乎幾乎無人捍衛它。新的君主是位芳齡十八的少女。她由盡職的母親教養成人。這位母親對於幾位王叔的言行粗俗感到震驚，便將她女兒送往肯辛頓宮（Kensington Palace），與宮廷及國人隔離。她的教育由一位日耳曼女家教（governess）監督，偶而由教會的顯要人士予以檢驗，並且透過書信由她的舅舅——比利時的國王利奧波德——教授與她未來職責有關的課程。國人對她的性格與品德一無所知。帕默斯頓寫道：「幾乎無人有機會對公主做出正確的判斷；但是我傾向於認爲她將成爲一位了不起的人物，並且天生性格堅強。」他所言正確。在她登基的前夕，這位新女王在她的日記中寫道：「因爲將朕置於這個地位上使得上蒼感到喜悅，朕將竭力完成對國家的職責；朕非常年輕，或者在許多事情上——雖然並不是所有事情——都缺乏經驗，但是朕很確定幾乎無人比朕更具有真正良好的意志以及真心的意願，去做適當的而且是對的的事。」這個承諾她將會廣泛地加以實現。

到維多利亞女王（Queen Victoria）登基的時候，輝格黨已經竭盡其智。宮廷與統治圈子已變得孤立無援且不受歡迎；中產階級恐懼社會動盪，開始投票支持托利黨。同時，對制定法律不太有信心的墨爾本勛爵，仁厚可親但無何作爲。到這年年底的時候，比這一切都重要的是出現了經濟大蕭條的第一個徵兆。北方工業重鎮的情況不久就變得像滑鐵盧戰役之後的情況一樣慘不忍睹，一八三八年五月，一群工人領袖發表了《人民憲章》（People's Charter）。

這個所謂的「人民憲章運動」是貧窮對抗機器時代（the Machine Age）的最後絕望呼聲，若干史家在其中察覺到社會主義的肇始。人民憲章運動支持者像一八三二年以前的鼓吹改革者一樣，相信擴大選舉權將可解決他們所有的不幸，因此要求每年召開國會、實行男性普選、選區平等、免除國會議員的財產資格要求、無

記名投票以及議員必須納稅。他們成功的唯一希望，像激進派做過的，是確保國會某一派以及進步的中產階級的支持。但是他們故意拒絕爭取中產階級的援助，他們的領袖彼此不和，並且以語帶威脅、不負責的演說公然侮辱受到尊敬的人士。他們沒有資金，也沒有像天主教協會曾在愛爾蘭教士的教區中，或者工黨（the Labor Party）後來在同業公會中建立的組織。有一段時期，請願與小冊子簡直像洪水一樣在英國到處氾濫，但是情緒醞釀的熱度在國內不同地方各有不同。只要情況獲得改善，民眾情緒就冷卻下來，也並沒有全國聯合運動崛起成為永久的力量。當時存在的少數同業公會不久就放棄了這個主張，比較富裕的工匠也並不太熱心。在隨後的年月中騷動時而復甦，到了一八四八年終於發生革命。但是最後這整個混亂不堪、用意良好的運動卻一事無成。

　　皮爾做出正確的結論。他遠較輝格黨清楚察知社會不安的種種原因。他雖然堅決反對激進主義，但是相信補救之道在於有效率的行政管理與開明的商業政策。年輕的托利黨人支持他，而且像他一樣為國家分成「兩國」的情形所苦。這兩國就是富人與窮人，正如一位年輕的猶太裔國會議員，班傑明‧迪斯累利（Benjamin Disraeli）在他所著的小說中描繪的情況。一小群保守派已經開始尋求與工人結盟，來對抗中產階級。

　　一八三九年墨爾本提出辭呈，但是維多利亞留他繼續任職兩年。他的魅力獲得她的青睞。他將他許多關於待人接物的智慧都傳授給她，但並不讓他的多疑使她承受負擔，而她拒絕與她鍾愛的首相分開。次年二月，一位新人物進入了不列顛的政壇。女王嫁給了她的表弟──薩克森-科堡的艾伯特親王（Prince Albert），他為人正直、本著良心行事，並且興趣廣泛、理想高超。他與女王共同歡度了二十一年的光陰，直到他英年早逝，愉快的家庭生活成為符合她臣民期望的典範。在喬治四世與他兄弟們的縱欲之後，君主制度的尊嚴與名譽都極需要恢復，而這便是維多利亞與艾伯特的成就。起初親王發現自己在英國遭到當時政壇權貴的憎恨。他們不讓

他在貴族院中擁有席次，削減他每年的津貼，他一直要到一八五七年才被賜以王夫的稱號。不過，他熱誠地贊助科學、工業與藝術，以及許多方面的善舉，漸漸地贏得了廣大公眾的尊敬。他做為女王永久的顧問，對她面對的所有議題獻策，扮演著謹嚴的、無私的角色。他的叔叔利奧波德國王與他以前的家教斯托克曼男爵（Baron Stockmar）給予他智慧的忠告，使他瞭解立憲君主的角色與職責。英國的黨派領袖漸漸開始重視他的忠告，特別是有關外交事務，不過他們並不是常常注意這些忠告。女王是位心智堅定的女性，她像個熱切的輝格黨人一樣展開她的統治。在艾伯特的影響之下，她察覺到至少在公眾場合她必須不偏不倚，並且信任能在平民院中掌握多數的大臣。這種做法並不妨礙她對她的主要大臣抱持著各種喜惡，她會在私人函件中對此加以生動的描述。女王與親王為君王的行為舉止立下了新的典範，自此為後代君主光榮地予以遵守。

皮爾不像墨爾本，他給予女王的印象是笨拙而態度冷酷；但是，一八四一年的大選使他掌權。不久他就贏得了她的信任。他的能力現在全都發揮了出來。他對內閣握有絕對的掌控，自行提出了更重要的政府預算，並且監督所有部門的工作，包括威廉‧格拉史東（William Gladstone）在貿易監督委員會（the Board of Trade）的工作。關稅制度再度做了改革，進口稅大為降低，並重新課徵所得稅。這些措施不久就有了成果。一八四三年貿易開始復甦，繁榮重現，要求政治改革的呼聲平息了下來。西敏寺似乎再度見到晴空萬里無雲；但是在愛爾蘭，暴風雨正在蓄勢待發。

當前緊迫的問題是麵包的價格。為了促進對外的商業，皮爾已經對一切東西都降低了進口稅，只有小麥除外。不過，昂貴的麵包意謂的不是提高工資便是大眾不幸。皮爾漸漸明白只有廉價進口糧食才能維持國家繼續繁榮。小麥的自由貿易似乎勢在必行，但是政治上的障礙令人生畏。托利黨極其依靠地主的選票，而地主在拿破崙戰爭期間於他們的地產上投下了大筆的資金。和平帶來了海外比

較價廉的小麥，而要求保護的呼聲已經在一八一五年導至禁止進口外國的穀物，除非國內市場的價格不正常地升高。針對現存及後來的「穀物法」的廢除或修訂，使其他所有的問題都黯然失色。地主被指控利用他們在國會的權勢保護他們的利益，卻犧牲社會其他的人。製造商與工業主的敵意使這個衝突變得更尖銳，因為「穀物法」不僅使工人階級承受極大的苦痛，而且觸怒了許多雇主。依他們的看法，保護措施阻止他們在海外建立新的市場，並且阻止他們在舊市場的公平競爭。

在一八三八至一八四二年的經濟蕭條期間對於「穀物法」的反對更形強烈。曼徹斯特成立了一個反穀物法聯盟（Anti-Corn League），施壓要求廢除「穀物法」。這個聯盟不久就對輿論發揮強大的影響力，並且產生了兩位傑出的領袖兼組織者，他們成了十九世紀英國提倡自由貿易的先知：一位是棉布印染業者理查德·科布頓（Richard Cobden），一位是戰慄教派（Quaker）磨坊主約翰·布賴特（John Bright）。這運動受到強有力的支持，擁有大筆捐款做為基金。羅蘭·希爾爵士（Sir Rowland Hill）於一八四〇年提出的一便士郵資將傳單與小冊子廉價地送到全國各地，全國到處都有會議召開。這種宣傳有效又新奇：挑選出來的講演者與演說家將少數簡單的觀念灌輸到聽眾的心中。從來沒有如此精明經營的鼓吹辦法。各種名目的請願書都送到了國會。科布頓說服富裕的城鎮民眾在郡選區中買四十先令的不動產，使選票增加了一倍。這樣做使得「反穀物法」的選民數目大增，結果聯盟由只能在外部向國會請願，轉而開始由內部影響國會。

科布頓與布賴特反對地主階級的演說有如巨雷，響聲傳遍全國。「讓他們繼續下去，在短期內他們就將會發現他們自己像大革命以前的法蘭西貴族一樣成為孤立、無助、無權無勢的階級──就他們天生本質、智力與道德力量而言，他們都不如社會上任何其他階級。他們不僅緊抓住封建的惡習，而且實際上試圖限制供應給人民的糧食。他們正在頑抗進步的時代潮流，以為封建制度是社會生

存的必需條件。不過，他們的封建制度在法蘭西已經不存，在日耳曼也已經不見蹤影，而在美洲從來就不曾存在過。」

皮爾像科布頓與布賴特一樣出身中產階級，這番論點深深地進入了他的心中。爲了英國的貿易與繁榮，必須廢除「穀物法」，但是他的支持者至少半數都是地主，而那樣的做法會毀掉托利黨。不過，到了一八四三年皮爾決心採取行動。他的處境非常艱難，因爲他的某些追隨者覺得他一度爲了「天主教解放運動」而出賣了他們。但是他自己覺得很有把握。或許他相信他個人的權勢會使多數人支持他。他需要時間去說服他的黨人，但是已時不我予。

一八四五年八月，愛爾蘭的馬鈴薯歉收。饑荒迫在眉睫，皮爾不能再等下去。但是當他對內閣提出建議時，許多同僚表示反對，他只好在十二月辭職。輝格黨的領袖羅素拒絕組閣，皮爾又回來任職，面對並迎戰托利黨保護主義派的猛轟。他們的發言人，那位當時幾乎不見經傳的班傑明・迪斯累利，譴責皮爾並不急於設法廢除穀物法，實在有虧他身爲大黨首領的職責。迪斯累利宣稱，如果皮爾相信這個措施正確，就應當辭職，因爲他的黨內大部分的人一直以來都矢言反對它。一個大黨的領袖故意毀掉自己的黨是一種政治罪行，因爲英國政治的眞正運作是依賴黨派力量的均衡，而一位領袖若不能說服他的同僚，就應當辭職。迪斯累利就是此意。但是皮爾堅稱他爲國家所負的職責高過他對他本黨的職責，他相信廢除「穀物法」是他的使命。他的私人信函透露出他對抗托利黨保護主義派這一翼人馬所感到的痛苦：「眞是如假包換的保護主義者！──他們對每種商業的成果都視若無睹，認爲他們的每項預測都遭到曲解，罔顧輿論，並且聲稱『穀物法』是勞工問題，卻不願意傾聽過去歲月中多塞特郡勞工情況的驚人事實；……他們情願遭遇二次歉收以及一八四一至四二年冬季在佩斯力（Paisley）與斯托克波特（Stockport）的慘況再度出現的巨大風險，也不願看到「穀物法」……在饑民的要求下不體面地遭到廢除──這就是保護主義者！謝天謝地我永遠擺脫了這個政黨的束縛。」

　　一八四六年六月二十五日，皮爾在輝格黨與愛爾蘭選票的協助下，廢止了「穀物法」。迪斯累利立刻進行報復。愛爾蘭的動亂摧毀了皮爾的政府；透過表決，十九世紀最強大的一個內閣在當天晚上宣告終結。自從通過偉大的「改革法案」以來，皮爾就是英國政壇舉足輕重的力量與人物。無論處在反對派或當政時期，他都能超越當時的局面。他並不是位思考宏廣的人，但是他比他同時代的人更加瞭解國家的需求，而爲了要應付它們，他有改變自己見解的卓越勇氣。他使他的托利黨分裂這件事是千眞萬確，但是有的罪行比此舉還更嚴重。他主持大局的時代是個工業進展令人不敢逼視的年代。它是鐵路時代（the Railway Age）。截至一八四八年，聯合王國已建立了大約五千英里長的鐵路。運輸的速度與增加的出產量是當日盛行的話題。煤與鐵的產量都增加了一倍。工程事業雖然還有點猶豫，卻正在邁著大步發展。所有這些動作都是由全國的企業家在進行，而非政府，而這將使得不列顛成爲十九世紀世界最偉大的工業強國。皮爾對這些龐大的發展有實際的見識。他知道，自由貿易並不是治療社會變遷所產生的痛苦與苦悶的萬靈丹。但是地主階級佔盡優勢的日子已經注定要完結了。自由貿易對製造業似乎很重要，但是不列顛在製造業方面正在進入登峰造極的地步。皮爾掌握住這一切。他的政府所立下的創新精神成爲未來托利黨與自由黨都尊敬地加以仿效的典範。關於他自己的治國之道，他曾說：「事實上，人民喜歡首相有幾分的固執與傲慢。他們辱罵他說他頤使氣指、態度高傲，但是他們喜歡被人治理。」這或許是高傲之語，但是適合那個時代。

　　一八五〇年年初，他有所自制、沈著地觀察繼任他的輝格黨人蹣跚舉步。之後有一天他在格林公園（the Green Park）騎馬時掉了下來，受到重傷。維多利亞時代一位偉大的不列顛政治塑造者就這樣離開了人世。

【1】　譯注：其名爲威廉‧拉姆（William Lamb）。

【2】　譯注：rotten borough指的是有選舉權的居民劇減而失去資格，但仍然選出
　　　　議員的選區。 pocket borough，則指一八三二年國會改革前由個人或家族
　　　　控制的英國市鎮選區。

【3】　譯注：一七八九年六月二十日法蘭西國民議會在議院旁邊的網球場所立，不
　　　　停止活動「直到制定鞏固國家憲法」的誓言。

【4】　譯注：全名爲 Henry James Temple，封爲子爵。

第四章　克里米亞戰爭

到了十九世紀中葉的時候，英國的政治狀況仍然依循它沿襲已久的習慣，至今僅因接受重大的改革方案而稍有改變。輝格黨掌權，由約翰‧羅素勛爵領導。他的家族自亨利七世在位之時就一直爲國效勞。經過三個半世紀福星高照之後，羅素家族與他們的親友已經很有把握，知道如何就國家眞正的利益去治理國家。不論工業城鎮中仍只擁有極少數的票數的工人發生怎樣新的騷動，輝格黨的領袖都繼續走他們合理、溫和以及不太民主的路線。約翰勛爵的政府存活了六年之久，其間只出現少數混亂。它幾乎沒有什麼持久值得一述的成就，但是當歐洲其他王位遭到推翻、革命迭起時，它引領著不列顛渡過了並不安靖的時期。

托利黨本身意見不和，呈現分裂。皮爾與自由貿易的忠實追隨者，其中包括兩位未來的首相亞伯丁（Aberdeen）與格拉史東，都樂於讓輝格黨去承受目前的批評。不久就會由輝格黨、皮爾派（Peelites）、激進派的聯合陣營中崛起的自由黨（the Liberal Party）則尚未爲人預見。皮爾派的對頭──老派的托利黨人──由即將成爲德比勛爵（Lord Derby）的斯坦利勛爵（Lord Stanley）領導；他的祖先在王國中佔有一席之地的時間甚至比羅素家族還要長久。德比在平民院中日益仰仗他的副手迪斯累利的協助；而迪斯累利才華洋溢的名聲要比他贏得信賴的能力成長得快上很多。這些年來迪斯累利的任務，便是逐步勸說托利黨人放棄他們對於「穀物法」關稅的忠誠，並且重新擬定基礎較寬廣的托利黨政策。

在西敏寺的政黨事務處於溫和變化的狀態時，歐洲則屈膝在陣陣發作的痛苦下。一八四八年二月，法蘭西的君主制度解體。路易‧菲力普國王的統治爲法蘭西帶來繁榮，或者至少繁榮了她的中產階級；但是它從來就沒有被波旁王室一脈的擁護者接受，它對於堅定的共和主義者（Republican）或波拿巴信徒（Bonapartists）都沒有吸引力；波拿巴信徒仍然對拿破崙帝國爲人記得的榮耀感到

醺陶。幾天的暴動就足夠將菲力普國王轟下台，帶著浪漫憧憬與社會主義者面貌的政府暫時控制政局。這個政府旋即崩潰，到了年底波拿巴家族的一位成員以壓倒性的多數被選爲法蘭西總統。就這樣子，半生消磨在策畫陰謀、流亡與默默無聞之後，路易‧拿破崙親王（Prince Louis Napoleon）——拿破崙皇帝的姪子——開始掌權。他之所以享有這個地位，得歸功於他擁有的姓氏、他對手的無能以及法蘭西人對於政體實驗的喜好。這位性情和藹、耽於幻想的人物將要在歐洲政壇扮演令人印象深刻、並不總是無能的角色達二十多年之久。

義大利的人民也起義反抗他們的統治者與佔據倫巴底（Lombardy）及威尼托（Venetia）的奧地利人。人們都滿懷希望，認爲統一的義大利國家將在這場暴亂中崛起。教皇庇護九世（Pope Pious IX）也是義大利中部的俗世統治者，是個富有愛國情操的自由派人士。對他而言，他的義大利同胞都期望得到指引與啓示。但是他的聖職禁止他對奧地利的天主教勢力發起完全由國民組成的聖戰。以前的教皇曾經爲地方議題奮戰。庇護九世比較聰明。他的職責並不是統一國家，而是去統率一個普世的教會。義大利的政治領導必須來自其他方面。在義大利的行省中，狂熱的謀反者不久就發現他們無法以自己的力量去對抗奧地利及其盟國有組織的兵力，即使義大利唯一完全獨立的邦國——薩丁尼亞王國（Kingdom of Sardinia）——的部隊也無法對奧地利的武力造成重大影響。義大利的起義終究歸於失敗，但是在不列顛喚起了遍及四方的同情；當義大利下一次企圖統一的時候，這種善意就具體施展出來了。

在阿爾卑斯山以北，日耳曼、奧地利與波蘭也掀起了革命的民族主義運動。奧地利的首相梅特涅曾在中歐稱雄達四十年，因爲維也納的革命而被迫辭職。這位年邁的歐洲大陸專制政治的擎天柱到輝格黨當政下的英國，避難於一所偏僻的飯店。奧地利皇帝不得不退位，將哈布斯堡的王位交給年輕的大公——法蘭西斯‧約瑟夫（Francis Joseph），他注定要歷經許多苦難，並且目擊第一次世

界大戰（the First World War）開始的幾年。捷克人、波蘭人與匈牙利人相繼武裝起來，他們英勇的起義因為俄羅斯沙皇的熱心協助而逐漸被平定。在日耳曼本土，諸侯因起義與示威而秩序大亂，有的被迫流亡。議會在法蘭克福召開，經過冗長的辯論之後提議將統一後的日耳曼的王冠交給普魯士國王；這位君主與他的軍事顧問都寧可鎮壓革命而非接受他們的抬愛，提議便遭到拒絕。一八四八至四九年在日耳曼發生的事件似乎無足輕重，只有日耳曼統一這個觀念具有強大的衝擊，同時人們日益深信只有靠著普魯士武力的支持才能夠實現統一。

在英國，人們懷著帶有同情的興趣注視歐洲的動亂，但是歐洲的動亂與國內的動盪無法相提並論。憲章運動一度呈現無力之感，由法蘭西嘗試共和制的範例重新獲得鼓舞，也受到國內新的經濟危機的刺激。有人談到革命但不太熱心，最後則決定向國會提出新的請願，重申所有憲章運動者往日的要求。一八四八年四月在西敏寺橋南方一英里之處的肯寧頓公地（Kennington Common）召開會議。憲章運動者的領袖提議率眾由那裡浩浩蕩蕩遊行到國會的兩院。政府採取了預防措施，調集部隊，召募臨時警察；但是他們並沒有對事件施行不當鎮壓。威靈頓已七旬有八，仍是位沈著的總指揮。如他所言，英國是「非常文靜的民族」。下雨的時候尤其如此。在那個下雨的春日，聚集在肯寧頓的旁觀者比憲章運動者還要多。警察禁止示威者遊行，示威者就靜悄悄地解散了。他們的請願書由三部小馬車運到平民院去。這就是一八四八年倫敦的革命情緒的程度。

曾經擔任王室大臣，並在印度政府擔任要職的湯瑪斯‧巴賓頓‧麥考萊（Thomas Babington Macaulay），將他所著的《英國史》（History of England）的頭幾卷在這同一年付梓。這部鉅著，儘管其言論存有偏見，事實諸多謬誤，卻為此時不列顛鼓舞人心的維多利亞時代的進取精神提供了歷史背景。麥考萊指出，這個關於自一六八八年輝格黨革命以來的英國歷史，是個向前推進永無止境的

故事。他在開首的篇章中寫道：「我們自己的國家過去一百六十年的歷史顯然是物質、精神與智識都在改進的歷史。」這番話令人振奮，當時的讀者都大為欣賞。全國充滿了樂觀精神。麥考萊暗示，聯合王國有甚至更加光明的未來。的確如此。許多人都有和他同樣的看法，而且他的看法不久就具體形成展現不列顛成就的萬國博覽會（the Great Exhibition），這當然使全國人民感到滿意。

艾伯特親王贊助這個構想。當時已經有許多小型的製造品展覽會，他對它們很有興趣。一八四九年，利物浦（Liverpool）新的艾伯特船塢（Albert Dock）揭幕之後，親王便對不列顛工業澎湃的力量以及海上的事業與成果有了很深刻的印象，因此他熱心地採用了一個展覽計畫，其規模遠較以前曾見過者還大。它將向國人與世界展示每個領域所達到的進步。它也會是國際性的，宣揚國際自由貿易的益處，並且期望達成普世和平；當時人們認為和平無可避免地必須藉由不受阻礙的貨物運送而達成。幾乎無人預見不久將與俄羅斯爆發戰爭。

面對種種反對，親王領導著委員會推動這個計畫長達二年。一八五一年萬國博覽會在海德公園（Hyde Park）揭幕。十九英畝的土地專門用來供主要建築物之用；這棟建築物便是溫室園藝專家約瑟夫・帕克斯頓（Joseph Paxton）所設計的水晶宮（the Crystal Palace）。它容納著大多數的展覽，可以將整棵樹包含在它用玻璃與鐵架做成的結構中，可說是十九世紀五〇年代的奇蹟。儘管有很多人預言它失敗，萬國博覽會卻十分成功。在它展出的六個月期間，每個月都有百萬以上的人前往參觀。差不多有一萬四千種工業技術與手工藝品的展覽，其中半數出自不列顛。事實證明親王是對的。籌辦者賺到的利潤都投資下去，用到學術與教育的事業上。維多利亞女王描述開幕之日係「我們生活中最偉大與最光榮的一天。」艾伯特已經使一直乘機指控他干預國事的批評人士感到狼狽，女王因而大感振奮。但是使她振奮的還不止此。女王多次前往水晶宮參觀，她的蒞臨喚起了與她在一起的成千上萬臣民，彼此交

流著死心塌地的忠誠與以國家爲榮之感。君王從來就沒有受到人民如此堅定的愛戴。儘管繁榮帶來的祝福並非雨露均霑，卻給予不列顛一分自信，這似乎比社會立法與進一步改革還有價值。磨坊、礦山與工廠製造出來的財富，讓全國人民生活得更爲容易。全國人民也承認此事。

　　這個世紀的中葉象徵著不列顛在工業方面的優勢已經登峰造極。在另一個二十年之內，工業發展稍晚的其他國家，開始要迎頭趕上她的領先地位。不列顛到了一八七〇年已經開採了世界半數以上的煤礦，而且在那一年她的生鐵產量也仍舊大過全世界其餘產量的總合。對外貿易將近七億英鎊，相較之下美利堅合眾國只有三億，法蘭西三億四千萬，德意志三億。但是這些比例正在很快地變動。在日耳曼與美利堅，因爲煤、鐵資源產地彼此距離遙遠，所以鐵路對這兩國的工業成長助益很大。現在美洲大草原種植的麥子可以由鐵路載到港口，越洋運到歐洲的市場，不列顛的農業也因此遭到挑戰。不過不列顛工業的進展並沒有減緩下來。織物是不列顛出口的主幹，填充亞洲無法滿足的需要；而龐大的鋼鐵業與工程業的未來似乎可以確信長久之後將會到來。在英國，快速拓展的中部地區與北部瀰漫著煤坑與熔爐的煙塵而一片陰霾。

　　批評人士並不樂見正在形成的大量生產時代。查爾斯・狄更斯（Charles Dickens）[1] 在他的小說中揭露窮人的愁苦情況，憐憫他們之中許多人的境遇，並且嘲弄草率地收容他們的國家機構。約翰・羅斯金（John Ruskin）[2] 是另一位批評者。在漫長的生命中，他由研究繪畫與建築轉而研究現代社會問題。他對中世紀情有獨衷，想像當時同行的工匠聚居一起，和諧地創作藝術品。然而在維多利亞時代的環境中，這位先知型人物欲尋找類似的情景卻徒勞無功。製造業中的低級品味、勞資雙方的惡劣關係，喚起了他強烈的憤怒。他大聲呼籲在藝術方面掀起新運動，在政治方面走向社會主義。

　　外交事務與戰爭威脅現在開始要使情勢天昏地暗。土耳其已經

使歐洲的政治家煩惱多年。由於專注在宮廷與後宮的衝突及陰謀，君士坦丁堡（Constantinpole）的蘇丹與他們的首席顧問分心旁騖而不理會治國的職責。至於防禦事務方面，這個三個世紀以來在東方世界支配著由波斯灣至布達佩斯，由裏海至阿爾及爾的軍事帝國，現在似乎處於分裂與崩潰的邊緣。那麼它廣大的疆土會變成什麼樣子呢？土耳其在歐洲與亞洲的廣闊、富饒的行省會落入誰人之手呢？俄羅斯顯然決心攫取多瑙河流域、君士坦丁堡與黑海地區，使得這些問題益形緊迫。英國無法忽視此一威脅：俄羅斯已經是個令人畏懼的亞洲強國，她看起來正要悄悄將魔爪伸向印度。英國統治圈焦急又恐懼，對於以尼古拉一世（Nicholas Ⅰ）——詩人丁尼生（Tennyson）稱他為「冷漠的俄國人」與「東方巨大的野蠻人」——為主要支柱的整個歐洲政治體制普遍感到衷心厭惡。帕默斯頓同時代的人都視沙皇的警察國家是「世界上專制政治的柱石」、波蘭人的壓迫者、奧地利反動政府的盟友，嚴重阻礙民族解放以及一八四八年自由派革命所綻放的偉大希望的實現。

對不列顛大多數的觀察家而言，必須抵抗俄羅斯是不言自明的事，儘管有像科布頓這樣的激進派強烈地反對這種意見。不列顛的外交政策對於達成其目的之最佳方式舉棋不定。因為法蘭西人早有野心要在黎凡特（the Levant）[3] 擴展影響力，所以也有提防他們的必要。坎寧曾計畫阻止俄羅斯在東南歐擴張，但不是用直接的對抗，而是在土耳其帝國的廢墟上建立一個由獨立小國組成的集團，這些小國都立場堅定，必要時為他們自己的存活而戰。藉由這樣的解放計畫，他希望不僅可以結交法蘭西，而且也與俄羅斯修好。希臘王國的創立是他這項努力的第一個以及唯一的成果。但是二十年過去了，統治英國的政客已經忘記了為希臘的自由而獻身的拜倫這個典範。他們反轉坎寧的政策，反其道而行，企圖在東南歐支撐衰敗中的土耳其統治體系，藉此阻止俄羅斯的擴張。在執行這個計畫的時候，政府得到斯特拉特福德‧坎寧（Stratford Canning）的大力協助；此人後來成為斯特拉特福德‧德‧雷克利夫勛爵

（Lord Stratford de Redcliffe），在一八四○年代擔任不列顛駐君士坦丁堡的大使。他是喬治‧坎寧的表弟，曾於一八○八年初次訪問過土耳其，所以對它的知識遠較當時其他的英國人淵博。他為人傲氣，難以取悅，並且脾氣急燥，可說是土耳其問題的權威。他對於鄂圖曼帝國（the Ottoman Empire）的本質不存任何幻想，曾形容它「匆匆忙忙走向解體」；但是他希望勸誘蘇丹做些改革，以便「延緩惡運到來的時辰」——即帝國終將崩潰之時，而且還可以延後奪取它疆土的大戰。斯特拉特福德多年來都在與土耳其政府的懶惰、腐敗及無效率奮戰。他這樣做是否稱得上明智是另一回事，因為任何中央權力的緊縮都會增加君士坦丁堡與行省之間的緊張。而使得各族人民可以忍受它的，正是這個政權的鬆弛。不過斯特拉特福德並不相信這一點。一八五二年他離開君士坦丁堡的時候，對於「惡運到來的時辰」可以更加延後一事幾乎不存任何希望。

　　土耳其與俄羅斯之間的衝突現在瀕臨危機，而衝突的直接根源位於耶路撒冷，那裡的希臘正教會與羅馬天主教會為了監護某些聖物而起了爭執。如果不是沙皇支持希臘的主張，以及已成為拿破崙三世皇帝（Napoleon III）的路易‧拿破崙（Louis Napoleon）急著要討好法蘭西的天主教徒而為拉丁民族撐腰，這項爭執也就不會很重要。經過長久的談判之後，沙皇派他的特使曼斯契可夫（Menschikoff）到君士坦丁堡重新提出他的要求，要在土耳其帝國境內保護全部的基督徒。如果要求獲准的話，就能使俄羅斯對於鄂圖曼帝國領地之內數百萬的羅馬尼亞人、塞爾維亞人（Serbs）、保加利亞人、希臘人以及亞美尼亞人（Armenians）行使主權。像在其他地區一樣，不列顛政府一直在近東尋求的權力平衡，就會因而遭到破壞。

　　曼斯契可夫不夠圓滑，他的要求惹惱了土耳其人。最近才發明的電報僅僅只能送達貝爾格萊德（Belgrade）。許多事情都得仰賴再度身任不列顛大使的斯特拉特福德。他置身現場，相當自由而不

太受內閣的控制，對於俄羅斯的威脅以及援助土耳其保持強烈意見。在國內，德比勛爵在短期任職之後由亞伯丁勛爵繼任。亞伯丁主持一個由輝格黨與托利黨皮爾派組成的聯合政府，但他們的意見彼此相左。首相自己與他的外交大臣克拉倫登勛爵（Lord Clarendon）猶豫不決，主張採用綏靖之策。但是斯特拉特福德可以將內閣中最孚民望的帕默斯頓做為靠山，並且訴諸英國對於俄羅斯人的同仇敵愾。斯特拉特福德的電報無法證明他越權不聽指示的指控：他建議土耳其人繼續談判，但是不要持太強硬的態度。但是土耳其人了解這個人，他們知道他同情他們，而且也知道在最後關頭不列顛的艦隊勢必會保護君士坦丁堡，阻止俄羅斯奪取海峽。他們因此拒絕了俄羅斯的要求。一八五三年六月二日，俄羅斯的態度已經變得窮兇極惡，英國內閣於是命令不列顛的艦隊駛往達達尼爾海峽（the Dardanelles）外面的貝西卡灣（Besika Bay）。拿破崙三世急於得到不列顛的贊同與支持，同意派遣法蘭西的艦隊助陣。

不列顛的艦隊於六月十三日抵達貝西卡灣。七月初俄羅斯的部隊渡過了普羅斯河（the River Pruth），進入土耳其的莫達維亞（Moldavia）。不列顛內閣仍舊意見分歧，既不想警告俄羅斯人，也不想答應援助土耳其人。土耳其人拒絕各國大使會議所提的仲裁建議，結束了這件事。斯特拉特福德並不贊成這個所謂「維也納照會」（the Vienna Note）的提議；但是並沒有證據顯示他沒有執行勸告土耳其人讓步的指示。土耳其人無法讓步；因為在君士坦丁堡，人民的情緒如此高漲，蘇丹除了拒絕之外幾乎別無他策。

戰爭仍然在未定之天。沙皇對於土耳其的抗拒感到驚訝，設法借助奧地利尋求協商。但是到了九月，亞伯丁與他的內閣心存太多疑慮，因此拒絕了這項講和之議。十月四日蘇丹向俄羅斯宣戰，不久之後便打過了多瑙河。俄羅斯猛攻黑海中細諾普（Sinope）外海的土耳其艦隊，將亞伯丁與斯特拉特福德仍然想促進和平的努力弄得煙消雲散。在英國民情憤慨萬分，同聲譴責此一行動乃是屠殺。帕默斯頓於十二月為國內問題而遞出辭呈，但是他的行動被解釋成

反對攻府的東方政策，而亞伯丁被指控爲怯懦。英國就這樣子捲入了戰爭。一八五四年二月，尼古拉召回駐倫敦與巴黎的大使，三月底的時候克里米亞戰爭就開始了，而法蘭西與不列顛成爲土耳其的盟友。直到最後亞伯丁仍然猶豫不決。他於二月徒勞地寫信給克拉倫登表示：「我仍舊認爲戰爭不是不能避免；的確，除非是我們決心要戰；就我全部所知，情形可能就是如此。」

　　雙方的軍事行動都策畫不佳，執行不善。除了兩次次要的海上遠征到波羅的海與白海（the White Sea）之外，戰鬥都只在南俄羅斯進行，那裡黑海中重要的海軍要塞塞巴斯托波（Sebastopol）被盟國選作主要的目標。需不需要做此進擊頗有疑問：土耳其人已經將俄羅斯人逐出多瑙河河谷，君士坦丁堡被攻擊的危險已經很小，而認爲奪取塞巴斯托波會對俄羅斯的廣大資源造成重大影響簡直是愚不可及。不過，不列顛的遠征軍既然在土耳其的疆域內安營紮寨，就多少應讓它派上用場。來自倫敦的命令將它派往克里米亞，與它的指揮官拉格倫勛爵（Lord Raglan）的願望有違。盟軍的艦隊駛近塞巴斯托波港，交戰兩方行禮如儀，交換發射禮砲。盟軍在西北方小城鎮尤帕托里亞（Eupatoria）登陸。俄羅斯的要塞司令官宣布軍隊可以在那裡登陸，但是依照規定應當立即隔離檢疫，但沒有任何人理會這個預防措施。

　　盟軍本來可以藉由直接從北方攻擊而進入塞巴斯托波；然而一八五四年九月在阿爾馬河（the Alma）初步獲勝之後，法蘭西的指揮官聖阿爾諾（St Arnaud）——他是位病人，而且是政治性指派的官員——堅持軍隊繞行到南方並且展開正式圍城。拉格倫勛爵勉強同意這個行動，但此舉與他較佳的判斷結果相違。俄羅斯人因此得以調來增援部隊，並在著名工程師佛朗茲·托德班伯爵（Count Franz Todleban）的指導下加強防禦工事。盟軍無法完成他們對這個城鎮的包圍，就必須打退剛從內地抵達的俄羅斯野戰部隊。不列顛部隊守住防線曝露的東翼，兩度首當其衝。不列顛的騎兵於十月在巴拉克拉瓜（Balaclava）向壓倒性的眾多敵人進行兩

次令人瞠目結舌的衝鋒，而名聲大震。其中的第二次是輕騎旅（the Light Brigade）名振遐邇的衝鋒，六百七十三名騎兵由卡迪根勛爵（Lord Cardigan）率領，冒著敵人重大火力騎馬衝上山坡攻擊俄羅斯的砲兵陣地，沈著得彷彿是參加檢閱。他們奪取了大砲，但是在衝鋒之後的第一次點名，整旅人馬只有三分之一回應。卡迪根勛爵平靜地回到他住的快艇上，沐浴、進餐、飲用香檳，然後就寢。他的輕騎旅完成了鼓舞人心的英勇戰績。但是就像這次戰爭中其他很多狀況，它是由於指揮官犯錯而造成的。拉格蘭勛爵的命令下達不明，被他的屬下們誤解。結果輕騎旅對著大砲衝鋒枉送了性命。

　接下來在十一月某個黎明，晨霧迷漫中展開了印克曼（Inkerman）戰役。這是一場奮不顧身的步兵行動，不列顛的士兵在這一役中證明了他們的勇氣與耐力。俄羅斯的死傷差不多是盟軍的五倍。但是印克曼一役並不是決定性的戰役。俄軍以二對一，在人數上勝過盟軍，顯然在一八五五年春天之前無法攻下塞巴斯托波。不列顛的陸軍置身在暴風雨與大風雪中，沒有帳蓬、軍營、食物、暖和衣物，或最基本的醫療。霍亂、痢疾與瘧疾肆虐，使士兵傷亡慘重。拉格侖的人馬既無運輸船隻又無救護車輛，數以千計的士卒飢寒交迫而喪命，這都是因為身為世界上最偉大工程國家的政府沒有想到只需鋪設五英里的輕軌鐵路，就可以使巴拉克拉瓜港口到軍營的補給運送方便得多。差不多半個世紀的和平已經使部隊曾經打敗拿破崙的光榮失去了光采。它偉大的主帥威靈頓於一八五二年去世，舉國悲悼。在他長時間擔任陸軍部總指揮的階段中，自滑鐵盧之役以來便什麼也沒有改變。他的繼任者也未能看出有任何需要應當對公爵率領過的陸軍做一番改革。士兵的服役生活令人無法容忍；部隊管理不善，裝備有所不足，指揮官缺乏傑出能力。在一八五四至五五年的嚴冬，英法兩國在克里米亞合起來僅只有五萬六千名士兵。其中差不多有一萬四千人住院，許多人因為缺乏醫藥補給而死亡。這些死傷大多數都是不列顛人。法蘭西的軍需供應好得多，同時俄羅斯

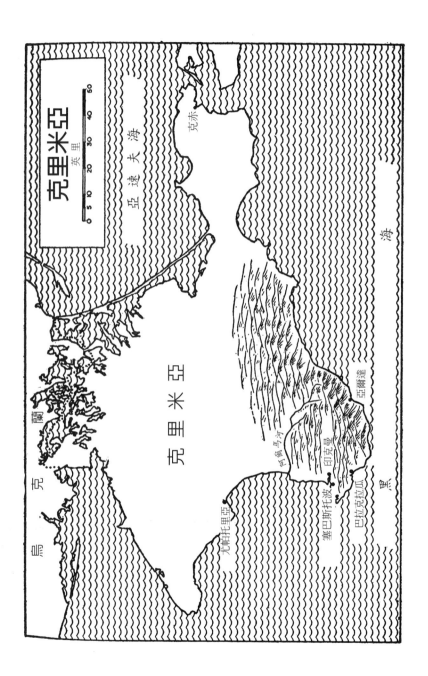

克里米亞

英里
0 5 10 20 30 40 50

亞速夫海

烏克蘭

克里米亞

克里米亞

克赤

阿爾馬河

亞爾達

印克曼

尤帕托里亞

塞巴斯托波

巴拉克拉瓜

黑

海

將官方的不當管理視爲理所當然，在風雪中長途跋涉向南行軍前往克里米亞，導致死人無數。爲了塞巴斯托波而奮戰，對沙皇的政府構成沈重的負擔。他若比較明智，應該將他的部隊撤回到俄羅斯內地，像他的兄長在拿破崙入侵之時的舉動。但是在克里米亞戰爭中，雙方都缺乏宏觀的戰略眼光。

甚至於英國陸軍部也毫不爲指揮官無能與士卒受苦而有所不安。《泰晤士報》（the Times）在它了不起的編輯約翰‧撒迪尼斯‧德萊恩（John Thaddeus Delane）的主持下，派出了史上第一位戰地特派員威廉‧羅素（William Russell），並且使用他的報導激起全國人反對政府。亞伯丁遭到四面八方的抨擊。國會於一月召開的時候，一位非內閣成員提出動議，要求成立委員會調查在塞巴斯托波的英軍狀況。它以相當懸殊的多數票通過，以致宣布票數的時候，議員並未像平常一樣歡呼，而是一片意料之外的沈默，隨後是一陣嘲弄的笑聲。像當時一位作者所寫的，政府遭到譴責，「達到現代任何內閣中最爲可恥的地步」。亞伯丁辭職，帕默斯頓繼任，接下了調查委員會的任務。帕默斯頓起初並未掌握住廣大的信任，就是在這個時刻迪斯累利寫信私下談到他：「他是個騙子，已經是強弩之末，至多只能算是薑汁啤酒，並非香檳，而現在則是個繪著花臉的老丑角。」迪斯累利說錯了。帕默斯頓不久就證明他自己是位時代人物。最糟糕的錯誤與混亂的狀況都掃除掉了，悉尼‧赫伯特（Sidney Herbert）在陸軍部果敢地對軍事行政進行改革。

到了一八五五年的夏天，盟軍部隊已經獲得增援，士氣高昂。他們在六月發動了對塞巴斯托波的攻擊，但是失敗了。拉格倫已經無力回天。他被這項軍事攻勢的責任拖垮了，於是辭職，十天之後去世。政府與他喜好爭吵的部屬都未善待他，而他也太輕易讓他良好的判斷遭人蔑視。威靈頓的這位門生，曾在滑鐵盧戰役中斷去一臂，值得軍史上享有比此時偶爾賦予他的評價更高的地位。他勇敢、忠心耿耿，而且當其他人做出錯誤的決策之時，常常他的看法卻是正確的。

　　本來應當是屬於他的勝利，被他的繼任者詹姆斯・辛浦森爵士（Sir James Simpson）與法蘭西元帥佩利西埃（P?lissier）聯手贏去了。塞巴斯托波終於在九月被攻陷。軍事攻勢計畫的無用現在暴露出來了。由克里米亞入侵俄羅斯是不可能的。下一著棋應該是什麼呢？法蘭西現在在戰場上的部隊有英國的四倍之多，而拿破崙三世正揚言要撤走他們。在巴黎的主和人士正宣揚他們的看法。拿破崙三世傾向談判，同時將對抗俄羅斯的軍事行動降低到僅僅封鎖的程度。他覺得，如果要繼續作戰，便一定要把其他列強拖進來，因此對波蘭人、瑞典人以及沙皇的其他世仇都做出呼籲，訴諸他們的民族情緒。甚至對帕默斯頓而言，這種做法也未免太冠冕堂皇。他私底下譴責法蘭西的主和人士是「做股票經紀的政客所組成之陰謀集團」，但是他明白戰爭必須停止。俄羅斯受到奧地利最後通牒的威脅，同意講和，和平會議遂於一八五六年二月在巴黎召開。

　　三月底所簽的巴黎條約（the Treaty of Paris）除去了衝突的直接原因，但是對東方問題並未提出永久的解決辦法。俄羅斯放棄了比薩拉比亞（Bessarabia）的南部地區，等於放鬆了她對多瑙河各個河口的掌握。她關於保護土耳其基督徒的要求受到擱置；在和平時期，達達尼爾海峽不開放供外國戰艦航行，像在戰爭以前的情形一樣；土耳其的獨立由列強予以保證，以交換它進行改革的承諾，但此承諾只不過是徒托空言而已。俄羅斯接受了將黑海畫爲非軍事區的條件；但是當歐洲於一八七○年全神灌注於普法戰爭（the French-Prussian War）的時候，俄羅斯便拒絕履行她的承諾。她的擴張暫時受到了嵌制，但是她的欲望仍然沒有滿足。在二十年之內，歐洲幾乎再度因爲俄羅斯對於近東的野心而掀起戰爭。基本的情況沒有改變，只要土耳其一直積弱不振，這個帝國對於俄羅斯帝國主義者而言就會一直是種引誘，對於西歐而言則是困窘。

　　領導人物由克里米亞戰爭崛起而名譽日增的人可說是鳳毛麟角，除了一個人例外。陸軍大臣悉尼・赫伯特曾經正式派遣佛羅侖斯・南丁格爾小姐（Miss Florence Nightingale）前往戰地。她

於印克曼戰役發生的前一天抵達斯庫塔里（Scutari），在那裡籌建現代第一所基地醫院。她僅有幾名護士與不足的設備，卻在斯庫塔里將死亡率由百分之四十二降到百分之二點二。她的影響與典範都很深遠。隨著一八六四年日內瓦公約（the Geneva Convention）而開始的紅十字會運動，是她的工作成果。民間醫院的重大行政改革亦然。在男人自豪霸道的時代，她給予十九世紀婦女新的地位，使這個國家的社會狀況起了革命，甚至使她們想要參加選舉投票。南丁格爾小姐本人覺得「有些弊端對於婦女所施的壓力幾乎比缺少參政權還要嚴重。」缺乏教育便是其中一項，而她贊成改良女子學校與建立婦女大學。她將她的注意力全放在這些目標上。因為她的努力，女王的半數臣民都受到鼓勵進入較高思想的許多領域。

【1】　譯注：英國作家，所寫小說反映並鞭策英國十九世紀資本主義社會的醜惡現實。

【2】　譯注：英國藝術評論家、社會改革家，反對經濟放任主義。

【3】　譯注：地中海東部及愛琴海沿岸的國家和島嶼，自希臘至埃及，其中包括敘利亞、黎巴嫩及以色列。

第五章　帕默斯頓

　　帕默斯頓雖然現在已經七十多歲，但主持英國大局。除了中間有段很短的時期由托利黨主政，他由一八五五開始便擔任十年的首相。就在與俄羅斯簽訂和約的不久之後，他遭遇到另一次起於東方的危機，但這一次是在亞洲。印度一直都在東印度公司（East India Company）的管理之下，受到來自倫敦適度的監督。國會與其他地方都有批評東印度公司的人士，但是他們的話幾乎對它的實務毫無影響。突然之間印度爆發了反抗不列顛統治的惱人事件。

　　「印度叛變」（the Indian Mutiny）在若干方面，較克里米亞戰爭對英國造成更加持久的衝擊。它為大英帝國鋪路。在它結束之後，不列顛漸漸地、有意地成了世界性的帝國強權。反叛的原因淵源已久。大約在十九世紀之初，新一代的不列顛行政人員與士兵在印度出現。他們生活簡樸、為人正直、信奉聖經，夢想讓這個次大陸信仰基督教與歐化，而有一陣子有短暫的成功希望。像羅馬人在他們帝國行省中一樣，英國人迄今對宗教採取中立政策，而對印度教育則毫無政策可言。軍團為了敬奉印度教的神祇而舉行儀式性的遊行，印度教與穆斯林教的節日都一律公開舉行慶祝。但是在英國，傳教士的熱誠在沸騰，而對於異教的尊敬漸漸地屈服於使異教徒改信基督教的願望。有段時期開明的印度教似乎接納基督教信仰中的要素。寡婦殉死、狂熱分子將旅人勒死視為其宗教職責以及殺害女嬰，都受到禁止。麥考萊是總督參議會的成員，一些使得上等階級及比較富裕的印度人得以學習英國文化的措施，大多得歸功於他。所有這一切都並不安定，並且在現在發生的種種可怕事件中扮演著它們的角色。

　　導致起義的更直接原因，是英國人所遭到的一連串戰敗與逆運。俄羅斯對於印度的威脅已經開始籠罩在英國人的心頭。事實上，認為俄羅斯的軍隊能大舉越過興都庫什山脈（the Hindu-Kush ranges），到達印度河流域（the Indus valley），是極度誇張之

語。但是當時那威脅似乎眞有其事。當英國獲悉一小股俄軍已經滲透進入阿富汗（Afghanistan）的邊緣地帶時，遂於一八三九年派了一支遠征軍前往喀布爾（Kabul），並且由一位自願的英國人充當阿富汗國王。結果弄出一場災難。阿富汗舉國武裝起來。一八四一年十二月，在安全通行權的承諾下，約四千人的英國衛戍部隊，隨同差不多三倍於部隊人數的婦孺以及阿富汗的隨軍雜役（camp-followers）一起開始撤離，在風雪中通過層層山險。安全通行的承諾未能遵守，幾乎所有撤離的人不是遇害便是被俘。一月十三日，一人單獨劫後餘生抵達印度。次年第二支英國遠征軍對這種背信行爲進行報復；但是歐洲軍隊的聲譽深受譴責，屠殺的消息傳遍了整個印度半島。

　　不久在當時印度最北的行省旁遮普（Punjab），又遭受一次兵敗。經過改革的印度教教派——錫克教信徒（Sikhs）戰士——長久以來在這個行省握有支配地位，他們禁止吸煙並且須留著過腰的長髮。受到來自阿富汗消息的鼓勵，而且一直約束著他們的偉大領袖蘭吉特‧辛格（Ranjit Singh）也去世了，他們變得蠢蠢欲動，決定試一試身手，入侵東印度公司的地盤。一八四五年他們越過了邊界上的索特列治河（the Sutlej），在德里（Delhi）以北二百英里處遇到英軍，並遭到擊退。英國人設立了攝政國；三年後錫克教信徒試圖推翻它。在這個行省內部深處的契利安瓦拉（Chilianwala）有一場殊死戰，雙方不分勝負，但是英國的三個軍團在戰役中丟掉了他們的軍旗。不久之後英軍部隊挽回了他們的名聲，摧毀了錫克教信徒的部隊。旁遮普由約翰‧勞倫斯（John Lawrence）與亨利‧勞倫斯（Henry Lawrence）平定了下來。這對著名的兄弟足智多謀，以絕對權力進行統治，不受東印度公司的約束。他們令地主們立下三重的誓約：「你們不可燒死你們的寡婦，你們不可殺害你們的女兒，你們不可將你們的痲瘋病人活埋。」他們將科－依－諾爾鑽石（the Koh-i-noor diamond）[1] 獻給維多利亞女王，並且使這個行省勇不可擋的戰士對於英國王室

產生忠貞之情，且持續近一個世紀之久。他們的一位屬下約翰・尼科爾森（John Nicholson）將成爲「德里的解放者」而名垂青史，甚至爲若干旁遮普人奉作神明。不過，在印度其他消息不靈、處置不當的區域當中，「記住契利安瓦那戰役」成了即將來臨劇變中的戰鬥吶喊與染血口號。

　　這是對印度從事拓展充滿信心的時期，通常都由身在該地的英國人承辦，而且並非常常受到國內輿論的贊同。另外兩椿主要的併吞完成了擴張英國統治的工作。佔有印度河流域下游的信德（Sind），曾經被判斷係爲了保衛西北海岸的控制權而有此必要。曾在西班牙科藍納（Corunna）以及一八一二年北美戰爭中作戰的老將查爾斯・納皮爾爵士（Sir Charles Napier），征服了信德。在英國，《笨拙週報》（Punch）[2] 對此項軍事行動發表乖戾的評論，說納皮爾在報告此事時發出一個字的電報：「Peccavi」（我犯了罪）。納皮爾不爲所動，繼續恩威並施進行統治。在處理燒死寡婦一事上，他採取簡單的權宜之計，在每個火葬柴堆旁邊豎置絞架。他說：「男人活活燒死女人的時候，我們便吊死他們。」像旁遮普一樣，信德許多年都太平無事。英國另一個併吞地區是孟加拉（Bengal）邊境的奧德（Oudh），一位印度國王在那裡長期壓迫他的臣民。在三十五歲被任命擔任總督的達爾胡西侯爵（the Marquis of Dalhousie），對於英國的統治與技術所授與印度的益處毫不存疑。他在八年任期內應用所謂的「權利失效說」（doctrine of lapse），替東印度公司的控制增添了一些封邑（prinaipalities）。這意謂著印度的統治者逝世後，若沒有承自他血脈的繼承人時，他的領土便會遭到沒收。收養的繼承人不容許繼承，雖說長久以來這都是印度教的習俗。達爾胡西在奧德更加直截了當。他直率地宣布「如果英國政府還要去支持一個給幾百萬人帶來苦痛的行政當局，它在上帝與世人眼前都是有罪的。」他在一八五六年廢掉了在奧德的國王，接管了他的行省。次年就發生叛變，許多對引發叛變的責難都落在達爾胡西的頭上。

　　東印度公司的孟加拉陸軍夙來名譽不佳。它主要在北方徵募，大部分由出身高階級（high-caste）的印度人組成。這種情形下軍紀自是不良。婆羅門（Brahmin）[3]士兵就會質疑階級比較不夠顯赫的軍官與士官之命令。軍團中的權勢與影響力經常依賴一個人在宗教層級的地位，而非軍事層級中的地位。東印度公司的英國軍官時常素質不良，因為他們當中比較能幹與比較積極的人都尋求調職到較有前途的行政領域去發展。許多留在兵團指揮部的人，則未與他們的士卒保持接觸，也無意改進各種事宜。東印度公司與緬甸（Burma）作戰需要部隊；若是他們跨海前往，便喪失了他們的社會階級。不過，達爾胡西徵募到兵卒，可以前往世界任何地方服役。部隊對於薪俸與津貼的怨聲甚多。其他與這軍事動盪無所關連的發展，增加了壓力。到了一八五〇年代，鐵路、公路、郵政、電報與學校正開始向鄉間推展，鼓吹人心。許多印度人認為這一切都威脅到他們古老的社會；這社會的核心結構與精神都源出於嚴格而不可變動的種性階級制度。一般人的論點是，如果每個人都坐同樣的火車、上同樣的學校、或者甚至走同樣的道路，那麼種姓制度如何能存活下去呢？印度的王公對於最近的併吞活動都憂心忡忡，心懷憎恨。壓制寡婦殉葬使印度人蓄積恨意。沒有根據的流言四傳，說英國政府有意強迫印度改信基督教。在阿富汗遭到的災難與在錫克族戰爭中遭到的殺戮，都使人對英國部隊的所向無敵產生疑問。許多印度士兵認為他們自己與歐洲部隊不相伯仲或者更加優越。這使達爾胡西的繼任者坎寧勛爵面臨前人留下來的麻煩。他在印度一年多，新型彈藥的引進就為眾多的不滿提供了導火線與焦點。

　　在普拉西戰役[4]百週年之際，謠言開始流傳，說新的埃菲爾德式步槍（Enfield rifle）[5]的子彈都用豬油及牛油塗過，而豬牛偏偏是穆斯林教徒與印度教徒各自禁止喫的動物。子彈在插到槍膛裡之前都必須先咬一咬。如此一來這兩種宗教的印度兵都遭到了褻瀆。這項傳言有幾分真實性，因為位於烏爾維治（Woolwich）的倫敦軍火庫曾使用過牛油，可是位於敦敦（Dum-Dum）的印度

工廠從未用過，而且抱怨之聲一開始出現的時候，沾油的子彈就馬上不發給部隊使用了。不過，一八五九年的春天這個流言傳遍兵團，士兵情緒更加動盪。四月，在美拉特（Meerut）的一些騎兵因為拒絕碰這種子彈而受到軍法審判及下獄，五月裡他們被當眾剝下了制服。一位印度軍官向他的長官們報告，說印度兵正在計畫突破監獄，並且釋放犯人。沒有任何人相信他的警告。次夜，三個兵團叛變，佔領監獄，殺死了他們的英國軍官，並且朝德里行進。

一時並無任何東西可以阻止他們。在旁遮善的南方有不到十一個營的完整部隊以及輔助部隊，整個包括大約四萬英國士兵，分駐在這廣大半島的各處，這些士卒甚至並不是按戰時編制。印度部隊以五對一，在人數上超過他們，並且擁有大多數的大砲。炎熱的氣候已經開始，路途遙遠，運輸工具很稀少，當局根本毫無準備。不過，英國人的力量十分薄弱，印度可能再度陷入曾經痛苦地被逐漸拯救脫身的無政府狀態及流血之中。她大多數的人民依然無動於衷，而且生活和平，也沒有任何領導的印度統治者參加這場叛亂。東印度公司持有約三支軍隊，只有孟加拉這一支受到波及。由尼泊爾（Nepal）來的廓爾喀部隊（Gurkhas）幫忙平亂。旁遮普仍忠心耿耿，它的錫克教信徒與穆斯林教徒都尊重國家，解除了態度動搖的兵團的武裝。恆河（the Ganges）流域成了動亂的中心。

但是起初一切都發展得極快。位於德里的彈藥庫由二位英國軍官與六名士兵看守。他們奮戰到底，當抵抗變得無望時，他們引爆彈藥庫。叛軍見到歐洲人就殺，並且將退休而成為東印度公司僱員的年邁國王抓了起來，宣布他是蒙兀兒皇帝(Moghul Emperor）。這個號召失敗，支持的穆斯林教徒少之又少。有三個星期局勢暫時無任何動靜，然後叛變就散布開來。英國軍官不相信他們的部隊不忠，許多人因此遇害。在奧德邊境的孔坡（Cawnpore），衛戍部隊離開了要塞而去防守道路。他們信任納拉·沙希布(Nana Sahib）的忠誠。他是一位印度統治者的養子，被剝奪了繼承權，但仍是位有權勢的人物。英國人判斷錯誤，可怕的命運不久就要降落在他們

的身上。在都城勒克瑙（Lucknow），亨利‧勞倫斯將總督官邸準備妥當，以做爲長久光榮的防禦。同時，正確地查知反叛的關鍵位於德里，英國人便盡他們所能集聚兵力，並且佔領俯視那個城市的山脊。他們人數太少無法發動攻擊。三千部隊中大多數是英國人，幾星期來在盛夏中把守著五十英尺高的高地，抵抗數目多上二十或三十倍的敵人。八月初尼科爾森帶著援軍，每天行軍將近三十英里達三星期，由旁遮普抵達。英國部隊大受鼓舞，於九月十四日展開攻擊，經過六天巷戰之後攻克了德里，尼科爾森也陣亡了。可憐的德里國王被送往緬甸。他的兩個兒子被俘，就在設法拯救不成之後，他們被英軍槍斃了。這件事在印度人眼中又造成了新的怨憤。

在孔坡（Cawnpore）有場可怕的大屠殺。九百名英國人與忠心的印度人，其中半數是婦孺，被納拉‧沙希布率領的三千名印度士兵包圍攻擊達二十一天。他們終於在六月二十六日拿到了安全通行權。正當他們乘小船離開的時候，遭到開火攻擊，所有的男丁都被射殺。存活下來的婦孺都置入監獄。七月十五日的夜裡，由印度戰爭中的老將軍亨利‧哈夫洛克爵士（Sir Henry Havelock）率領的拯救部隊到了，距孔坡還不到二十英里。納拉‧沙希布下令他的印度兵殺死俘虜。他們拒絕不從。五位劊子手便用刀將俘虜全部砍死，並將屍首拋入井中。兩天之後哈夫洛克抵達。很久之後一位目擊者寫道：「若有任何基督教主教來到那個我所目睹的屠殺現場，我絕對相信他會緊緊扣住他的劍。」英國部隊在此處及其他地方都進行慘不忍睹的報復。叛軍被放在砲嘴發射出去，有時候人還活著，要不然他們的屍體就被縫在牛皮及豬皮裡。

叛軍轉而攻打勒克瑙。在這裡也發生了殊死戰。一千七百名士兵，半數是忠心的印度兵，在亨利‧勞倫斯指揮下，堅守總督府邸，對抗六萬叛軍；因爲奧德不像印度大多數的地方，居民都加入了反叛行列。食物短缺，病患不少。九月二十五日哈夫洛克與詹姆斯‧烏特勒姆爵士（Sir James Outram）奮戰殺入，結果反而遭

到包圍，幾天之後哈夫洛克因力盡而死。十一月帕默斯頓新任命的總指揮柯林·坎貝爾爵士（Sir Colin Campbell）解除了勒克瑙之圍。坎貝爾曾經服役抵抗過拿破崙，並且在克里米亞戰爭中戰功彪炳。對孔坡的新威脅逼著他向前推進。烏特勒姆獲得增援，繼續死守，最後勒克瑙要到次年三月才解圍。沒有任何人知道納拉·沙希布發生了什麼事，他在喜馬拉雅山的（Himalayan）叢林中失去了蹤影。

其他地方的起義舉事比較快遭到撲滅。重新奪回德里一舉已經摧毀了叛變是全國性反叛的所有假象與藉口。在印度中部各行省繼續有著零星但常是很猛烈的戰鬥，一直要到一八五八年年底才告平息。但是在十一月一日，因為為人寬厚而被戲稱為「仁慈」的總督坎寧，宣布維多利亞女王現在是整個印度的君主，實情也正是如此。坎寧成了第一位代理總督，他是著名外交大臣與首相之子。東印度公司的統治遭到了廢除；它早已不是在印度的貿易機構。這是德比與迪斯累利短期執政的保守主義政府的決議。就這樣，將近一個世紀之後，克萊武（Clive）曾給予皮特的忠告被英國政府接受了。此後將不會再有併吞，不會簽訂輔助條約，不再有內戰。所有的人都獲得承諾可以享有宗教自由，與在法律之前的平等。一代及更多代的印度人將回顧一八五八年女王的聲明，而將視其為大憲章。

對於印度叛變的規模不應當誇張其詞。四分之三的部隊仍然忠誠如一，僅三分之一的英國地盤受到波及；以前印度士兵也曾經舉事反叛，這次叛變的主力在幾星期之內就平定了。它絕不是個全國性的運動，也不是後來一些印度作家所提出的，是爭取自由的愛國抗爭或獨立戰爭。將這個次大陸的居民形成一個單獨民族與國家的概念與理想，許多年內還不會出現。但是雙方都已經極盡殘暴之能事。從現在起統治者與被統治者之間的鴻溝日益增大。十八世紀悠哉的方式已一去不返，維多利亞時代早期與其以前的傳教士熱情與改革熱忱也都如此。英國人不再視印度為「家園」，或視自己是應

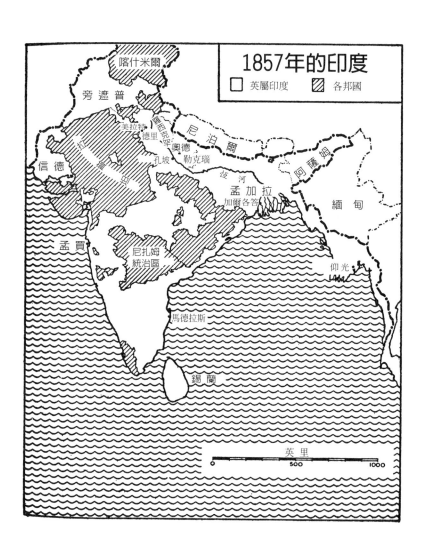

1857年的印度

英屬印度　　各邦國

喀什米爾

旁遮普

尼泊爾

阿薩姆

美拉特
德里
奧德
孔坡　勒克瑙

恆河

信德

緬甸

孟加拉
加爾各答

尼扎姆
統治區

孟買

仰光

馬德拉斯

錫蘭

英里

0　　　　500　　　1000

召去拯救廣大群眾與提升他們地位的十字軍。英國在印度的行政當局變得立場超然，不偏不倚、富有效率，做了很大的進步，許多物質上的利益也受到維護。邊界有軍隊守衛，和平得以保持。饑饉減輕了。人口大量增加。印度陸軍重新恢復而且改組，並將於兩次世界大戰站在英國一邊扮演光榮的角色。不過，血染數月的叛變月分中，殘暴行徑與報復行動在兩國人民的回憶中都留下了持久的、辛酸的痕跡。

在這些事件於印度展開的同時，英國政壇一片混亂。議題都不清不楚。皮爾改採自由貿易已經破壞了他曾努力促成的黨派陣營，而帶著混雜面貌的英國政府相繼出現達二十年之久。迪斯累利與德比已經毀掉了皮爾，他們發現需要很長的時間才能將以前托利黨政府保護主義的殘餘分子集中起來成為一個有效的政黨。像格拉史東這樣崛起的人，始終忠於皮爾的傳統，將與他們毫無關係；不過至少有一次迪斯累利曾苦苦設法爭取格拉史東的合作。如果這兩位互懷敵意的對手兼未來的首相在這個階段攜手，可能會發生什麼事，是個很有趣的推測。在羅素與帕默斯頓領導下的輝格黨，覺得他們已經完成了主要的目標。帕默斯頓願意改進治國之道，但是他並不想大規模改變。羅素渴望進一步改革選舉措施，但那是他的方案之極限。兩人都認為自己是他們有幸領導的體制之保衛者。基於這種態度，這兩位領袖，尤其是帕默斯頓，大概與維多利亞時代中期的立場很相合。在這些歲月中激進主義對於投票者幾乎毫無吸引力。繁榮正在全國各地展開，而較強烈的政治騷動也隨之宣告平息。尊嚴與尊重代表這個時代的價值觀。如果紳士仍然是受讚揚的理想，白手起家的人也應該深受尊敬。塞謬爾·斯邁爾斯（Samuel Smiles）倡導的勤奮自助學說，在中產階級以及工匠之中很流行。人們已學到了憲章運動者失敗的教訓，給予體力勞動者教育開始似乎比喚起他從事革命重要得多。許多工人高興地同意這種看法。所有這一切有助於產生安定感，穩定進步感即隨之而來。

宗教以許多各式各樣的方式，對人心產生撫慰與振奮的影響。

超過總人口半數的數百萬人，經常上教堂或小教堂，雖然赤貧者上教堂的為數少之又少。宗教辯論很鄭重，有時很劇烈，但是它產生的爭論是口頭上的。為了宗教而起內鬥已是過往陳跡。人們已學會了容忍，儘管容忍並不意謂著冷淡。教會與教派，與他們的教徒，允許對彼此表示不贊同的意見，有時還有力地發表異議。當天主教會在英國重建它的主教層級制度時，倫敦發生激烈的騷動與抗議，但是並沒有釀成暴動。

在這個世紀較早的時候，牛津運動（the Oxford Movement）的高超理想與新教的熱忱，已經將沈睡中的國教攪醒了。所謂的低教會派（the Low Church）與高教會派（the High Church）都努力以動人的言詞爭取人們的靈魂。英國大約半數上教堂的人是英國國教派（the Anglican Communion）。反對國教之風也很盛，美以美教派（Methodist）、浸信會教派（Baptist）、長老教會（Presbyterian）、公理會（Coyngregational）與唯一上帝教派（Unitarian）的傳道者都獲得了廣大的信徒。英國的羅馬教會在「天主教解放」的衝擊下恢復了，並且因為國教許多高教會派教士的就任而勢力增強；這些教士中包括約翰・亨利・紐曼（John Henry Newman），他是一位深沈而又敏銳的思想家，後來被封為樞機主教。

人們對於宗教的專注，大概較克倫威爾以來的任何時候更加地普及、深刻。但是思想家也因為一個新理論而感到困擾，科學家的工作已長久預示著這個理論——演化論。查爾斯・達爾文（Charles Darwin）於一八五九年出版的《物種原始》（The Origin of Species）對演化論做了番經典的表達。這本書使那些不再相信《聖經》對於創造宇宙的字面說明的人引發疑惑與困窘。但是演化論，以及它對於地球上生命史「適者生存」的強調，對於維多利亞時代中葉樂觀主義是強力的輔助。它對人類朝前邁進的信念賦予了嶄新的力量。

對他的同胞而言，帕默斯頓是他們對自己健康希望的具體表

現。他一如以往仍嚴懲外國政府，他愛國的情操對於國人的自信很
具吸引力。這些情操對女王與艾伯特親王卻並非總是如此。這兩人
都憎恨他不與他們商量就發出措詞嚴厲的信件。但是他言詞強硬，
有時行動輕率，全是希望保持歐洲和平。因此外國自由主義的運動
雖獲得他的同情，但有時也使他焦慮。

　　在這些歲月中歐洲最偉大的運動是義大利統一。這個義大利人
民長期所懷的夢想，終於在一八五九年與一八六○年部分實現了。
這個故事爲人熟知的地方，是義大利人如何以尼斯（Nice）與薩瓦
割讓給法蘭西的代價而得到拿破崙三世的軍事援助，以及在由奧地
利人手中贏得倫巴底之後，這位法蘭西皇帝如何置他的盟國於危難
而不顧。威尼斯仍未被贖回；更糟的是，法蘭西部隊保護著教皇國
（the Papal State）在羅馬的殘餘部分，剝奪了義大利人原來的首
都達十年之久。但是當義大利的小邦國一個接一個相繼將他們的異
國統治者都趕走，在單一的君主制度下融爲一體的時候，英國各地
都掀起了一片熱潮。朱塞佩・加里波第（Garibaldi）與他數千名
志願兵，以迅雷之一擊，推翻了在西西里（Sicily）與那不勒斯天
怒人怨的波旁政府，在倫敦被稱爲英雄。帕默斯頓與他的外交大臣
羅素對這些勇敢的事件表示歡迎。同時，英國的領袖對於拿破崙三
世的野心有所懷疑，害怕會發生更大的戰爭。因此他們的政策是只
表示恭賀而不進行干預。這兩位輝格黨元老典型的做法是，他們讚
賞新的義大利政府將一六八八年英國革命的原則付諸實踐。羅素在
平民院中將加里波第比喻成英王威廉三世。歷史卻未敘說義大利人
如何看待這個比喻。

　　同時在國內政治方面，英國政府極端志得意滿。帕默斯頓像他
之前的墨爾本一樣，不相信太多的立法。他性情好，又富有常識，
使他與人有別。小說家安東尼・特洛羅普（Anthony Trollope）[6]
說得好，他是「暫時的政治家。任何現在不需要，任何現在非實際
可行者，他一概將之驅出腦海之外。」這種講求實際的看法在平民
院比較年輕與比較有衝勁的議員當中得不到好感。在反對黨席位

上，惱怒的迪斯累利對這位十八世紀最後的政客發洩他的蔑視與怒氣。他有次向平民院說：「他對外製造事端、挑釁，以便國內統治平靜無事，不受抨擊。因此引發入不敷出、稅賦沈重，社會上所有的改進都宣告停止。他的行事方針太缺少原則，以致於被逼著向人民呼籲時，他唯一可以取得他們信任的就是他的名字。」皮爾的門生與追隨者更加令人失望，也沒有權勢。只要領導權維持在帕默斯頓、羅素與輝格黨貴族階級的手中，要邁向他們夢想的自由主義就希望渺茫。在他們暫時未任官職之時，下野的悉尼·赫伯特說：「輝格黨人對於貴族的迷信是無可救藥。我由反對黨的混亂情形看不到成立有效率政黨的希望，更別提成立政府。任何統治該黨或置身其中的人，沒有不是意見不合、彼此水火不容的。身為貴族的輝格黨人似乎快要筋疲力盡，這個黨沒有新人，但同時卻對元老抱怨。中年的商人、精明的生意人，都因為未能得到任官的優先權而感到自負受損。」

　　托利黨的情形稍好。它們名義上的領袖是德比勛爵，他在辯論上可以表現得才華洋溢，但是易視政治是加在他這個階級成員身上的不愉快職責。他真正的興趣在賽馬，他也對荷馬的作品做過卓越的翻譯。迪斯累利已成為平民院中托利黨黨魁。他為爭取權力而艱苦奮鬥。身為許多鄉紳之首的猶太人，在英國政治上非比尋常。在廢止「穀物法」之後，保護不僅已經不存，而且如同迪斯累利自己所言，還萬劫不復；他與德比都同意不將它做為黨的原則。但是尋找新政策的路又長又辛苦，並且令人氣餒。同時他必須扮演德比的副手。他們於一八五二年與一八五八年的任職期間很短暫，沒有什麼建樹。迪斯累利不只一次地想同激進派結盟，並且對他們承諾他會反對增加軍備與急功躁進的外交政策。他甚至宣稱殖民地是「吊在我們脖子上的磨石」。但是激進派的主要發言人約翰·布賴特並不懷著任何幻想。這位精明的戰慄派教徒是不會被人抓到把柄的。他說：「迪斯累利先生可能被認為他的作為是在向他的黨施咒做法。他在美洲印第安人的部落中會被稱為巫醫。」迪斯累利的算盤

就此落空。迪斯累利遭到如此的挫敗，便轉頭抨擊輝格黨人。他深信摧毀他們的唯一途徑是更加進一步延伸選舉權，將可敬的工匠網羅在內，並且與敵對的中產階級對抗。他很有耐心地對德比與他的同僚下功夫。在他年輕的時候，他曾經夢想像他所著的小說《西貝兒》（Sybil）中所呈現的世界，將富人與窮人這兩個國家統一起來，而一八五〇年代可以看到托利黨民主政治的實際學說在逐漸的興起。但是迪斯累利的理想需要時間才能被人接受。

與輝格黨及德比的托利黨兩者都保持距離的是皮爾派，其中最著名的人物便是威廉・尤爾特・格拉史東。他於一八三二年開始國會生涯，是位很嚴格的托利黨人，將會對自由主義者的陣營做長時間探索。皮爾的去世使他喪失了對於托利黨原則的忠誠，而且也在尋找新路線。他是在西印度群島蓄奴的利物浦富商之子，像他老黨魁皮爾一樣來自同樣階級，而且像這位黨魁一樣相信自由貿易的新論點。他雖然被人稱讚是位行政人才與演說家，同時代的人都認為他缺少判斷力與原則；但是事實上，像帕默斯頓察知的，格拉史東對於英國中產階級的政治潛力有所警覺。帕默斯頓說：「他可能被稱為人民的一員；他想要與他們認同；他擁有宗教的熱忱，並且以他自己的才智使這熱忱得以影響其他的人。」儘管他專心於神學，他比他的同僚更加能體會新選民的心思，比皮爾更加瞭解黨派的運作。「外表是牛津，但內裡是利物浦。」——這是當時的人對他所做的診斷。但是他像迪斯累利一樣，地位升遷遲緩。他在克里米亞戰爭開始的時候任財政大臣，然後下野成了反對黨。他很幸運並沒有太快就執掌大權。皮爾太早擔任高官的經驗讓他感到受挫，因而阻礙他將自己的構想付諸實驗。長年累月的等待使格拉史東對他自己深具信心。

一八五九年格拉史東年屆五旬，加入輝格黨，長期的探索成了過去。他對外交政策的問題做出了決定，再度聚精會神對付財政。身為帕默斯頓手下的財政大臣，他開始了他的黃金時期——例如在平民院就政府預算發表重要演說；手腕高超處理行政種種事務；與

法蘭西簽訂開創自由貿易新紀元的商業條約；要求在軍事事務上減少支出——在這問題上他與首相發生衝突。他的財政工作成果非凡。三項漂亮的政府預算減低了稅賦。貿易正快速地拓展，不久誰會接下來領導這個黨便很明顯。一八六五年帕默斯頓去世，享年八十一歲。他在臨終之日宣稱：「格拉史東不久就可以為所欲為，他一旦得到我的位置，我們將會有陌生的做法。」這位輝格黨元老說對了。十八世紀已經隨他而逝。維多利亞時代的晚期需要新的領袖，在長期之後他終於如願以償。當格拉史東再次在他的選民面前出現時，他的演說如此開場：「我的朋友們，我終於來到你們中間，而且我可以暢懷言論不受妨礙。」但是輝格黨人仍舊猶豫不決。格拉史東像迪斯累利一樣，想把選舉權延伸到大部分的工人階級；他渴切得到新選民的選票。他勸現在由羅素領導的政府提出改革法案，但內閣意見分歧，於是全體辭職。接下來是由德比與迪斯累利領導的，有兩年半壽命的少數派政府。

迪斯累利現在抓住了他的機會。他於一八六七年推出嶄新的「改革方案」；他有技巧地修改過這個法案以便符合他領導的平民院的願望。為了支持大的工業城鎮，席次重新做了分配，差不多增加了一百萬的新選民，使選民總數添增了一倍。托利黨人對於他們原始計畫所造成的這種令人喫驚的進展感到很緊張。德比稱它是「有勇無謀」。美國最近的南北戰爭似乎對民主政治而言是很差的建議，甚至連激進派都擔心未受教育的大眾會有怎樣的行動。但是這一點立即就變得很清楚。在帕默斯頓去世之後立即通過的第二次「改革法案」，在英國政治上開啟了一個新紀元。新的問題與新的解決方法都開始崛起。如同銀行家兼經濟學家沃爾特‧巴奇霍特（Walter Bagehot）所言：「政治國家像美洲森林；你剛將老樹砍倒，新樹馬上就長出來取代它們。」一八六八年二月，德比辭去了黨魁之職，迪斯累利終於當上了首相——如他所言，「位於油膩的杆子頂端」[7]。他必須舉行大選。新選民以壓倒性的力量支持他的對手；而已經成為自由黨黨魁的格拉史東，遂組成了英國自從皮爾

當政之日以來最強的政府。

【1】　譯注：指印度的一顆原重一百九十一克拉、歷史悠久的大鑽石；一八四九年
　　　以來為英王御寶，一九三七年成為英王王冠寶石。
【2】　譯注：一種適合中產階級趣味的倫敦出版刊物。
【3】　譯注：印度世襲社會階級中最高階級。
【4】　譯注：一七五三年六月二十三日英國對印度蒙兀兒王公發動的決定性戰役，
　　　結果英國奪得孟加拉。
【5】　譯注：英國 Enfield 村所製步槍。
【6】　譯注：英國小說家，著有《巴塞特寺院》與政治小說《首相》等。
【7】　譯注：猶如本地宜蘭「搶孤」，有高處不勝寒之意。

第六章　各民族的遷徙（一）──加拿大與南非

　　佔領地球上的空地隨著拿破崙的敗亡而轟轟烈烈地加速進行。對抗法蘭西長期鬥爭曾經遏阻或妨礙英語民族的拓展，有可能建立第二個不列顛帝國的船艦與人馬在二十年的世界戰爭中消耗殆盡。一個世代的男女在他們的工廠中或農莊上，在艦隊或部隊中辛苦工作或奮戰；而曾經期望或有機會到海外尋求新生活及新財富的人有如鳳毛麟角。他們的精力與希望都集中在求生存與爭取勝利上面，沒有時間夢想移民，即使可能有時間也找不到人手。突然間一切由於滑鐵盧的決戰而都改變了。海洋再度開放。在歐洲沒有敵人的威脅。船隻航行不再需要護航，各個大陸的主要海岸輪廓都已經有人測繪。新世界再度為舊世界的艱難困苦與挫折沮喪提供逃避之所。戰爭已經過去了。舟車費用低廉，交通運輸工具充盈。結果則是歷史記錄上場面最壯觀的人類大遷移，以及大不列顛貿易與工業的蓬勃發展。

　　這個過程自然需要時間慢慢加速起來，起初移民的人潮非常少。但是在把犯人安置於澳大利亞，在遷移到加拿大、來自合眾國的忠王派，以及在地球上整個溫帶活動的貿易商、探險家、傳教士和捕鯨人等情況中，都已經指出了這條路。消息在大眾之間流傳，說無人佔據而且可以居住的肥沃土地依舊存在，白人可以在其中安享太平與自由，甚至於可以比這些更好。大不列顛日增的人口添增了這種壓力。一八○一年人口大概有一千一百萬人，三十年後為一千六百萬，到了一八七一年又多了一千萬。在出生或幼年時夭折的人越來越少；一位近代權威的人士已經證實儘管有工業革命，倫敦仍是個比普魯士的農村或波旁王朝的巴黎更加健康的居住之所。人數一增加，人口流動便開始：一八二○年代有二十五萬人移民，一八三○年代五十萬人移民，到了十九世紀中葉有一百五十萬人移民，直到滑鐵盧戰役六十五年之後，已經離開不列顛島嶼的人不下於八百萬。

這個移動的動機、方法及特性，與曾經支持十七世紀的清教徒移民（the Pilgrim Fathers）[1]與斯圖亞特（Stuart）時代種植園開拓者的動機、方法及特性都大不相同。饑餓至少驅使百萬愛爾蘭人前往合眾國與其他地方。黃金引誘喫苦耐苦的追求財富者到澳大利亞、到加拿大荒涼的隱蔽處。他們在那些地方發現了更加實際但不至於像眩惑伊莉莎白時代的冒險家那樣高貴的「黃金城」（El Dorado）。對於土地與羊毛貿易利潤的渴望招喚著更加審慎與富裕的人。所有這一切大都是在英國官方漠不關心甚至有時抱持敵意的情形下完成的。美國獨立戰爭使得不列顛統治階級的大多數人深信殖民地是不受歡迎的屬地。殖民地的人甚至到一八五四年之前都沒有他們自己的部會國務大臣。政府對戰略基地有興趣，但是如果普通人民想到新的土地定居，那麼就讓他們去吧。這樣或許可以改善失業情況，爲一文不名的貴族提供職位；但是這些社區越早變得完全獨立，對英國的納稅人就越好、負擔越輕。不論怎麼說，人們對希臘比對紐西蘭更感興趣，受過教育的公眾比較關心販奴而較少關心移民船隻的骯髒。因此，在印度建立的第二個大不列顛帝國幾乎是出於意外，任何主要政黨對此的鼓勵可說微乎其微。

在新的疆域方面，加拿大最爲人熟悉，而且距離聯合王國最近。她的濱海行省長期將木材送往不列顛，與其空著船艙回航，船東倒是滿意於收取較低的船費而運送移民。不過，移民一登陸，就發現困難重重，距離英國又非常之遠。濱海行省過的是自給自足的生活，許多的移民選擇繼續前往下加拿大（Lower Canada）或現在所稱的魁北克省。皮特曾經在一七九一年設法解決加拿大的種族問題而將她分成兩部分。法蘭西人在下加拿大根深柢固，自成一個緊密的異國人社會，由教士與領主領導，對於自由主義的或革命的歐洲民主概念不感興趣，也不受其影響，他們像南非的波耳人（the Boers）一樣頑固地守著他們自己的傳統與語言。在他們上方的西北邊乃是上加拿大（Upper Canada），即現代的安大略省，大約有六萬英國人在十八世紀終了之時不願在美利堅合眾國生活，

而離開到此定居。這些自豪的人民，出自於對不列顛王室的摯愛，放棄了他們大部分的財產，而被封賞沒有報酬可言的聯合帝國忠王派（United Empire Loyalists）的榮譽頭銜。莫霍克人（Mohawk）[2]的部落，受到同樣情操的鼓舞，遂與他們同行。他們在森林中砍伐出居地，聖勞倫斯河的急流將他們與下加拿大截開，過著孤獨偏僻的生活，並且對來自合眾國的侵襲保持警覺。然後往西是廣大無垠的空地，一直到達太平洋沿岸才有幾個貿易站，將他們的貨物送到中國做生意。

　　這些在傳統、特性與種族上迥然不同的社會，由於來自合眾國的入侵而暫時團結起來。法蘭西人、英國人與美洲印第安人全與美利堅人奮戰，並且在一八一二至一八一四年的三年抗戰中擊退他們。然後災難開始了。在下加拿大的法蘭西人害怕移民會在數目上壓倒他們，並且支配他們。上加拿大的忠王派歡迎會使土地價格上漲的新拓居者，但是不太願意以同等地位對待他們。而且，這兩個行省開始互相不睦。上加拿大的對外貿易必須通過下加拿大，在那裡繳稅，從而發生了關於分享收益的爭執。宗教的歧見更增加了惱怒。由一八二〇年左右起，下加拿大的議會開始像斯圖亞特王朝早期的議會與美洲殖民地的議會一樣，拒絕投票決定王室法官及永久任職官員的薪水數目。法蘭西的政客為此發表激烈演說。在上加拿大，新的拓居者為爭取與忠王派一樣的平等而奮鬥。自由黨人想要使行政人員對議會負責，誇言要離開大英帝國，而一八三六年他們在其中佔多數席位的議會解散了。

　　次年兩個行省都造反了，下加拿大持續一個月，上加拿大則持續一星期。暴民鬧事、部隊開火、變動無常的妥協，處決則少之又少。每件事都規模甚小，以低調方式進行，沒造成大傷害；但是它使得英國政府明白對加拿大的事務需要全神貫注。在倫敦的輝格黨領袖較喬治三世聰明。他們察覺到極少數的叛亂分子會導致重大麻煩，一八三八年德拉姆勳爵奉派進行調查，並由愛德華·吉本·韋克菲爾德（Edward Gibbon Wakefield）從旁協助。德拉姆的指

示模糊又簡單，「恰當處理事情」，同時加拿大憲法也因「國會法」
（Act of Parliament）而受到擱置。德拉姆是激進派，才華出眾、
行事果決、脾氣暴燥。韋克菲爾德是位對帝國事務很積極的理論
家，他與幾位女繼承人的曖昧行為使他被判入獄服刑，逼得他此後
只能在幕後參與國家事務。德拉姆只在加拿大待了幾個月。他處理
憤憤不平的加拿大人時所採取的高壓手段，在西敏寺引起了對他的
諸多批評。他覺得自己被墨爾本勛爵的政府遺棄了，他個人在這個
政府很不得人緣，但是無論如何它應該支持他才對，於是他憤而辭
職，回到英國去。然後他提出了至少由他署名的著名報告。他在其
中分析並且宣布這些困擾的根本原因，並且提倡由人民議會選出大
臣建立代議政府、統一的加拿大以及有計畫地屯墾無人佔據的地
區。這些建議大都由約翰·羅素勛爵的工作成果——一八四○年的
「加拿大法」（the Canada Act）——付諸實施。

　　此後加拿大的進步快速而又平和。她的人口已由一八一五年的
五十萬左右，上升到一八三八年的一百二十五萬。在同一年設立了
前往不列顛島嶼的定期汽船航線，以及廉價的越洋郵政制度。英國
對於使殖民地幾乎完全自由及容許他們自己的民主議會有權選出他
們自己的大臣等這些新想法，不免猶豫不決，且有諸多懷疑；但是
一八四七年任命德拉姆的女婿詹姆斯·布魯士·埃爾金勛爵（Lord
James Bruce Elgin）為總督卻是斬釘截鐵。埃爾金像德拉姆一
樣，相信總督應當代表君主，隱身政治幕後。他根據議會的願望任
命及撤免大臣。為此他受到責備或稱讚，甚至遭人扔擲雞蛋與石
頭，就看它使哪一方高興或生氣的程度而定。但是當他七年後卸下
官職，所有派別的加拿大人都堅定服膺這項原則：受擁戴的權力必
須附隨著對人民的責任；而大臣只要能得到大多數人的信任就必須
治事並受到服從，若失去信任就應當辭職。現在幾乎聽不到任何說
要離開帝國，或將加拿大分成個別有主權的單位，或者加入北美共
和國的論調了。相反地，一八四六年與合眾國簽訂的俄勒岡條約
（the Oregon Treaty），將橫越過北美大陸的北緯四十九度線，做

爲兩國的邊界，並將整個溫哥華島畫歸大不列顛。這項條約是如何締結的，在本卷其他地方有所敘述。

在世紀中葉，一個將所有加拿大行省變成聯邦的運動開始成長並得到支持。合眾國的內戰使加拿大人深信他們鄰國的憲法並不完美，而美國北軍的勝利也挑起他們的恐懼，害怕意氣風發的合眾國可能因爲誘惑而更進一步擴張它的邊界。加拿大已經將目光轉到西部地區。橫臥在安大略省與落磯山脈之間一千英里的疆域，除了在曼尼托巴（Manitoba）——一個印第安人、捕獸者與野獸的漫遊之地——的少數拓居者，就再也沒有人居住。因此，一般都認爲它對於美國渴望土地的人而言是種誘惑。由內戰退伍的愛爾蘭土兵已經越過邊界進行武裝襲擊，而美國國會宣布它本身無力阻止此事。美國人難道不可能向前推進，偷偷地佔據這些空著的土地，甚至對這些他們擅自居住的草原提出權利的要求嗎？據說土壤很肥沃，可爲白人提供生計。一八六七年美國總共花了七百二十萬美元自俄羅斯人手上買下了遙遠的、難以接近的阿拉斯加那片廣大土地；但是在這裡，就在共和國的門口，擺著一個似乎更加令人渴望，並且極易到手的戰利品。除了在查理二世時代建立的哈德森灣公司（Hudson's Bay Company），就沒有任何人統治它。這家公司相信農業會危及皮毛生意，便很仇視拓居者，並且十分注意它自己的威權。不過，十一年前在夫拉則河（the Fraser River）河畔發現了黃金，加速了追求財富者湧向太平洋海岸的尋金潮。事實證明這家公司的職員無力控制這種騷動，英國政府被迫得將王室主權延伸到這個遠方的海岸。因此就誕生了王室的殖民地——英屬哥倫比亞（British Coumbia）[3]。它不久便與溫哥華島聯合起來，要求並且實現了自治。但是在它與安大略之間有一片無人地帶；如果不讓它落入合眾國的手中，便一定得有所作爲才行。的確，加拿大要如何才能與美國保持分離而又能生存呢？

這些考慮促成了一八七六年的「不列顛北美法」（the British North America Act），憑此而創立了海外第一個自治的不列顛領

地。安大略、魁北克、新布藍茲維（New Brunswick）以及新科斯西亞（Nova Scotia）幾個行省，都算是開國元老。它們採用了與合眾國形式截然不同的聯邦憲法。所有未曾明確保留給加拿大行省的權力都由中央政府執掌：代表君主的總督，透過加拿大平民院多數派產生的大臣進行統治，而平民院的議員則依他們代表的人口之人數比例選出。如此一來爲併吞新疆域與行省大開了方便之門；在鐵路時代與西部拓展的前夕，加拿大政治上的安定遂確保無虞。

　　新自治領的議會首次開會，它主要掛慮的是西部的土地。議員都眺望著未來，而在西部描繪出他們的遠見所產生的結果可說並不費事。顯然立即要採取的步驟是買進哈德森灣公司。兩年後總共花了三十萬英鎊而完成了此事。這家公司保留它的貿易權，並且確實將它們保留到今天；但是它將它的土地主權交給了王室。這個過程不是未經流血而完成的。在曼尼托巴，未開化的印第安混血兒認爲他們的自由受到危及，有段短時間的反叛，但是秩序不久就恢復了。曼尼托巴於一八七〇年變成了自治領地的一個行省，次年英屬哥倫比亞也獲准併入自治領。不過，這些立憲步驟本身不足以將加拿大廣袤的版圖聯結在一起。自治領所面對的挑戰性任務，是在來自美國的移民潮越過北緯四十九度線之前，便先行墾植及發展她不見人煙的西部土地。解決辦法是建一條橫貫大陸的鐵路。

　　濱海行省之所以加入自治領聯邦，條件是用鐵路將它們與安大略省聯接起來，經過九年的辛勞一條鐵路終於在一八七六年完成了。英屬哥倫比亞提出同樣的要求，得到了同樣的承諾。事實證明這件事比較難以實現。資金不足、投資者膽怯、政局混亂而且太多區域根本無人知曉。不過，最後蘇格蘭人唐納・史密斯（Donald Smith）——亦係比較爲人所知的斯特拉思科納勛爵（Lord Strathcona）——完成了這項計畫。他的公司要求十年的時間。他們得到政府資金的挹注，用一半的時間完成了他們的工作，加拿大太平洋鐵路（the Canadian Pacific Railway）遂於一八八五年啓用。其他的鐵路紛紛竣工，而不久就達到一年數百萬蒲式耳

（bushel）[4]產量的穀物，開始由草原源源運到東部。加拿大已成爲一個國家，她的遠景十分燦爛。

　　南非不像北美，能吸引早期殖民者與探險家的東西很少。做爲前往東印度群島的中途站，許多人在那裡中斷他們的航程，但是幾乎無人要留下來久住。聖勞倫斯灣（The Gulf of St. Lawrence）使人們容易進入加拿大的內陸；但是南非的海岸線，缺少天然的港口與可供航行的河流，大部分都是由懸崖與沙丘組成，受到水勢強大的急流與波濤洶湧的大海沖刷著。連綿不絕的山脈與海岸平行而走，攔住了通往內陸的路。西邊的山勢上升得比較平緩，但是這地區草木不生而且沒有水源。南邊與東邊，山嶺相接，許多地方很險峻陡峭。對於歐洲人而言，少有地方比南非更難以進入，對他們而言它長久以來就是「海洋中的酒館」，前往東方途中的停靠港口。

　　在十七世紀的時候，航行前往東印度群島或返航歸國到阿姆斯特丹（Amsterdam）與鹿特丹（Rotterdam）的荷蘭東印度公司（the Dutch East India Company）船隊，是最經常停靠好望角（the Cape）的客人，而塔布爾灣（Table Bay）是他們的停泊地。建立永久的拓居地一事曾有所討論，但是直到一六五二年之前並無任何作爲，那個時候荷蘭人的權勢到達高峰，並且處於他們文明的黃金時代，曾派遣年輕的船醫詹‧凡‧里貝克（Jan Van Riebeek），率領三艘船佔領塔布爾灣。殖民並不是這個計畫的一部分；他們僅僅想爲公司的船隻建立停靠的港口，而那裡差不多所有的居民都是公司的員工，被禁止拓展新的土地。二十年後塔布爾灣只有六十四位自由市邑居民。

　　十七世紀更迭之際，南非在西蒙‧凡‧德‧史提爾（Simon van der Stel）與他的兒子威廉‧阿德里安（William Adriaan）的治理下有了改變。他們鼓勵拓居者由荷蘭前來並且取得所賜的土地，到了一七○七年遂有了一千五百位以上的自由市邑居民。他們並非全都是荷蘭人；許多都是因爲宗教迫害而遭到驅逐流亡的雨格諾教徒（Huguenots）、日耳曼人或瑞典人。但是荷蘭人漸漸地同

化了他們。這個小社會由當地的黑奴侍候與供養。

整個十八世紀，這個殖民地繁榮成長。一七六○年第一位歐洲人渡過了橘河（the Orange River），到了一七七八年非什河（the Fish River）已被當作是殖民地東邊的邊界。到了這個世紀末，人口達到大約一萬五千人，並有三個拓居地區。開普頓（Cape Town），或拓居者所稱的「小巴黎」，是個有五千位居民的城鎮兼港口，也是荷蘭東印度公司的總部。好望角半島附近的農業海岸地帶爲農夫提供有限的繁榮，生活雖然原始但容易。最後是內陸高原及更遠的海岸地帶，住著拓荒者。他們好動、強壯、自恃、心胸狹窄、與社會隔離，對於文明政府的約束感到不耐——他們是十九世紀集體遷徒者（the Trekker）與德藍士瓦省波耳人（the Transvaal Boers）的先驅。

但是荷蘭現在已被不列顛慢慢地追上了。在十九世紀走向結束的時候，很明顯的，帝國的未來關係到的並不是荷蘭，而是英國或法蘭西。拿破崙的戰爭毀掉了荷蘭的貿易，在海上驅除荷蘭的船艦，並且推翻了荷蘭的國家政權。一八七二年荷蘭東印度公司付出了它最後的紅利，十二年後宣布破產，赤字爲一千萬英鎊。後果很嚴重。荷蘭不再有力量保護她的屬地。當荷蘭人被法蘭西人打敗，建立巴達維亞共和國（the Batavian Republic）這個傀儡國家的時候，英國便攫取了被視爲敵人疆土的開普殖民地（Cape Colony）。這個殖民地最後在一八一四年的和平協定中割讓給英國人，交換六百萬英鎊的賠償金。

起初英國人沒有遭受太大的仇視。荷蘭東印度公司曾經不受民眾歡迎，而英國人也沒有深思熟慮的英國化（Anglicisation）政策，開普殖民地遂保留著大部分的荷蘭風俗與傳統。英國人強行處理東部的邊疆，拓居者在那裡與來自中非（Central Africa）、大舉向南遷移的班圖人（Bantus people）接觸，並且發生衝突。這種南遷情形就在大陸的東部與西部進行，西部有赫雷羅人（Hereros）[5] 與達馬拉人（Damaras），東部有倫古巴（Nguni）

海岸民族。非什河沿岸常有很多偷牛搶馬的事件，一七七九年終於爆發了荷蘭人與原住民的戰鬥。一長串的南非黑人戰爭（Kaffir wars）從此開始，持續長達百年。七零八落地散布在廣大無垠地區中孤立的農莊的拓居者，發現難以自衛，遂向開普頓求援。遠在天邊的荷蘭當局並沒有給予他們任何援助。現在輪到英國人表現了。

英國人認定唯一使非什河這道防線確保無虞的辦法，是以英國拓居者在邊境殖民，而在一八二〇到二一年共有將近五千人由英國前往南非屯墾。這項移民與政策的改變一致。由於深信南非現在注定要成爲大英帝國永久的一部分，於是政府決定盡其所能使其具有英國色彩。英語開始代替荷蘭語而成爲南非官方語言。一八二八年司法制度也依英國模式而改革，荷蘭貨幣爲英國貨幣取代，英國人開始支配教會與學校。如此便產生了加拿大曾經克服的分歧。不過，有同樣的宗教、相似的語言、相同的血統以及類似的政治及社會傳統，英國人與波耳人卻陷入了種族鬥爭。英國人的統治方法在波耳人當中比在帝國所屬的其他任何國家中，產生更爲激烈的對立；除了在愛爾蘭之外。

推行英國化的活動不僅是設想不周，也不成功。如同西班牙人在十六世紀所學到的，英國發現沒有一個種族像荷蘭人那樣更加頑強地緊抓住他自己的文化與制度不放，而十九世紀二十年代與三十年代的新政策唯一的結果是加強了意見的分歧，特別是在已經開始出現的原住民問題上的分歧。這個時候，英國對於善舉非常熱心，而且自從這個世紀初葉以來英國傳教士在南非便很活躍。傳教士相信黑人與白人平等，傳道時亦如此表示；拓居者主要視原住民爲農莊幫手，而想要盡可能嚴格地控制他們。當傳教士於一八三三年廢止奴隸，拓居者對這樣的干預感到憤慨，因爲這意謂著勞工減少、削弱他們的威權與聲望，以及許多班圖人都可能會變成乞丐與流浪漢。起初英國的拓居者與荷蘭人意氣相投；但是一等到傳教士——尤其是約翰‧菲利普博士（Dr. John Philip）與倫敦傳教學會（the London Missionary Society）——的影響力開始左右政府與

殖民事務部（the Colonial Office），荷蘭人馬上便被棄之不顧，以致他們對於英國當局心懷不滿。

第一項危機於一八三四年來臨。在非什河地區屯墾定居談不上安全，大群的班圖人橫越邊境，毀壞農莊，將這地區弄得一片荒廢。總督班傑明・德爾班爵士（Sir Benjamin D'Urban）將他們逐退；而爲防止另一次攻擊，他併吞了開斯卡馬河（the Keiskamma）與開河（the Kei）之間的疆域，驅走原住民盜賊，並且補償拓居者，將這個依照阿德萊德王后（Queen Adelaide）而命名的新行省之土地提供給他們使用。這件事激怒了傳教士，他們說服殖民大臣（Colonial Secretary）格倫勒勛爵（Lord Glenelg）駁斥德爾班的作爲，並且放棄這個新行省。拓居者失去了所有的補償，而當他們知道格倫勒認爲南非黑人有充足的正當理由發動他們急切投入的戰爭，更覺得有如雪上加霜，飽嘗侮辱與傷害。因此便惹出了大遷徙（the Great Trek）。

大約五千名波耳人伴隨他們的婦孺，一小隊一小隊，驅趕牲畜走在前頭，出發進入未知之地，就像以色列的子民尋找「應許之地」（the Promised Land）。不久就有許多人追隨他們。有些人跋涉千里來到林波波河（the Limpopo）的河岸，許多人遭到馬塔貝列人（the Matabele）[6]與祖魯人（the Zulu）[7]的攻擊，所有的人都忍受飢渴；然而他們秉著喀爾文派宗教的不屈服精神繼續前進。大遷徙是十九世紀一件很了不起的事蹟，它的目的是要永遠擺脫英國的統治。一位波耳人的領袖皮特・雷蒂夫（Pieter Retief）寫道：「我們離開這個殖民地，充分確定英國政府不會再向我們要求更多的東西，並容許我們在未來實行自治時不會受到它的干預。」

他們的運氣看起來長久是一片黑暗。它是姆菲根（Mfecane）[8]的時代，也是祖魯人在查卡（Chaka）與他的繼任者丁剛（Dingaan）率領的軍事帝國「粉碎」其他原住民部落的時代。祖魯人屠殺了數以千計的原住民，讓波耳人有遷徙移動的空間，但是

他們的遷移可是千驚萬險。在許多荒寂的地方，他們守在牛車圍成的車陣內，面對祖魯戰士瘋狂的猛攻，一直要到一八三八年十二月他們才在血河（the Blood River）河畔的大戰中擊潰丁剛的武力。他們在勝利之後便在皮特馬利堡（Pietermaritzburg）這個小城鎮周圍建立了納塔爾共和國（the Republic of Natal），由安德瑞斯・普雷托里厄斯（Andries Pretorius）擔任首任總統。

他們的自由為時很短暫。英國人拒絕承認這個共和國，在一八四五年經過短暫的的抗爭之後，將它變成了開普殖民地的一個行省。納塔角西部的高原上仍有著「波耳人農民」（Voortrekkers），來自納塔爾的難民加強了他們的力量。英國人又在此地進行干預。一八四八年一位曾在威靈頓麾下效勞的、英勇有力的士兵——哈利・史密斯爵士（Sir Harry Smith）併吞了橘河與瓦爾河（the Vaal River）之間的地區，在朋普那次（Boomplaats）擊敗了普雷托里厄斯，只在這個殖民地邊界的瓦爾河對岸留下散落四處的波耳人定居地。

不久之後橘河對岸的部落——特別是巴蘇托人（the Basuto）[9]——有了麻煩。英國人藉由在納塔爾建立原住民保留區，並且重建舊的部落層級制度，將之置於英國政府的間接監督之下，解決了難題。但是英國政府不願意擴大它的責任，於一八五二年承認了德藍士瓦省波耳人定居者的獨立。兩年後，根據布隆泉協定（the Convention of Bloemfontein），英國人由橘河對岸撤走，從而成立了一個橘自由邦（the Orange State）。政治上進行的分化還更進一步：阿德萊德王后省與納塔爾變成了分離的殖民地，由殖民部直接管理。到了一八五七年，在現在南非共和國（Union of South Africa)所在的疆域內共有五個分離的共和國與三個殖民地。同時期，舊的開普殖民地很繁榮，羊毛的產量躍增，而一八五三年評議會發表敕令（Order in Council）在這個殖民地建立代議機構，議會設在開普頓，但並未被授與負有充分責任的政權。南非的歷史至此進入一段並不安的太平時期，而我們可以暫且不管。

【1】　譯注：指一六二○年乘「五月花號」到達北美洲創立普利芧斯殖民地的一批
　　　　英國清教徒。
【2】　譯注：居住在美國紐約洲和加拿大的北美印第安人。
【3】　譯注：現稱卑詩省。
【4】　譯注：一個單位約合八加侖。
【5】　譯注：居住在非洲納米比亞中部的班圖人。
【6】　譯注：居住非洲津巴布韋的祖魯人。
【7】　譯注：居住在南非納塔爾的原住民。
【8】　譯注：非洲人之間的戰爭。
【9】　譯注：居住在南非巴蘇托蘭的班圖人。

第七章　各民族的遷徙（二）——
澳大利亞與紐西蘭

　　澳大利亞有很長的時間存在於人類想像力的領域中。由希羅多德（Herodotus）[1] 那時起，人類就有著關於遙遠土地的傳奇，那在地平線上驚鴻一瞥的土地，居住著陌生怪物，並且充滿所羅門王（Solomon）[2] 在俄斐（Ophir）[3] 與他施（Tarshish）[4] 的龐大財富。十六世紀是個愛好奇珍異聞的年代，樂於聆聽這樣的故事，繞過好望角航行到東方的人都神祕地談著馬可·波羅（Marco Polo）[5] 的馬萊厄（Malaiur）與洛卡奇（Locach）以及所羅門王的島嶼。西元前十世紀以色列國王的船隻如何能夠抵達南太平洋，令人無法猜測。但是文藝復興時代的地理學家與航海家認爲他們自己是受到《聖經》上的範例的啓發。將〈印度群島宣言〉（the Declaration of the Indies）呈獻給亨利八世的作者，預言如果前往新世界的航海家一直前進到太平洋，「就可能在那裡發現許多新土地與新王國……世界上最富有的土地與島嶼，盛產黃金、寶石、香油、香料以及其他我們這裡極其重視的東西，而這些都是來自陌生國家。」一五二六年西班牙人曾經派遣薩巴斯提昂·卡博特（Sebastian Cabot）經由麥哲倫海峽（Magellan's Strait）前往尋找俄斐與他施兩地。他從未抵達太平洋，但傳奇一直持續下去，而在十六世紀第厄普（Dieppe）繪圖者所繪的地圖中標示出在太平洋中有個很大的南方大陸——「大爪哇」（Java la Grande）。一五六八年阿爾瓦羅·德門達納（Alvaro de Mendana）與佩德羅·薩米恩塔·德甘博亞（Pedro Sarmienta de Gamboa）發現了他們所稱的所羅門群島（the Solomon Islands）。從他們所取的名稱顯示出信仰的力量。然而十六世紀結束了之後，歐洲人才蒞臨澳大利亞，而發現澳大利亞的人都是講求實際、毫不浪漫的荷蘭商人。

　　荷蘭人航行到爪哇與蘇門答臘（Sumatra），接觸到這個最新

大陸的北海岸；儘管阿貝爾‧塔斯曼（Abel Tasman）於一六四二年做過偉大的遠征，荷蘭人仍盡量避免遠征。他們無意在那裡定居，在他們的認知裡那是個不吉祥的海岸，他們橫渡印度洋的船隻時常被背風吹襲。一直要到十八世紀中葉人們才能夠確實知道這個大陸的範圍，當時詹姆斯‧科克船長（Captain James Cook）於一七六八年到一七七九年之間做過三次航行，在航行中環繞過紐西蘭，駛入了澳大利亞的大堡礁（Barrier Reef），看到了南極大冰原，發現了友愛群島（the Friendly Isands）、新海布里地群島（New Hebrides）、新喀里多尼亞群島（New Caledonia）與夏威夷，並且測繪澳大利亞東部海岸的航海圖。科克是王室海軍訓練出來的勘查員。他的報告很正式、確實、詳盡。他的消息抵達英國的時機正當其時。英國長期以來都將犯人運往北美，但是自從獨立戰爭以來政府便找不到送他們前往的地方，於是許多人在倫敦的囚船及監獄中因為染病而垂垂待斃。何不將這些囚犯送往新大陸澳大利亞呢？歷經北美的許多災難之後，小皮特的政府就縮減殖民地的冒險，可是人們認為拖延無法令人接受，於是一七八八年一月有七百一十七名犯人在澳大利亞植物灣（Botany Bay）下錨上岸。其中一百九十七名都是婦女。這個海灣是由約瑟夫‧班克斯爵士（Sir Joseph Banks）命名，他是個著名的業餘科學家，曾伴隨科克做過一次航行。此地的植物現在已所剩無幾。犯人不久就被遷到北面幾英里位於雪梨港（Sydney Harbour）廣大範圍內的傑克遜港（Port Jackson）。饑餓威脅著這個拓居地，長久以來這個殖民地都無法供給它本身所需的所有食物。這些偽造文書者與小偷、偷獵者與愛爾蘭叛徒、罪犯與政治流犯，都沒有受過訓練，也沒有資金或做工的欲望，所以既無意願也無能力去適應這塊新土地。一位澳大利亞的總督寫道：「新南威爾斯（the New South Wales）的犯人營使我想起了西班牙的修道院。它們收容著不事生產而只知消費的一群人。」這個地區是科克船長依南威爾斯而命名的。他自認偵查到兩地海岸線的相似之處。但是在當時，居民勤勉的威爾斯

與它在澳洲的同名地方幾乎沒有其他相同之處。

　　一開始當然有少數自由的拓居者，但是直到十九世紀二十年代才有大量的移民潮湧抵澳大利亞。甚至於澳大利亞未來的名稱也尚未決定。官方文件都使用「新荷蘭」及其他名稱冠在它頭上。受到大不列顛戰後苦難的驅使，以及新南威爾斯內地富饒牧地的發現之吸引，說英語的移民開始像涓涓細流進入這空盪盪的次大陸，快速地改變了這個早期社會的特性與生活。人口也起了變化，由一八二八年大約一萬五千名犯人與二萬一千名的自由拓居者，變成了一八四一年的二萬七千名犯人與超過十萬名的自由拓居者。自由人不久要求自治，並且願望得遂。運送犯人到南威爾斯的做法終於在一八四〇年廢止了，兩年之後成立了議會上院（Legislative Council），大多數成員都是由人民投票選出來的。

　　羊毛使這個地區繁榮，並且將西班牙與日耳曼供應的羊毛逐出了世界主要市場。一七九七年退休的陸軍軍官約翰‧麥考阿瑟（John MacArthur）由好望角獲得了少數的螺角羊，進行適當的養殖實驗而發展出著名的澳大利亞羊群，改變了這個大陸的整個經濟。轉捩點是發現了藍色山脈（the Blue Mountains）背後的巴瑟斯特平原（the Bathurst Plains）。這裡以及南到雪梨，北到達令草原（the Darling Downs）是很大的牧羊場，連綿無際而且罕見人煙的放牧地，空曠，草原茂盛，只居住著少數的牧童與成千上萬隻不吭聲、腳步輕柔的綿羊，朝著草原深處移動。羊群快速地倍增；到了一八五〇年澳大利亞已經有超過一千六百萬隻綿羊。也就是說，這裡的羊隻數目超過當地人數十六倍而有餘。這年的羊毛貿易額價值幾近二百萬英鎊。

　　不過，英國政府不重視牧羊業，它宣布英國統治下的土地都是王室的財產，而且殖民事務大受愛德華‧吉本‧韋克菲爾德鼓吹有系統集中殖民的影響。韋克菲爾德堅持，任何地區的拓居活動都應當受到控制並加以計畫，而且容許個人隨意到內陸發展將會妨礙行政，並且減少已經拓居地區的價值。他的理論有很多值得稱讚之

處，但是十分不適合澳大利亞。藉著強制最低價格而使土地更加難以取得的一連串「土地法」（Land Act），不久都被取消了。牧羊業者需要爲他們的綿羊牧場取得數千英畝的土地，但他們既無法也不會爲他們的放牧付出一英鎊或者甚至於五先令，於是他們打算進入空曠的草原取其所需，並力辯土地屬於殖民地的人民，應當盡量給予方便讓他們去佔有使用。殖民部向事件所產生的壓力投降。牧羊業者繼續在那裡放牧，不久更成了澳大利亞社會中最重要的階層。英國政府首次妥協，制定給予他們某種法定身分的許可證，而且於一八四七年批准租借牧地的年限，牧羊業者在年限終了時首先有權以土地尚未增值的價格購買這些土地。

　　早在一八五〇年之前，澳大利亞其他地方的拓居就已經開始了。首先由傑克遜港這個殖民地源頭前往拓居的地方是塔斯馬尼亞島（Tasmania），或當時所稱的范戴門之地（Van Dieman's Land）；一八〇四年有人前往荷巴特（Hobart）；兩年之後在倫瑟斯頓（Launceston）拓居。像新南威爾斯一樣，塔斯馬尼亞起初遭遇到很多困難。在麥夸利港（Macquarie Harbor）及阿瑟港（Port Arthur）的服刑居地惡名昭彰；這些地區用恐怖手段與奴工幫派（ labour-gang）進行管理，因此許多犯人逃亡，住在叢林裡，在夜裡攻擊孤單的屋舍，在人們離開的時候襲擊牧場。澳大利亞的其餘地方，原住民人數很少，散居在廣大的地區，生活非常的原始，幾乎無法抵抗白人拓居者；塔斯馬尼亞與之不同，它的原住民十分之多，也比較進步。他們被擊敗是無可避免，結局也很悲慘。一八三〇年的「黑色驅趕」（the Black Drive）失敗了。這個殖民地花費三萬英鎊所組織的所有部隊，企圖將原住民圍禁在保留地，結果徒勞無功。但是塔斯馬尼亞的部落在二十世紀初就都滅亡了。

　　塔斯馬尼亞的發展方式與新南威爾斯極爲相同，在一八二四年成爲個別的殖民地。牧羊業與捕鯨業帶來了繁榮，人口也穩定地增加。一八二〇年時有六千五百名拓居者，大多數是犯人；二十年後

人口數達到六萬八千人，大多數是自由人。一八五○年它獲准成立
被選出來的議會上院，三年後廢止流放犯人的制度，使塔斯馬尼
亞具有與新南威爾斯平等的地位，並且使她能參與責任政府的一
般事務。

　　一八三五年塔斯馬尼亞在菲力普港（Port Phillip）建立一個
拓居地。它起初由新南威爾斯管理，但是拓居者很快便要求獨立。
一八四八年他們撤走所有其他議會上院的候選人，而選殖民地大臣
格雷伯爵為「墨爾本的議員」。格雷是當年支持「改革法案」的格
雷伯爵之子。這一招成功了：幾個月之後殖民部對菲立普港的獨立
表示同意，而一八五一年享有完全的代議制度的新殖民地維多利亞
（Victoria）建立了起來，並將它的首府置於墨爾本。年輕的女王將
她的名字賦予這個英語民族的新生旁系。它的首府則依輝格黨首相
墨爾本的名字命名。他曾經是她的顧問中最令人愉悅的一位，但現
在這種人才已經不可再得了。

　　新南威爾斯的第三個手足是昆士蘭（Queensland）。它繞著
布里斯班（Brisbane）這個城鎮而成長起來，但是發展緩慢，一直
要到一八五九年才成為個別的殖民地。當時另外兩個拓居地已經在
澳大利亞海岸出現，兩者都獨立而與新南威爾斯及其他的殖民地無
涉。一八三四年倫敦設立了一個以「南澳大利亞殖民專員公署」
（the Colonization Commissioners for South Australia）之名
而為人所知團體，兩年後首批拓居者在阿德萊德附近登陸。這個城
市係以威廉四世的王后之名命名。南澳大利亞的殖民地從來就不收
容犯人，它是一群受到吉本·韋克菲爾德影響的人所組織起來的；
吉本·韋克菲爾德精心研究的理論現在終於付諸實施。整體而言他
們是成功了，由政府與「殖民（或者土地）專員公署」分擔責任的
雙重統治制度弄出許多麻煩，以致於這個專員公署在一八四二年就
遭到撤銷。不到七年這個殖民地就有了為數五萬二千名的居民，
並且由於發現銅礦而極為富裕。它與東部的殖民地一樣獲准可以有
代議制度。

　　另一個殖民地西澳大利亞，有個非常不同的歷史。它在一八二九年建立，初時險告夭折。它的土壤遠不如東部殖民地肥沃，其間由無人居住的無垠沙漠將之隔開，勞工至為短缺。其他殖民地都認為犯人是進步的障礙，但在此地犯人似乎是人力唯一的解決之道。再度為囚犯而感到煩惱的英國政府，便急著接受請求將若干犯人輸送到帕斯（Perth）。一八四九年建立了一個服刑居地，並且受到大批金錢資助。在這般的挹注下它復甦了，人口在接下來的十年中增加了三倍，但是西澳大利亞在犯人拓居地廢止之後，才於一八七〇年建立代議機構，於一八九〇年獲得充分的自治。

＊　　　　＊　　　　＊　　　　＊　　　　＊

　　一八四八年加利福尼亞（California）發現了黃金，在渡過太平洋去試運氣的採礦者中有某個名為愛德華‧哈格雷夫斯（Edward Hargraves）的人。幾個月的挖掘使他稍有所獲，但是他注意到加利福尼亞產金的岩石與新南威爾斯的巴瑟斯特（Bathurst）附近那些岩石相似。他於一八五一年年初回到澳大利亞測試他的理論。首先的幾盤泥土便證明他是正確的。發現金礦的消息走漏，幾個星斯之內澳大利亞淘金熱（the Australian Gold Rush）便開始了。

　　淘金熱席捲東部的殖民地。所有澳大利亞人似乎都動了起來，肩上荷著鋤頭與鏟子，腰中掛著罐子與水盆，出發前往巴瑟斯特、巴勒拉特（Ballarat）或本第哥（Bendigo），興奮、狂熱的群眾蜂湧進入在一夜之間冒出來的、設有賭博沙龍、酒吧與妓院、應有盡有的採礦城鎮。維多利亞的金礦田不久就有了幾乎十萬人口。其中並非全是被稱為「淘金客」的採礦者。飯店老板、店主、妓女及其餘出賣勞力的人通常日子過得最好。一文不名的棒棒糖小販，只要在通往巴勒拉特的路上開一家酒館，一年就可以賺六千英鎊。當淘金客成群回到墨爾本或雪梨的時候，就瘋狂地揮霍與招搖，金錢遂花得一乾二淨。馬都裝上金的馬蹄鐵，人們用鈔票點煙，參加婚禮的賀喜賓客都是穿著光鮮的、粉紅色天鵝絨服裝。當一夜之間可

以致富或傾家蕩產的時候，穩定的就業似乎沒有什麼道理。牧羊業者失去了他們的牧童，商家失去了他們的職員，船隻失去了他們的船員。一八五二年年初，墨爾本僅剩下兩名警察；五十餘位已經到金礦田去了。工資增加了兩倍到三倍；物價狂飆，地價的變化快得令人不知所措。其他的殖民地，包括紐西蘭，許多的人都跑到金礦田去了。單單一年就有九千五百名移民進入維多利亞；在五個月之內，包括婦孺在內共計五萬人的總人口中，就有四千人離開塔斯馬尼亞前往維多利亞。

　　維持治安，解決權利爭執，提供運輸工具、住宅及足夠防止饑餓的食物，成了墨爾本的新政府重大的負擔，政府大多數的僚屬也棄職前往金礦田去了。有若干時候，整個維多利亞的士兵未超過四十四名，而一八五三年五十名警察必須由倫敦派遣前往。淘金客大概蠻喜歡他們在採礦城鎮製造的騷動，但他們對於英國政府則極為不滿。像對付牧羊業者一樣，王室力稱對土地有所有權，要求徵收特許證費用。這種費用受到強烈的憎恨，非常難徵收，在經過多次威脅之後，淘金客爆發暴動。

　　一八五四年十月六日，一位淘金客在巴勒拉特的猶瑞卡飯店（Eureka Hotel）附近一場打鬥中遭殺害。飯店老闆班特利（Bentley）、他的妻子與一位名為法瑞爾（Farrell）的人被提起控訴，儘管證據確鑿他們卻都獲得無罪開釋。十天後淘金客縱火燒掉了飯店，其中四名為首者遭到了逮捕。淘金客群情憤慨。他們成立了「巴勒拉特改革聯盟」（Ballarat Reform League），提出一項政治計畫，要求廢止特許證費用，其中還包含英國憲章運動者六點要求中的四點。十一月三十日當局搜查未持特許證的淘金客，引起了暴動。淘金客由名叫彼得‧萊勒（Peter Lalor）的人領導，開始操練並且建立了一道防禦柵欄。當地的軍事指揮官湯瑪斯上尉（Captain Thomas）迅速機警地採取行動。他決心在這運動蔓延之前便行攻擊。他率領以兵士為主的三百人，以刺刀攻下了柵欄，殺死了三十名作亂者，並且俘虜了一百二十多人。

就這樣結束了可能變成嚴重叛亂的暴動。之後特許證費用不久就廢除了，而以黃金出口稅代替。淘金客得到選舉權，局勢恢復平靜。在隨後的幾年裡，單獨作業的淘金客都被有足夠資源可以獨力進行地下開挖工作的礦業公司取代了。在新南威爾斯也發生類似的事，它是這個時候發現金礦的另一個殖民地。由一八五一年到一八六一年間，在那裡掘得的黃金價值爲一億二千四百萬英鎊。而澳大利亞人口增加，此時已經超過百萬，算是更永久的富足。

牧羊業與農業起初受到淘金熱的打擊，失掉牧童的牧羊業者詛咒金礦的發現。但是澳大利亞最終有所嶄獲。由於建立了更好的道路與更多的鐵路，牧羊業繁榮了起來。人們需要食物，超過一百萬英畝的土地不久都投入耕種。這個地區迄今過分依賴牧羊業的經濟，因此達到了平衡。

政治上的影響至爲深遠。人口、貿易與歲入的增加，使一八五〇年臨時制定的體制亟需改革；而殖民地之間經過長時間的討論之後，將許多方案呈給了殖民部，並得到英國政府批准。一八五五年到一八五九年這個期間，由民眾投票選出，而且大臣對下院（the Lower House）負責的兩院議會，被引進澳大利亞的所有政府，只有西澳大利亞除外；如同前述，那裡的自治實現得較晚。

一些重大改變仍將陸續展開，我們現在所知的澳大利亞是由聯邦中的殖民地聯合起來而於一九〇一年誕生的，它的新首都位於坎培拉（Canberra）。因爲生機蓬勃、各自不同且相隔遙遠的拓居地都珍愛它們本身的自治，所以這個南方大陸既晚又慢才成爲聯邦。亞洲對北方的威脅或壓力尚未興起，而這會使它們產生統一起來的迫切感。這種迫切需要總是會來的。甚至於今天大多數澳大利亞的人口居住在十九世紀建立起來的拓居地。澳大利亞的心臟地帶，範圍超過了一百萬平方英里，吸引住金屬礦藏探勘者與畜養牛羊的牧場主，但是大部分地方仍舊無人居住。僅只有橫越大陸的快車通過、迴力棒的疾飛聲，或自動操縱的飛彈的嗡嗡聲打破灌木叢的寂靜與沙漠的荒涼。

在澳大利亞東方一千二百英里的地方座落著紐西蘭島。早在被歐洲人發現之前，波里尼亞（Polynesian）戰士——毛利人（the Maoris）——就已經由東北航行穿越太平洋，在這裡建立了以其輝煌的藝術與軍事制度的力量而著名的文明。科克船長在十八世紀末抵達此處之時，他判斷他們為數大約十萬人。這數字大概是高估，但無論如何這裡是歐洲殖民的第一個令人膽寒的障礙，一群有文化的民族長久擁有這塊土地，他們精神獨立，嫻熟戰事。在科克發現紐西蘭之後不久，一小批英國人在遙遠北端的群島灣（the Bay of Island）建立了一個立足點，但是他們大部分都是捕鯨人與獵海豹者、遇難的海員與少數由澳大利亞逃來的犯人，過著孤獨的、不安定的與多少不甚體面的生活。毛利人酋長容忍他們，他們則提供火器給酋長。他們對毛利人的生活或土地並不構成重大威脅。毛利人對英國殖民活動的抵抗因為基督教傳教士的到達而加強。一八一四年塞繆爾‧馬斯頓牧師（the Reverend Samuel Marsden）在這同一個群島灣設了傳道站。其他的教士加入他的活動，基督教很快就在毛利人當中產生很大的優勢，許多毛利人都改信基督教。傳道士奮力擊敗商人的勢力；他們為了毛利人的利益，多年來都反對容許英國移民的所有計畫。他們的抵制一度成功了，在第一個正式的英國拓居地建立之前，澳大利亞的殖民地早就已經建立半個世紀之久了。不過，由愛德華‧吉本‧韋克菲爾德周圍的一群人推動在紐西蘭島嶼上殖民的舉動，早已在倫敦進行。韋克菲爾德早已對加拿大與澳大利亞的前途造成重大影響。韋克菲爾德與他的朋友們成立了一個紐西蘭協會（New Zealand Association），德拉姆勛爵也是協會的成員。但是英國政府深懷敵意。傳教士譴責該協會的方案會對原住民造成災難，而殖民部拒絕批准該協會的各種計畫。

不過韋克菲爾德很有決心，一八三八年他的協會成立了私人股分公司以便利紐西蘭殖民，一年之後派遣他的弟弟率隊遠征。一千多名拓居者隨他們而行，在北島（the North Island）建立了威靈頓（Wellington）殖民地區。法蘭西正在打算併吞紐西蘭的消息逼

得英國政府採取行動。他們並未批准韋克菲爾德的遠征，反而派遣戰艦，由威廉‧霍布森船長（Captain William Hobson）指揮，前往與毛利人交涉承認英國主權。一八四〇年二月，霍布森與毛利酋長們締結了「懷坦吉條約」（the Treaty of Waitangi）。根據這項條約，毛利人將主權的所有權利與權力都割讓給大不列顛，以交換英國承認毛利人「充分獨占他們的土地與產業」。

　　直到這個時候，韋克菲爾德的公司才得到了官方的承認。兩股力量就這樣建立了起來，即於北島北端被霍布森選爲首府的奧克蘭（Auckland)的總督，以及設在威靈頓的這家公司。他們擁護不同的利益與相反的政策。那家公司想要土地，盡可能越多越妙，越快越好。條約與殖民部都說這些土地屬於毛利人。這兩股力量於整個十九世紀四十年代都在鬥爭不停、爭吵不止。條約受到這家公司的拓居者痛責，而一八四三年這家公司的總裁約瑟夫‧索姆斯（Joseph Somes）寫信給殖民大臣說：「我們常常深深懷疑，由未賦予全權的領事與赤裸的野蠻人簽訂，未得到王室批准的「懷坦吉條約」，除了會被律師們視爲是值得誇讚的、暫時取悅與安撫野人的工具之外，是否還有他用。」不過「赤裸的野蠻人」是不會被人算計的。與霍布森締結的條約，清楚地點明他們交出的主權只是虛有其表，他們實質上仍保留著財產。土地是他們的生命泉源。毛利人的格言道：「失去女人與土地，人就完了。」年長的酋長都明白如果他們喪失了土地，部落的生命就會告終。他們巧妙的法律激怒了拓居者，因爲拓居者天眞地用現款購買土地，卻發現由於部落擁有土壤之不可剝奪的權利，不受私人交易影響，拓居者並不能得到土地。然而，一八五九年拓居者已在北島占據七百萬英畝的土地，而在毛利人較少的南島則占據三千二百萬英畝以上的土地。

　　結果發生了毛利人戰爭，由一八四三年到一八六九年一連串的局部衝突時斷時續。戰場也由一處移到另一處。到了六〇年代中期，有二萬部隊參與交戰。信奉豪豪主義的毛利人（the Hauhaus）[6]之狂熱崇拜以及游擊天才領袖特‧庫提（Te Kooti）的本事，爲這

個殖民地的所有資源評估價值。毛利人作戰十分驍勇，英國正規軍的軍官欽佩他們的對手，因此便更加不喜歡拓居者。但是到了一八六九年毛利人在行動上力量耗盡，起義遂被剿平。此後原住民事務大臣（the Minister of Native Affairs）唐納‧麥克連爵士（Sir Donald MacLean）的開明政策產生了很大的改進。拓居者獲得了關於土地保有權的若干保障。毛利人明白英國人已經要在這裡長待下來。在六○年代通過的一連串「原住民土地法」（Native Land Acts）保護他們免於滅絕；一八六七年他們在紐西蘭的立法機構得到了直接代表權。一八七一年他們的人口降到三萬七千人，而到一九五一年人口普查時，他們的人數達到了十萬人左右。

儘管這些歲月鬥爭時起，殖民地仍在繼續拓展。韋克菲爾德渴望克服傳教士的反對，很聰明地勸蘇格爾自由教會（Free Church of Scotland）與英國教會（即英國國教）兩者合作建立兩個新的拓居地。奧塔哥（Otega）與坎特伯里（Canterbury）這兩個拓居地都位於南島，韋克菲爾德的理論在那裡獲得充分的運用。而從一八六○年起一直到一九○六年，南島都很繁榮，很少同毛利人發生戰爭，容納著大部分的殖民者。到了一八六八年，那裡的英國人僅只有二十五萬左右；十二年後差不多多了一倍。

和平帶來了繁榮。南島著名的坎特伯里平原飼養著大群的綿羊，而演化出一種本土雜種考力代羊（Corriedale）[7]。一八六○年代在奧塔哥與坎特伯里發現了金礦，出現了一時的繁榮。澳大利亞金礦的發現，以及墨爾本與雪梨的物價飛漲，使農業飛快起步。儘管八○年代澳大利亞經濟蕭條，紐西蘭的繁榮從那時起卻持續在成長。冷藏庫的發明使得這個殖民地能與一萬三千英里外的歐洲及英國生產者競爭。合作運動，尤其是在酪農業方面，幫助幾無資本的小農建立規模非凡的產業，而紐西蘭自治領不久就擁有在比例上數目比世界上任何國家都高的對外貿易。

    *   *   *   *   *

紐西蘭政治上的發展很快速。她是在德拉姆提出報告以及加拿

大進行首次殖民地自治實驗之際建立，藉由一八五二年「體制法」
（the Constitution Act）獲得了尺度很寬的獨立。像較老的殖民地
一樣，她的問題並不是在於要求實行責任政府制，而是中央行政與
地方行政的關係。內陸旅行十分困難，直到十九世紀晚期這個殖民
地依然是散落各處的小拓居地，它們的建立是依全不相同的利益特
性。「體制法」承認這種情形，而設立了許多以民主爲基礎的省議
會（provincial councils），在相當的程度上各自超然獨立，不受
中央立法機關（the General Assembly）的管治。

　　行省議會與中央政府之間的衝突困擾著紐西蘭達二十年。有些
行省很富裕，其他的行省差一點。奧塔哥與坎特伯里，受到發現金
礦的刺激，變得富足而又繁榮；而北島的拓居者，受到毛利人戰爭
的騷擾，變得越來越貧困。奧塔哥與坎特伯里一度想要脫離。一八
七五年進行改革，體制修正了，行省也廢除了，地方行政置於郡議
會（county council）之手，中央政府的權力大增。就這樣，紐西
蘭面對並解決了聯邦政府的所有問題，比澳大利亞早了三十年，雖
然規模較小。的確，她的政治生命力比她經濟活力還要驚人。她過
去的傳統與偏見不似較老國家那樣根深柢固。許多在一九〇六年由
自由黨政府引進大不列顛的改革，被視爲極爲創新的措施，都已經
被紐西蘭接受。工業仲裁、老年退休金、工廠立法、國家保險與醫
療服務、住宅法，全都在一八九〇年到爆發第一次世界大戰的這個
階段完成了；而國家對於合作生產的支持，表現出英國人的政治天
才豐沛無窮，甚至在遙遠、偏僻的太平洋島嶼上都可尋得。

【1】　譯注：古希臘歷史學家，被稱爲「歷史之父」，所著《歷史》即《希臘波斯
　　　　戰爭史》，係西方第一部歷史著作。
【2】　譯注：以色列國王，加強國防，發展貿易，以武力維持其統治，使猶太達到
　　　　鼎盛時期。
【3】　譯注：《聖經‧列王記》中盛產黃金和寶石之地。
【4】　譯注：《聖經》中盛產黃金與鑽石之地。
【5】　譯注：義大利旅行家，以其口述東方見聞經筆錄成書的《馬可‧波羅行紀》

（又名《東方見聞錄》）著名。

【6】 譯注：信奉豪豪主義〈Hauhauism〉的毛利人教徒，在反英戰鬥時都高喊「hau hau」——含「起來、起來」之意，故名。

【7】 譯注：Corriedale 爲紐西蘭地區名，此種羊可毛肉兩用。

第十一部

偉大的共和國

第八章 美利堅的史詩

一八一五年顯露出美國發展進程某個階段的結束。到了這個時候，這個大陸的生活大都已經受到歐洲的影響。但是隨著一八一二年對抗英國的戰爭結束，美國便開始注意本身的問題，背對著大西洋而眺望西部；締結剛特和約之後的歲月，都充滿了西進的頻繁活動。在政治上，聯邦主義者與共和主義者的惡鬥已經被同時期新聞人員所稱的「和睦時代」（the era of good feelings）所取代。但是在頭一個十年平靜的表面下，派系利益集團的苦鬥不休，而他們不久就會採取永久而有組織的政黨形式。就像所有戰後階段一樣，財政是主要的政治議題。亞歷山大‧漢彌爾頓主張保護貿易政策與銀行信貸業務的觀念，在戰爭的壓力下勉強地被共和黨政府接受了。一八一六年的關稅法建立了一個主張保護主義的政權，新英國在這個制度下從海運業轉向製造業，奠下了十九世紀繁榮的基礎。湯瑪斯‧傑弗遜（Thomas Jefferson）昔日對於聯邦銀行業務制度的猜疑都已經煙消雲散，一八一六年他為了創辦新的聯邦銀行而頒發新的特許狀，用來取代過期的特許狀。

與歐洲的聯繫此時開始緩慢而又無情地斷裂，英國與美國尚未解決的爭執，由派出一連串的使節進行磋商而解決。加拿大的疆界已定，兩國都同意遵守對風暴中心——五大湖區（the Great Lakes）——休兵的相互協定。一八一九年在新奧爾良（New Orleans）英雄安德魯‧傑克遜（Andrew Jackson）的率領下，於西屬佛羅里達進行零散的戰爭之後，西班牙政府終於以五百萬美元的代價將佛羅里達賣給了美國。西班牙從此永遠撤離了北美大陸。

但是歐洲政局的動亂將在未來幾年裡再度威脅到北美。舊世界的君主們聯合維持君主制度，也共同在顯示反叛現有制度的任何國家中進行干預；這個神聖同盟的政策引起了英國的反對，英國早在一八二一年就已經拒絕干預義大利的內政。新的危機來自西班牙。由波旁王朝統治的法蘭西急於在歐洲得到尊敬，便派軍隊越過庇里

牛斯山，企圖恢復西班牙的君主制度。俄羅斯想要的更多，俄羅斯的沙皇想染指世界各地，包括他現在以勒令重申對於北美西部海岸的權利。謠言也傳到了華盛頓，說歐洲列強的反動勢力在西班牙支持波旁家族復辟之後，也可能在新世界推行同樣的活動，也就是在新世界恢復波旁王室的主權。南美洲有些西班牙的殖民地，它們已經拋掉西班牙的束縛。

在坎寧主政之下的英國政府提議與美國合作，阻止這種具有威脅性的干預向新世界延伸。英國宣布承認南美洲各拉丁民族共和國的主權；同時門羅總統採取行動，對國會發表咨文，宣布後來為人所知的門羅主義。這著名的主義像人們所描述的，同時成為對於歐洲列強在新世界從事干預的警告，以及美國無意在歐洲政治中扮演任何角色的聲明。美國憑著這告別性質的訊息而一心一意處理國內事務，新一代的政治家正在崛起，而憲法創立時期的許多耆老也漸漸在政壇消失，雖然湯瑪斯‧傑弗遜與詹姆斯‧麥迪遜（James Madison）仍留在他們位於維吉尼亞的家園，多少仍影響政壇。

/　＊　　　　＊　　　　＊　　　　＊　　　　＊

美利堅帝國向西部行進中；合眾國建立不到三十年，已經在密西西比河流域建立了九個新的州，在新英國境內建立了兩個新的州。早在一七六九年像丹尼爾‧布恩（Daniel Boone）這樣的人，已經披荊斬棘進入肯塔基地區，與印第安人發生小戰鬥；但是翻山越嶺的大行動是在獨立戰爭期間開始的。十八世紀的移民活動採取兩個方向：西進前往俄亥俄河（the Ohio），並在肯塔基與田納西（Tennessee）設立拓居地；另外則為越過伊利湖（Lake Erie）佔領西北森林區，皮毛商出入的地盤。新英國與美國東海岸的殖民活動，主要都是由英國王室或特權封建業主所協助的大型公司的傑作；但是在西部這塊新的土地上，任何人持斧頭或來福槍便可以為自己開創一個簡陋的邊疆家園。到了一七九〇年，田納西地區已經有三萬五千名拓居者，比肯塔基境內的人數多出一倍。到了一八〇〇年，阿利阿尼山脈（the Alleghenies）以西之地已經有一百萬

美國人，從這些新土地上孕育出堅強而有自信的美利堅西部人。現代美國民主制度就在密西西比河流域誕生了，並以它為搖籃。第一屆的獨立美國國會深具遠見，宣布了一項隨時遵守的原則，即新開發地區的人口一旦達到一定數目，就應該准許其享有合眾國現有其他各州的平等地位。美國在一八二八年到一九○一年之間，十八位總統之中的十一位，不是在密西西比河流域出生，就是在那裡渡過大部分的歲月，這就是西部人素質與能力的證明。在清教徒移民登陸週年的紀念日上，丹尼爾・韋伯斯特（Daniel Webster）高聲朗讀以下遠近馳名的章節：「新英國的農莊、房屋、村莊與教堂散布與點綴著由俄亥俄河到伊利湖，並沿著阿利阿尼山脈伸展越過邁阿密河（the Miamis）而前往聖安東尼（St. Anthony）瀑布的廣大地區。從他們祖先登陸的羅克河（the Rock）往西二千英里的地方，現在可能看到清教徒的子孫在耕種沃田美地、建立城鎮與村莊；而且我們相信，擁有祖傳的明智制度、自由權與宗教的祝福。……清教徒的子孫不久就將要到達太平洋沿岸地區。」

　　美國的人口以及地區都正在快速地膨脹。在一七九○年到一八二○年之間，人口從四百萬增加到九百五十萬；此後它幾乎每二十年增加一倍。像這樣的成長率，以前從來都沒有見過，雖然它與同時代英國的人口成長率不相上下。大批人士在西部定居的情形，由於印第安部落離開密西西比河以東地區而得到舒緩。他們在一八一二年曾經是英國的戰友，但後來戰敗了；現在聯邦的政策是要完全驅逐他們，這樣子空出來的土地，便以較過去更小的單位、更低的價格出售給前來的殖民者——我們不妨對他們使用這個現在可能不得人心但仍舊相當體面的字眼。就真正的意義而言，「殖民」是西部開拓者所從事的任務。由山石崎嶇的新英國前來的農夫正在耕種大湖區以南空無人煙的肥沃土地；同時在南方，阿拉巴馬（Alabama）與密西西比的沃土地帶，證明很適合近來大規模的棉花種植。

　　但是這種對西部無休止的拓展也改變了全國的重心，人們的興

趣以及情緒都承受著緊張的壓力。東部南北各州都一樣，不久就發現它們的政治權力受到拓居社會的挑戰，拓荒的引誘使得東部工廠發生勞工短缺的恐懼；事實上，這個空缺由歐洲來的新移民補上了。當邊疆的界線向西展開時，快速變成州的新地區將它們自己的難題與欲望強行交給意氣風發而又甚感困窘的聯邦政府。東部恐懼走向民主的西部會佔據優勢，西部則憎恨東部富有階級在財政與經濟上的偏見；分歧的力量愈來愈大，只有聯邦體系在保護各州權利這個核心問題上發揮靈活效果，才防止住聯邦政府與強硬各州之間時常發生的衝突。

　　因為缺乏足夠的全國性黨派組織用來發洩北方、南方、西部激烈的派系衝突與恨意，一八一五年到一八三○年之間的政治顯得很混亂。到了一八三○年，大黨峙立的輪廓才變得清楚。隨著聯邦立法機構的成長，設立有關關稅、銀行、土地政策等全國性經濟架構，美國感受到各州互相傾軋與敵對利益團體的壓力。往西的擴展使得政治均勢失衡而有利於西部新的州；而北方與南方的舊勢力也努力抗拒國家內部興起的民主勢力，他們不僅要對付西部居民的欲望，而且也要對付南方小型種植者以及北方產業工人的欲望。隨著成年男子普選權的區域更加地擴大，許多人也首次獲得選舉權，所以選民正在拓展中，並且極力想表達他們自己的意見。同時美國政治已經引進國會會議制度。競選總統職位或各州較低公職的候選人，逐漸由能夠代表地方與特別意見的會議代表所選出來，而不再由受到限制的政黨幹部提名；這種做法使得想擔任總統與其他公職的人有義務要對民眾分歧的意願負責。心態保守的政治家如亨利・克萊（Henry Clay）與約翰・卡爾霍恩（John Calhoun）對地方主義的危險徵兆與對合眾國的威脅感到不安，他們制定了所謂的「美利堅體制」。然而他們的政策只不過是重新表達漢彌爾頓的觀念，他們設法使聯邦內的經濟利益團體保持和諧。如同卡爾霍恩在一八一七年所說的：「我們正在相當快速地──我差點要說以驚人的速度──成長。這是我們的弱點，也是我們的長處。……那麼讓

我們用完美的道路與運河系統將這個共和國聯結在一起。貿易保護政策會將各州更加緊密地團結起來。……它會形成新的、最強而有力的整體。」

公共設施在建造中；汽船在密西西比河上出現，在墨西哥灣的集中貿易引起了大西洋沿岸各州的驚慌，因為它們被剝奪了有利可圖的市場，所以它們趕緊與這種日益增加的活動展開競爭。一八一七年紐約州開始建設伊利運河，使得紐約市將成為東部海港之中最繁榮的港口；聯邦政府撥款興建了跨越俄亥俄河而到伊利諾州的昆布蘭大公路，公路網把幹勁十足的西部與東部各州連接起來。但是在美國十九世紀的歷史上，東部與西部，以及大西洋海岸地區的北方各州與南方各州，都將持續分裂。在十九世紀初，政治基調是北方與南方的政治家作對，競相爭取西部各州的選票與支持。

＊　　　＊　　　＊　　　＊　　　＊

奴隸制度這個問題不久後就使得南北的關係惡化。一八一九年國會把一項法案列入議程，要承認密蘇里（Missouri）是合眾國的一州；這片疆域位於路易斯安那購買案的範圍之內，而聯邦法律迄今尚未決定那裡奴隸的前途。密蘇里的人民提議容許在他們的憲法草案中列入奴隸制度，而北方人視這項法案是侵略性的舉動，目的是想加強南方的表決權。瘋狂的互相責難就此展開，但由於北方與南方所面對的西部難題日增，因此都無法爭吵下去了。最後由這項法案所挑起的派系鬥爭就在妥協方案中結束了，而此方案的效力一直維持到十九世紀中葉。密蘇里被承認是個蓄奴州；而在合眾國尚未成州的，北緯三十六度三十分以北的現有疆土內，都禁止奴隸制度。之前自行與麻薩諸塞分開的緬因（Maine）被承認是個禁奴州，這點作為妥協方案的一部分，使得合眾國當中被畫分成為蓄奴州與禁奴州數目相等，各佔十二州。但是有遠見的人立刻明白這種畫分的悲劇即將發生。約翰·昆西·亞當斯（John Quincy Adams）在他的日記中寫著：「我視它為合眾國的喪鐘。而我聽說目前的問題只是前言——一齣悲劇鉅作的書名頁而已。」

這位有教養的新英國人，合眾國第二任總統之子，於一八二五年繼門羅而擔任美國總統。所謂的和睦時代正要走向結束。亞當斯擔任總統的四年任期將透露出黨派政治的成長；而東部各州所有的政治與經濟利益團體，都被迫對西部快速的擴展採取守勢。

西部人士簇擁著邊疆名將安德魯‧傑克遜（Andrew Jackson）；他聲稱代表真正的傑弗遜民主制度原則，反抗東部腐敗的金錢利益集團。亞當斯得到那些害怕「多數裁定原則」（majority rule）階級的支持，這些階級並且對邊疆農民與拓居者的成長力量感到驚慌。這兩派於一八二八年交鋒，傑弗遜挺身而出，成了亞當斯競選的對手；在這次競選的混亂中誕生了兩個黨———民主黨（Democrats）與國民共和黨（National Republicans）。它是自從傑弗遜於一八○○年將老亞當斯趕下台以來最猛烈的競選活動，結果揭曉時，可以看得出來亞當斯在新英國以外地區實際上沒有任何斬獲，而西部勢力經由安德魯‧傑克遜而獲得了控制權。在政壇出現的這位總統，終於代表了美國的邊疆精神，而與舊世界或受舊世界影響的美國大西洋海岸地區沒有任何精神上的聯繫。對許多人而言，民主制度似乎確實已經獲勝。

這位新總統被對手亞當斯稱為「來自田納西的吵鬧者」，他於華盛頓就職時的場面很亂。對於西部的人，傑克遜是他們的將軍，抵抗金錢階級在政治上的壟斷，但高層政治的錯綜複雜，卻讓這位居於邊遠莽林的人感到困難重重。傑克遜的頭腦單純，對他的敵人抱持懷疑，這使他毫無防禦地更容易受到自私自利黨派政客的影響。他在某些事情上受到國務卿馬丁‧范布倫（Martin Van Buren）的擺布，但是他更加依賴自己挑選政治密友的意見；由於這夥人沒有官職，所以被稱作「廚房內閣」（Kitchen Cabinet），他們使傑克遜相信他的首要職責就是清理共和黨的門戶。傑克遜因此開除了許多文官，而將許多州盛行許久的政黨分肥制帶入聯邦政府機構。

安德魯‧傑克遜總統不得不注意美國政治中一再發生而彼此密

切相關的兩個問題：合眾國至高無上的地位與全國性的經濟體系。貿易保護政策犧牲南方而支持北方的利益，一八三二年南卡羅萊納州（South Carolina）決定向聯邦政府的權利挑戰，要設立關稅制，同時響應維吉尼亞與肯塔基在一七九八年的決議，以最極端的措辭詳述州權利的主張。在之後的黨派鬥爭中，西部各州的表決起了平衡作用，它們極待解決的問題是聯邦政府對售賣公有土地的管理。像歷史學家莫里森（S. E. Morison）所言，「它是北方、南方與西部之間的均衡遊戲，各方都提議爲了替主要利益爭取選票而放棄次要利益。南方會讓西部強佔公有土地，以交換降低關稅。北方提出誘人的釣餌，建議將售賣土地所得的收益分配給西部做爲公共設施之用，以維持貿易保護制度。未來黨派的密切合作有賴於這種各方勢力均衡的結果，甚至有賴於內戰本身的結果。將來是北方與西部聯手抵抗南方，還是南方與西部聯手抵抗北方呢？」

　　在美國參議院關於這些主題的辯論會有著美國演說的最佳典範；在這次的巨人相搏中，最了不起的人物是來自麻薩諸塞州的丹尼爾・韋柏斯特。韋柏斯特是當時最傑出的演說家，在美國最著名的一次演說中陳述合眾國的理論，駁斥南卡羅萊納的立場；他的話語中盛讚著在北方風起雲湧、普及全國的新愛國情緒，他的演說指出新英國脫離了一八一二年盛行過的派系見解。更加忠於合眾國的廣義愛國心正在發展中。韋伯斯特在參議院宣稱「我們在國內之所以享受安全、在海外之所以贏得尊重與尊嚴，全都應該歸功於合眾國。我們對合眾國心存感激，主要是因爲它使我們對我們國家的一切都極其引以爲傲。我們僅靠著自己在嚴苛逆境下所鍛鍊的美德，才建立起這個合眾國。它在初生之際財政失序、商業衰疲、信貸破產。在有利的影響下，這些大事業都彷彿死而復甦，重獲生機而向前邁進。合眾國在每年的歷程中都充滿了新例證，證明合眾國很實用，好處甚多。雖然我們的疆土已經日益寬廣，我們的人口分布得越來越遠，但大家都還是享受到合眾國的保護與益處。對我們而言，合眾國已經是國家、社會與個人種種幸福的穩定基礎。」

他繼續說：「議長先生，我並沒有容許自己不顧合眾國的現況，去看未來可能深藏的黑暗。使我們團結在一起的紐帶即將斷裂之際，我不曾冷靜地衡量過是否有保住自由的機會。我並不習慣站在合眾國不統一的懸崖上，以不好的視力看我是否能夠探測一下腳底下深淵的深度。對於這個政府的事務，若是一個人不考慮要如何盡量保持合眾國，而主要只是考慮在合眾國分崩離析之際，人民將陷入何種可以容忍的境地，那麼我不會把這個人當做靠得住的顧問；只要合眾國繼續存在，在我們的眼前就會有為自己與子孫展開令人興奮而又滿意的廣闊遠景。此外，我不會設法去弄穿那個帷幕；願上帝於我在世之日至少不准有人拉起那張帷幕，願上帝永遠不讓藏在後面的事務進入我的視界！願我轉動目光，看穹蒼中的太陽最後一眼時，我不會看到它照耀有光榮歷史，但因為受辱而分裂的合眾國、分離不和而且兵戎相見的各州，以及被內部宿怨撕裂或可能因為手足相殘而染血的土地。讓我在臨終之際以微弱的目光能夠一瞥共和國壯麗的國旗。它現在譽滿全球，備受尊重，仍舊昂然飛揚，它上面的武器與戰利品流洩著原來的光彩，任何條紋都沒有被擦掉或污染，任何星星也都沒有被掩映而無光。它的銘言並沒有帶著『所有一切的價值何在』這類可悲的疑問，也沒有帶著『自由第一，合眾國其次』的那些荒謬而愚蠢的字句。它在海洋與陸地上、穹蒼下的風中飄揚，它的每道縐褶都如熊熊烈火，光亮燦爛，在字體上展現出每位真心美國人心中珍視的另一種情操——自由與合眾國，現在與永遠，都是渾然一體而不可分割的！」

在印第安那（Iindiana）的邊界有一位年輕人深受這場演說感動。他的名字是亞伯拉罕・林肯（Abraham Lincoln）。

傑克遜總統本人亦深有所感，而他對於政治向來採取好戰途徑，所以準備以武力逼迫南卡羅萊納就範。但最後還是達成老練的妥協：關稅降低，但是變成永久性的；原來授權總統如果有必要徵收關稅可以使用陸軍的武力法（Force Act），則被南卡羅萊納宣布無效。後來此一爭執被暫時擱置，但是南卡羅萊納的「拒絕執

行」（nullification）理論顯示出合眾國的危險。有著單純邊疆人士預言本能的傑克遜，指出之後的情形：「下一個挑起爭端的藉口將是黑人或奴隸制度的問題。」

　　但實際下一個嚴重的問題是聯邦銀行，它的執照到期而要在一八三六年重辦延期。現在由克萊領導的國民共和黨或維新黨，寧可在一八三二年選舉總統之前重新辦理延期。傑克遜長久以來就希望打擊政治中的金權，而聯邦銀行的處境正說明了使美利堅合眾國頭痛的經濟壓力。查爾斯·比爾德（Charles Beard）寫道：「經濟衝突恰巧採取了地方派系衝突的形式：務農的西部人民必須因為用來購買土地、進行各種農業改進、從事投資的金錢而對東部的資本家支付利息。」這些爭辯捲入選舉當中；而傑克遜獲勝與再度掌權，事實上預示著合眾國銀行無法生存，即使丹尼爾·韋伯斯特被聘為該銀行的法律顧問也完全於事無補。傑克遜通知銀行的總裁說：「我並不是比所有銀行更不喜歡貴銀行，但是自從我讀過『南海公司泡沫』事件的歷史以來，我就對銀行心存戒懼。」他拒絕同意通過重新給予合眾國銀行執照的法案，而且還沒等到它於一八三六年自行關門之前，他就決定立即提走政府在該行的存款，而轉存到各州的地方銀行。銀行的執照到期後也並沒有延期，因此合眾國沒有中央銀行的制度幾乎長達三十年之久。西部與南方的政客聯手對北方進行報復。邊疆地區的激進主義在這場大型政治較量中占了上風。傑克遜擔任總統，粉碎了反英戰爭之後的和睦時代，他的經濟政策也使得傑弗遜的舊共和黨分裂。東部各州都以普遍猜疑的態度注視西部的激進主義，傑克遜擔任的官職並不是非常稱心如意。

　　一八三六年傑克遜的副手范布倫競選當上總統，意謂著繼續執行傑克遜的政策，同時這位老將軍本人則衣錦還鄉，退隱回到田納西。西部首度侵入高層政治事務，透露出邊疆民主制度沈睡的力量，也顯示出他們的領袖在這些事務上都毫無經驗。

　　　　　＊　　　　　＊　　　　　＊　　　　　＊　　　　　＊

　　向西拓居的浪潮朝前方移動，並且隨時出現新的調適問題。十

九世紀四○年代的人們看著這些問題到達頂點。在這十年歲月中發生了德克薩斯（Texas）的併吞、與墨西哥的戰爭、對加利福尼亞（California）的征服，以及與大不列顛帝國共同解決俄勒岡（Oregon）的邊界問題。喜愛冒險的美國人，自一八二○年以來便越過墨西哥的邊界進入德克薩斯地區搜尋土地與財富；而這個地區自一八二一年從西班牙手中獲得自由以來便屬於墨西哥共和國。就在這個冒險家的社會成長之際，太平洋沿岸的水手與對中國貿易有興趣的船長，已在墨西哥加利福尼亞省各港口站穩了腳跟。拓居者搜尋毛皮而向陸上推進，於一八二六年抵達這個省的傳道站。墨西哥人見到這些拓居者不免大吃一驚，想要設法阻止這股人潮，但是並沒有效果；因爲墨西哥的政府極不穩定，它們的命令在遠方的行省根本就行不通。但是就在此時出現了新的軍事獨裁者聖安納（Santa Anna）[3]，他決定加強墨西哥的威權，而拓居者的叛亂立即爆發。一八三五年十一月在德克薩斯的美國人成立了自治州，並且升起了孤星旗（Lone Star flag），而墨西哥部隊在聖安納的率領下向北行軍進行討伐。一八三六年三月，一小夥德克薩斯州的人，在阿拉莫（Alamo）的傳教所戰到最後一兵一卒，在美國史上一場史詩般的戰鬥之中被墨西哥的優勢兵力給消滅了。但也因此，這整個行省的人都被喚醒了；來自田納西的山姆·豪斯頓（Sam Houston）擔任指揮，募結軍隊，在兇猛的戰鬥中打垮聖安納的部隊，在聖哈辛托河（San Jacinto River）戰役中俘虜了指揮官。德克薩斯州的人一面大喊「記住阿拉莫」，一面猛攻敵人的各個陣地。最後聖安納承認了德克薩斯的獨立。他的作爲雖然後來被墨西哥政府所否認，但是無奈他們的戰力已經耗盡；德克薩斯州的人自行成立了共和國，並選出山姆·豪斯頓爲總統。

　　接下來十年，承認德克薩斯爲合眾國一州的這個問題，成爲美國政治上一個議論紛紛的問題。當每個新的州都要求進入合眾國時，贊成與反對奴隸制度的情緒也跟著愈來愈高。主張廢奴的著名新聞人員威廉·洛伊德·加里森（William Lloyd Garrison）呼

籲說，如果讓蓄奴的德克薩斯進入合眾國，那麼北方的州全都會脫離合眾國；南方人明白，如果能夠容許這個廣大的疆土分成幾個州納入合眾國，那麼德克薩斯會讓他們在參議院中得到多數席次，所以他們大聲要求合併德克薩斯。東部的資本家透過建立土地公司，致力於開發德克薩斯，除了這些公司所發的可疑股票之外，新德克薩斯共和國大量的紙幣與債券也都在合眾國流通。在這些方面所做的投機生意也有助於阻撓北方各省在政治上反對合併德克薩斯。更重要的是許多北方人都相信合眾國的「天定命運論」（Manifest Destiny），此一理論意謂著他們的命運將要散布到整個北美大陸。民主黨在一八四四年的選舉中呼籲佔領俄勒岡以及合併德克薩斯，因此向北方提出承諾要以俄勒岡來制衡南方的德克薩斯。民主黨候選人詹姆斯‧諾克斯‧波爾克（James Knox Polk）的獲勝被解釋爲承認德克薩斯將被授權納入合眾國，而在一八四五年二月國會的聯合決議裡辦到了這件事。

　　合眾國得說服墨西哥承認此事，並共同訂定德克薩斯的疆界。波爾克總統決定將邊界盡可能往南方推進，因此戰爭不可避免；戰爭於一八四六年五月爆發。同時一連串事件正在北美大陸的另一邊展開。這段時間裡美國人繼續向西部滲透，時常體驗饑餓與冬雪的殘酷，但沒有任何事物能夠阻止美國人向太平洋方向移動。中國貿易有利可圖的誘惑以及控制西部海岸的夢想，使得併吞加利福尼亞一事成爲美國的要務，也使它在美國人的眼中比德克薩斯更爲重要。一八四六年六月在加利福尼亞的美國拓居者受到來自華盛頓當局的慫恿，升起了熊旗（Bear Flag）做爲他們反叛的旗幟，並且依德克薩斯的模式宣布獨立；不久之後美國的部隊抵達，星條旗取代了熊旗。

　　美國人的挺進行動快速地累積氣勢。墨西哥的北方軍隊兩度被美國未來的總統札卡里‧泰勒將軍（General Zachary Taylor）擊敗。由溫菲爾德‧史考特將軍（General Winfield Scott）率領的軍隊在維拉克路茲（Vera Cruz）登陸，向墨西哥城行軍；一八四

七年九月，這個首都在歷經一個月的巷戰之後落入美軍之手。這次遠征之中有許多年輕軍官嶄露頭角，他們包括羅伯特·愛德華·李上尉（Captain Robert Edward Lee）、喬治·麥克萊倫上尉（Captain George B. McClellan），尤里西斯·格蘭特中尉（Lieutenant Ulysses S. Grant），以及傑弗遜·戴維斯上校（Colonel Jefferson Davis）。

墨西哥求和；根據之後的條約，墨西哥不但必須承認美國併吞德克薩斯，還要割讓加利福尼亞、亞利桑那（Arizona）與新墨西哥（New Mexico）。格蘭特中尉在他的回憶錄中寫下他的印象：「我並不認為有比合眾國對墨西哥開戰還要邪惡的戰爭。我在這樣想的時候，我還是個年輕人，只不過我沒有足夠的道德勇氣辭職不幹。」但是美國人民拓展的力量有如炸藥；「天定命運論」仍然朝前方行進，墨西哥不幸擋路。由墨西哥戰爭所產生的帝國主義傳奇，以及對於合眾國有權開發南北兩個大陸的信念，對南美各個共和國與美國之間往後的合作投下了陰影。

*　　　*　　　*　　　*　　　*

美國立即得到的利益龐大無比。簽約代表正在與墨西哥為條約辯論的同時，一位在加利福尼亞的美國勞工在那裡發現了第一塊天然金塊。一個沈睡墨西哥行省的整個經濟，以及它古老的西班牙文化，突然被瘋狂的淘金熱弄得天翻地覆。一八五○年加利福尼亞的人口大約是八萬二千人，兩年後這個數字已經升高到二十萬七千人。太平洋海岸地區出現了一個無法無天的採礦淘金社會；社會上各種職業與各個階級的人從東部的城市與鄰近的各州成群結隊湧向加利福尼亞，其中許多人遇害，或在打鬥爭吵中被殺，或因為飢寒交迫而死，或在航行時繞過合恩角（Cape Horn）而溺斃。加利福尼亞的黃金引誘許多人走向死亡，而少數人則發財致富到難以令人置信的地步。

啊，加利福尼亞，
那是為我而設的土地；
我出發奔往薩克拉門多（Sacramento）
洗臉盆位在我膝。

淘金熱的無政府狀態帶來了迫切的需求，那就是加利福尼亞需要一個安定的政府，在華盛頓又再度聽到為了允許成立一個新的州而使人困惑的刺耳爭吵。有段時間政府什麼事都沒有做，加利福尼亞人自行召開州代表大會，草擬了臨時憲法。

同時，加利福尼亞以北地方的另一塊疆土一直在發展成形。「俄勒岡小道」（the Oregon Trail）[4] 讓許多人從東北部人口較擁擠的各州去尋找他們的家園，沿著尚未界定的加拿大邊境一直到太平洋海岸尋找家園與建立農莊。由於為了取得德克薩斯與加利福尼亞而必須在南方作戰，美國政府便不希望為了北疆而與大英帝國發生爭執。南方人則強烈地反對獲得俄勒岡，因為那裡的北方拓居者反對奴隸制度，俄勒岡會成為另一個「禁奴州」（free soil state）。美國與英國展開了談判，儘管競選活動宣稱「沒有拿到北緯五十四度四十分以南的地區就要開戰」的口號，但雙方最後還是在一八四六年藉由和平外交的管道，沿著北緯四十九度線畫定邊界。這次解決大部分得歸功於皮爾政府中的外交大臣亞伯丁（Aberdeen）爵士善於斡旋的天性；這項爭議至此畫下句點，而俄勒岡也於一八五九年成了合眾國的一個州。

在整個北美大陸到處點綴的許多拓居地中，最奇怪的應該是位於鹽湖城（Salt Lake City）的摩門教（Mormon）殖民地。在一八四七年的春天，這個信仰復興者兼主張多配偶者教派的成員，在他們的先知領袖布里格姆·揚（Brigham Young）的率領下，由伊利諾州出發，到西部去尋找免於騷擾的安家之所。到了夏天他們抵達了鹽湖附近的地區，並且在他們到達兩小時之後就開始建立家園，耕耘土地。這批具有宗教熱忱、疼愛子女之情、精明經濟意識

的一萬一千人，在不到三年的時間內就於鹽湖地區建立了一個欣欣
向榮的社會，並且於一八五〇年得到聯邦政府的承認而以猶他
(Utah)為名。這個殖民地建立在俄勒岡小道上，位於前往俄勒岡
與加利福尼亞二者的要津，沿著這條路雙向來往的旅人與冒險家售
賣著食品與商品，為摩門教拓居者帶來了財富；鹽湖城確實在不久
之後被更多不法的與沒有信仰的人污染，不過它卻成了北美最富足
的一個城市。

　　隨著這個獨特殖民地的建立，北美大陸的拓居活動可以說是更
有發展。聯邦政府現在所面臨的任務是要整頓在墨西哥戰爭中，以
及與英國妥協中贏來的西部邊遠地區，而這件事興起了關於奴役與
自由之爭，這個最終令人擔心的議題。

【1】　The Oxford History of the United States (1927), Vol. i, p.391.
【2】　譯注：Charles Beard（1874-1948），美國歷史學家，著作等身，主要有
　　　《美國憲法的經濟解釋》等。
【3】　譯注：Antonio Lopez de Santa Anna（1794-1876），墨西哥將軍、總
　　　統，鎮壓德克薩斯叛亂，戰敗被俘，在墨西哥戰爭中以失敗告終，後實行獨
　　　裁政治，被推翻後流亡國外。
【4】　譯注：從美國密蘇里州西北部到俄勒岡州長約三千兩百公尺的一條山道，十
　　　九世紀的拓荒著與移民多循此路。

第九章　奴隸制度與脫離合眾國

一八五〇年之後的歲月，合眾國的遠景使北美充滿了希望，讓歐洲又是羨慕又是讚美。北美大陸已經被征服，受到孕育。出口、進口，還有最重要的國內貿易，在十年之間增加了三倍以上；美國的商船在數目上超過了英國的船隻；每年增加的金幣大約值五千萬英鎊；超過三萬英里長的鐵路克服了東部到西部漫長的距離，不但政治統一，經濟也走向協調。美國的民主制度當年受到海洋與王室海軍的屏障而不怕歐洲的危險，依照英國制度與習慣法而建立，並且受到法蘭西大革命衝力的激發，此時似乎帶來了繁榮與力量。東部各州充沛發達的工業受到自耕農農業的幫助，二者之間取得平衡。在所有的物質事務方面，美國人民凌駕歷史上的任何國家。

然而有想法的人與經常旅行的人，幾年來已經觀察到劇變的迫近，它不但將掌握合眾國的軀體，而且還會控制它的心靈。在北美居住的三個種族中，白人巍然聳立，不可抗拒，高高在上。紅人，即原居民，是土壤與氣候的古老產物，他們被歐洲移民欺壓、剝削、排斥或驅逐，他們永遠蔑視歐洲人的武器，更加避開歐洲人的文明。黑人則呈現在道德、社會、經濟、政治各方面的前所未有的問題。據說紅人與黑人兩個種族都遭到白人的踐踏，宛如動物一樣遭到人類的統治、驅使與消滅。自豪的美洲印第安人被過度濫用的自由搞得走向滅亡之路；而四百萬黑人差不多全都成了奴隸。

在合眾國無比廣闊、地理環境相異的各個區域裡，已經發展出在利益、看法、文化上的極端分歧。在北緯四十度以及由密西西比河與俄亥俄河形成的突出三角地區以南，黑奴制度行之有年而幾乎沒有人提出質疑，南方各州的整個生活就建立在這個基礎上。它是種陌生的、殘酷的、老式的生活。像貴族一樣，在廣大的農村幾乎過封建生活的園主，與許多小自耕農，都使用奴工種植棉花。在所謂的「蓄奴州」（slave state）六百萬白人居民中，擁有奴隸者不到四萬人，他們各自控制著需要二十位田地人手的種植場。三、四

千位主要的蓄奴者就像中世紀貴族統治著英國一樣，有效地統治著南方的政治事務。在他們之下還有三種人，第一種是數十萬的小型蓄奴者，對他們而言，這個「獨特的制度」為家庭生計帶來了方便；第二種人是與北方自耕農相似的階級；第三種人是一群「低賤白人」，可以靠他們組成部隊。這三種人與大蓄奴者都有聯繫。

　　南方白人的生活悠閒自在，熙攘的北方則缺少這分閒情，出現這種不自然的情況，當然不是南方白人的錯。兩百多年來，向新世界販賣非洲黑奴一直是西班牙、法蘭西，尤其是英國的主要企業；在非洲西海岸捕獲的黑人，像牲畜一般被運過大西洋，成為買主的財產。這些人從事苦工，人口不斷繁殖，其中大部分人都適應了自己的生活條件，雖然基督教文明社會的人討厭這種生活條件，但它在物質上並不像非洲的野蠻生活那樣嚴苛。普通一般的黑奴就像中古時代的農奴一樣，因為勞動力與生殖力而具有市場價值，同時也受到社會中日漸提高標準的保護，能夠免於沒來由的野蠻虐待。

　　南方的種植園主與他們所蓄養的奴隸，都是在廣闊而荒蕪的土地上長大，從來不知道人間的其他任何關係；突然在十九世紀中葉，南方整個體制與它所深植的社會遇到了可怕的挑戰。這個大規模、具有強烈特色、緩慢成熟的社會發現受到有力且自信發展之基督教世界的不齒與怒視。這個社會的人長久以來都舒適地住在火山肥沃的斜坡上；現在火山開始隆隆有聲，微微震動，冒出煙塵，預示即將有嚇人的爆發。

　　對我們而言，如今幾乎不可能瞭解黑人奴隸制度如何牢固且深刻地與南方各州的生活、經濟與文化交織在一起。奴隸制度的觸角廣布，沿著商業交易的每條通路與政治影響力的途徑伸入北方的「禁奴州」。有個例子透露出這個社會無力獨自擺脫，而變成這個制度一部分的可怕疾病。據說基督教牧師與各個新教教會的成員總共擁有六十六萬名奴隸，其中五千名衛理公會派（Methodist）牧師擁有二十一萬九千名奴隸；六千五百名浸信會教徒（Baptist）擁有十二萬五千名奴隸；一千四百名聖公會教徒（Episcopalian）擁

有八萬八千名奴隸等等。每個利益集團都擁護奴隸制度，而且許多南方的教士也擁護它，視它為造物主的規定，以及基督福音所認可的制度。

但是情況並不是常常如此。在革命反抗國王喬治三世的期間，許多南方人都表達希望反過來廢除奴隸制度；但是隨著時間的流逝，這種「獨特的制度」，借用莫里森與康馬傑（Commager）[1] 的話，成了「十分需要，以致於它看起來不再那麼邪惡[2]。」到了一八三○年代，南方人已經時常為奴隸制度辯護，認為它是積極的美德與社會永久的基礎。這個驚人的想法改變有幾個理由。棉花種植的快速成長需要龐大的勞動隊伍，而根據南方人的說法，只能由身為奴隸的黑人提供勞力。而且，許多奴隸叛亂殺了某些白人，這些事件在南方喚起普遍的恐懼。有人問道，如果給予黑人自由，那麼白人的性命安全嗎？或者更加追問，白人婦女的貞節會保得住嗎？較早的時候，偶爾心懷希望的博愛人士曾經提議將黑人運回非洲，將他們安置在自己的共和國中，來解決這個問題。賴比瑞亞（Liberia）這個國家就是這樣產生的。但是由於所費不貲，這個計畫的進一步嘗試全都放棄了。此外，黑人寧可待在美洲討生活。對南方人而言奴隸獲得自由會發生什麼事，眼前就有一個令人感到驚慌的案例。在英國的西印度群島，如同大英帝國的其他地方，已經因為一八三三年通過的法案而廢除了奴隸制度，這是格雷伯爵的輝格黨政府完成的一椿大改革。過著類似南方縉紳生活的西印度群島種植園主，由於失去了奴隸而得到補償；不過他們的財富也迅速明顯地衰退了。鄰近美洲大陸的明眼人士都可以察覺到這些情形。

同時，一度對奴隸的命運漠不關心的北方，在十九世紀五○年代主張廢奴。二十年以來，威廉‧洛伊德‧加里森在波士頓出版的報紙《解放者報》（The Liberator）一直進行著極富敵意的反對奴隸制度宣傳運動。這分公開印行的報紙並沒有非常廣大的讀者，但是它的言語觸怒了南方。同時，在紐約的美國反奴隸制度協會與其他人權團體也都發行振振有詞的小冊子與期刊，他們雇用許多代

言人在全國各地宣傳廢奴主張。結果雙方對這個問題的立場都愈來愈強硬。一八五二年敵對的情緒甚至更進一步地惡化，因為這一年哈里特‧比翠‧史托（Harriet Beecher Stowe）出版了《湯姆叔叔的小屋》（Uncle Tom's Cabin）一書。她的著作純粹是宣傳之作。她使用了每種手法，在章節之中，理論與宗教的論點交叉出現；但是，她用一種方式勝過所有其他抨擊這項罪惡的人。她為讀者提供與奴隸制度密不可分的一連串容易理解的辛辣事件：黑人家園被拆散、家庭破碎、夫妻離散、母親懷中嬰兒被奪走賣掉；好心的雇主死後，奴隸不分青紅皂白便全部遭到拍賣；有道德的蓄奴者無力回天，惡毒的蓄奴者殘忍至極；奴隸交易者冷漠無情，將黑人賣來賣去、遙遠種植地區的種種恐怖令人膽寒，上流社會仕女動輒鞭笞犯小錯的婢女；擁有四分之一或是二分之一黑人血統混血兒的不幸遭遇日漸加劇；幾乎像白人的女奴被一再販賣供人洩慾；奴隸子女誕生於世，即使他們的膚色與白人無法區別，也依然命不如人。以上所有這些文明的、受教育的、現代基督教社會生活中的現象，佔據了地球上龐大的區域，作者使用各種藝術與訴求的手法，在她的書中盡情發揮。

這樣的仗義執言很具殺傷力。到了這年年底，《湯姆叔叔的小屋》已經在美國賣了幾十萬本。據說在九月供應單獨某家英國書商就達一萬本之多。到了一八五二年年底，這本書已經銷往英國超過百萬本，大概除了《聖經》與《祈禱書》之外，是曾經銷售過的其他任何作品的十倍之多。《湯姆叔叔的小屋》以每種語言在全世界行銷，每個國家都有人興致勃勃地閱讀，而且被它感動。它是暴風雨的前兆。

*　　　　*　　　　*　　　　*　　　　*

這個時代道德的巨浪起初藉著海軍力量壓制住海上的奴隸貿易，而之後年輕的格拉史東先生也反對奴隸貿易，終於廢除了大英帝國全境的奴隸制度；同樣的心情一樣攪動了大西洋沿岸地區的新英國各州，與強大、人口快速成長的美國中西部。北方與南方各州

之間的情緒與利益出現日漸擴大的鴻溝。南北雙方隔著這道鴻溝幾年來時而交換想法、理論與進行談判。北方許多宗教的與世俗的領袖強烈感到他們贏來的這個寶貴大陸的整個前途現在受到了詛咒，如果他們不能立即解除這個詛咒，那麼至少也應該防止它擴散。這種情緒一開始不是由商業競爭所引起的。毫無疑問，在氣候情況相同的土地上，奴隸勞動在耕種土地方面的表現無法與自由勞動相比。俄亥俄河畔一個禁奴州的活動與進步，與河對岸一個蓄奴州的停滯不進形成對比，這對所有見到的人而言都昭然若揭。它是十九世紀與十七世紀的對比。在競爭中，北方各州的物價並沒有比南方高；北方各州也需要種植棉花，而單單只有奴隸勞動在這方面佔有經濟之利。南北相爭的問題不是經濟方面的，而是道德方面的，也是社會方面的。在南方大部分蓄奴的貴族階級，會覺得自己在階級上比北方商業社會、製造業社會、金融社會要來得優越；北方屬於清教徒世家的人都以克倫威爾鐵騎軍對魯伯特（Rupert）的騎士黨那樣，以憤怒與責難的心情看待南方養尊處優的縉紳。的確在許多方面，這山雨欲來的惡鬥，在激情方面很類似，並且有著英國內戰中的敵對氣氛。

　　但是，不和的實際原因是政治與制度的問題。北方堅持漢彌爾頓對於聯邦的概念；在南方，傑弗遜關於各州主權權利的觀念是至高無上的。許多南方的將領，像約瑟夫·約翰斯頓（Joseph E. Johnston）、安布羅斯·希爾（Ambrose P. Hill）、菲茨休·李（FitzHugh Lee）都從來不曾蓄奴。在德克薩斯服役的美國陸軍中有一位維吉尼亞籍的上校羅伯特·李（Robert E. Lee）寫道，奴隸制度是「任何國家中道德與政治上的弊病」，在開明的時代，幾乎所有人都會承認這件事。但是在制度的問題上，這些有道德的人都會為他們各州命運與主權的獨立而犧牲。據說北方正在犧牲南方而使自己致富。北佬（Yankee）對於庸俗的商業主義所永遠無法達到的格調與卓越感到嫉妒，他們也無權使用偉大的維吉尼亞人華盛頓與麥迪遜所大力建立的聯邦憲法，而約束合眾國中最著名的

幾個州。北佬並不瞭解相異的南方生活條件，他們中傷且侮辱在習俗上——即使不是財富上——優於他們自己的南方文明；他們企圖將自己的觀念強行加在原先為了共同目標而自由加入合眾國的各州，而這些州在目標完成後也都可能自由地離開合眾國。

　　一八二○年舊的密蘇里折衷方案（Missouri Compromise），也就是將路易斯安那購買案中的疆域分成奴隸制度與非奴隸制度的北緯三十六度三十分分界線，現在已經不再能夠滿足人們的激情。廣闊的新疆域藉由墨西哥戰爭而獲得，這些新疆域將採用什麼原則呢？仍舊受到一八一二年這一代偉大人物約翰・卡爾霍恩影響的南方人，堅持這些疆域屬於團結在一起的各個州，而不屬於合眾國，奴隸是屬於習慣法的財產，國會沒有權利在這些尚未成州的疆域禁止奴隸制度。加利福尼亞要求加入合眾國而加速了危機。許多溫和的人曾經想過將密蘇里折衷方案的分界線延長橫越大陸而到太平洋，但是這個想法在加利福尼亞無法實現，因為分界線會正好通過這個州的中間；此外，加利福尼亞的憲法禁止奴隸制度，如果引進的話，會在因為征服墨西哥而產生的各州中立下先例。一八五○年一月奴隸制度與脫離聯邦兩件事可說是風雨欲來，在參議院中引起了最後的大辯論，卡爾霍恩、克萊與韋伯斯特彼此展開唇槍舌戰。為了暫時停止南北衝突，亨利・克萊在決議中提出他最後的折衷辦法：加利福尼亞應該視為「禁奴州」而被納入合眾國；新墨西哥與猶他應該建立地方政府而不提奴隸制度；嚴格的追捕逃奴法（Fugitive Slave Law）會安撫南方；由聯邦政府承擔德克薩斯的公債，以撫平北方的債券持有者。克萊希望藉著相互讓步而保住這個大陸在政治上的統一。在這個最後的場合，他起身在參議院演說幾乎長達兩天。卡爾霍恩垂垂待斃，面如寒霜地坐在院中不發一語，他的一位同僚替他呼籲。「參議員們，我從一開始就相信奴隸制度這個問題所引起的騷動，如果不能採用某種及時有效的措施防止，結果將會造成不團結。……將各州綁在一起的紐帶就要拉斷了。」在奴隸制度問題之下潛藏著南方各州根本的恐懼，他們擔心

受到北方經濟與政治的壓迫，並且在西部各州爭取盟友的競爭中敗北。

三天之後，丹尼爾‧韋伯斯特起身發言：「我今天為了維護合眾國而發言，大家且聽聽我的主張。」韋伯斯特與克萊兩人的聲音佔了上風，折衷辦法被採納了。人們的情緒一時之間因為所謂的「人民當家的原則」（Principle of popular sovereignty）而平息下來，這意謂著新的疆域成為州的時候，拓居者應該自行決定贊成或反對奴隸制度。卡爾霍恩此時已經去世了，而不到兩年克萊與韋伯斯特也相繼辭世，在他們的身後留下了並不自在的平靜。這個大陸正在發展，一日千里而令人目眩。到了一八五〇年，鐵路已經建造長達九千英里；到了一八六一年更超過了三萬英里。歐洲的日耳曼與愛爾蘭移民川流不息地湧進西部的新土地，農業機械改變了拓居者的型態，草原農民代替了莽林地區的人，大平原的開墾積極地開始了。

＊　　　＊　　　＊　　　＊　　　＊

新的分歧因為選擇橫跨大陸的鐵路路線而出現。北方與南方的敵對利益團體無疑都涉及在內，而在政治上北方與西部團結了起來。南方路線是到太平洋最短的路線，它通過新奧爾良到德克薩斯整頓過的土地，並且從那裡經過基拉河流域（the Gila Valley）而到聖地牙哥（San Diego）；北方的路線則循著移民的天然小道，這條小道將加利福尼亞、俄勒岡與五大湖區邊上的各州連結在一起；在這兩條路線之間是通過尚未整頓、但是北佬在其中投資的第三條路線。伊利諾的參議員史蒂芬‧道格拉斯（Stephen A. Douglas）殷切期望推廣西部的屯墾，極為支持這條中間路線，因此成為北方利益團體的擁護者。為了整頓這塊中央區，道格拉斯在一八五四年一月提出建立內布拉斯加（Nebraska）疆域的法案；他在法案中加上具體實現「人民當家」概念的條款，做為吸引南方選票的誘餌。這做法改變了議題，也增加了爭執。北方人士早認為一八五〇年的折衷辦法只應用在以前的墨西哥疆域，現在有人提議

將它引進迄今密蘇里折衷案佔上風的區域。由於大平原的這些地區都位於北緯三十六度三十分以北，所以新的法案可以說是廢除了密蘇里折衷法。南方人士希望這件事做得明明白白，道格拉斯表示同意，如此一來奴隸制度可能會擴散到密蘇里折衷案分界線以北的地區。

　　北方反奴隸制度的勢力對於道格拉斯的這項舉動感到憤怒，決定抵抗將奴隸制度引進新的疆域。參議院於五月通過了堪薩斯-內布拉斯加法（Kansas-Nebraska Act），將大平原的新疆域分為堪薩斯與內布拉斯加，「人民當家」的原則獲得肯定。這項法令是北方各州騷動與暴行迸發的信號。聯邦幹員受到指示根據追捕逃奴法逮捕逃到禁奴州的奴隸，將他們交還給他們的主人。以前發生過無數次類似的小型事件，但是在堪薩斯-內布拉斯加法通過後，北方的耐心已經耗盡了。在這項法令生效的次日，波士頓的暴徒企圖拯救一位逃亡的奴隸安東尼‧伯恩斯（Anthony Burns）；當局拘禁伯恩斯，準備將他驅逐到南方。最後當局派出一營砲兵、四個排的海軍陸戰隊、保安官的民團、二十二個連的民兵沿街列隊保護，將這位奴隸帶到波士頓的碼頭。將這位奴隸歸還給他的主人一事「使合眾國花費十萬美元。真正的帳單尚未送到，而且還要用血支付[3]。」

　　同時，在堪薩斯的新疆域內，反對與贊成奴隸制度的熱情支持者發生了殘酷的武裝鬥爭。贊成奴隸制度的人洗劫了反對奴隸制度的城鎮勞倫斯，三天之後來自俄亥俄州的清教徒神祕主義者與激進的廢奴主義者約翰‧布朗（John Brown）與他的四個兒子，將五位贊成奴隸制度的人從床上拖下來，將他們殺死做為報復。在這段地方性的恐怖時期之中共有兩百多人喪命，但是約翰‧布朗逃掉了。在各地、各行各業的人們，在兩派之間都起了衝突。一位來自麻薩諸塞州的參議員，在參議院中被一位南卡羅萊納州的眾議員用棍子敲打頭部而失去知覺。北方與西部所有反對奴隸制度的人，在堪薩斯-內布拉斯加法通過之後，根據反奴隸制度的綱領，聯合成

立新的共和黨。一八五六年總統選舉時全民情緒沸騰。但是民主黨有影響力的人物提名「有南方原則的北方人」，賓夕凡尼亞（Pennsylvania）的詹姆斯・布坎南（James Buchanan）為候選人；而這也是南方有影響力的人物最後一次能夠在華盛頓發言。

在新總統就職兩天以後，最高法院做出了奴隸德雷德・史考特（Dred Scott）控告主人桑福德（Sanford）著名案件的裁決。史考特被他的主人從蓄奴的密蘇里州帶到禁奴的伊利諾州，然後前往威斯康辛地區，而他以在那兩個地方居留使得他成為自由人為理由，訴請獲得自由身分。法院面對兩個問題。首先，史考特提出訴願，就必須有公民權，然而他是密蘇里州的公民嗎？其次，他在其他的地方居留是否已經改變了他的身分？法院在這兩個問題上都做了否定的裁決。大法官坦尼（Taney）做出了判決，這項判決以根據憲法而存在的法律做為依據，但判決本身在北方惹起了軒然大波。坦尼宣稱，「這個黑人，依『只為白人而設』的憲法看來並非公民」，因此他無法在合眾國的任何法院提出訴願。黑人都被認為是「十分低劣，以致於白人沒有義務予以尊重」。奴隸是主人的財產，而美國政府在各地都沒有被賦予管理居民財產的權利，它沒有權利在疆域內禁止奴隸制度；史考特為了部分的自由而依賴的舊密蘇里折衷辦法並不符合憲法精神，因此最高法院如此裁定。不過應該公平地補充一下，坦尼說，開國元勳以這種方式看待黑人是不是正確的，並不屬於最高法院管轄的範圍。而事實上在裁決之後，史考特立即獲得了自由。這個案件旨在意圖嘗試法律的效力與煽動民意，而它的確做到了這一點。為了防止奴隸制度進入尚未成州的疆域而成立的共和黨，看到了自己的方案被宣布為違憲。一位共和黨的領袖威廉・西沃德（William H. Seward）大聲疾呼：「合眾國的人民永遠無法，也永遠不會接受這麼可惡的原則。」

大平原中反對奴隸制度與奴隸制度立法者之間的惡鬥，將一位新人物從莽林地區帶入全國政治舞台。來自伊利諾州春田（Springfield）的一位小鎮律師亞伯拉罕・林肯因為堪薩斯 - 內布

拉斯加拉法的通過而內心深感不安。他在國會擔任過一任議員，現在他決定競選參議員。他認為自己有責任憑他個人的道德力量反對奴隸制度。「『分裂的房子是站不住腳的。』我相信這個政府無法永遠忍受一半是奴隸制，一半是自由制的情況。我並不期望美國解散──我並不期望房子倒塌──但是我確實期望它停止分裂。它最後不是走向團結，就是走向解散：反對奴隸制度的人將阻止它進一步擴散，奴隸制度終將走向滅亡而使人放心；不然擁護奴隸制度的人將會把它向前推，直到它在所有的州──舊的與新的，北方與南方──都同樣成為合法為止。」林肯與道格拉斯於一八五八年的夏季與秋季，在伊利諾州所有的草原城鎮舉行的一連串公開辯論與演說中對敵。林肯競選參議員雖然後來失敗了，但他因此成為一位全國性的人物；他使得奴隸制度成為道德問題而不是法律問題，他也提出造成分裂的觀念，認為可以不顧最高法院的裁決，在新疆疆域中使奴隸制度成為非法。林肯憑著本能發現這種對南方情感所做的讓步有其弱點，不會有永久性的效果；他明白只要廢止蓄奴的主張日益強烈，南方人就會要求進一步的保證，以維護他們自己特有的奴隸社會。布坎南總統與白宮中的民主黨人士都在暢談征服古巴與尼加拉瓜（Nicaragua），希望為美國添增新的蓄奴疆域。南方的商人因為奴隸可以賣得高價，所以敦促重新開放販賣奴隸；同時在這期間，北方於一連串擾人的事件中，公然反抗一八五○年的追捕逃奴法。

此時只需要一點火花就會引起爆炸。一八五九年十月，狂熱的約翰‧布朗與他的兒子以及十幾位追隨者，奪下了位於蓄奴邊境哈潑（Harpers）渡口上的聯邦軍火庫，向美國宣戰，同時解放了一些感到惶恐與困惑的奴隸。他們遭到羅伯特‧李上校所率領聯邦陸戰隊的攻擊，布朗在喪失若干人之後被俘，並且受了重傷；他在受審後與他的四位擁護者一起被處了絞刑。南方宣稱布朗的暴行是共和黨的傑作，因此群情相當激動；在北方數以百萬計的人都視約翰‧布朗是烈士，他的屍體在墳墓中腐朽，但是他的精神一直在人

間向前奮鬥。

【1】 譯注：Henry Steele Commager（1902-），美國歷史學家，曾在紐約大學等任教，與莫里森合著《美利堅共和國的成長》等。
【2】 Morison and Commager, The Growth of the American Republic, vol. i , p.246
【3】 Growth of the American Republic, vol. i, p.622.

第十章　危險中的合眾國

攸關國家命運的一八六○年總統選舉來臨了。南方的參議員傑弗遜‧戴維斯（Jefferson Davis）要求北方各州應該廢除人身自由法（Personal Liberty Laws），停止干預一八五○年的追捕逃奴法，必須服從大法官坦尼的最高法院裁決。奴隸制度不能由合眾國疆域內的聯邦政府禁止；戴維斯反而要求聯邦政府應該保護那些區域中的奴隸制度。亞伯拉罕‧林肯在紐約與其他地方針對這一點展開了十分從容的、洋洋灑灑的、表現崇高思想的演說，內容即為反對奴隸制度的主張。在這場危機中民主黨分裂了；當他們的總統候選人道格拉斯於查理斯敦（Charleston）舉行的政黨大會中使得一套折衷提議獲得表決通過時，阿拉巴馬州的代表團卻走出了會堂，其他七個產棉州的代表團也都跟著那麼做。林肯無論如何大概都會當選，但是民主黨人之間的分歧使得他更加穩操勝券。產棉州推出在那個時刻擔任副總統，來自肯塔基的約翰‧布雷肯雷奇（John C. Breckinridge）為他們的候選人，他是一位代表南方發聲的民主黨人。第四位有抱負的人出現了，使得這場面更加複雜。他是肯塔基的參議員約翰‧貝爾（John Bell），他自稱是立憲聯邦主義者與老派的輝格黨人。脫離聯邦不是選舉議題，每個人都知道如果林肯贏得選舉，南方事實上就會脫離；奴隸制度才是最重要的，也是所有人都感興趣的議題。林肯與共和黨想要推翻對德雷德‧史考特的裁決，禁止在新疆域內實行奴隸制度，並將它限制在現存的範圍內。道格拉斯與正式的民主黨人贊成在新疆域內實行不干預政策，以及由拓居者實行「人民當家」原則。布雷肯雷奇與他的支持者要求應該以法律保護新疆域內的奴隸制度。貝爾則設法不理會這個議題，而希望可以使這個國家忘掉自墨西哥戰爭以來所發生的一切。一八六○年十一月六日林肯當選；他只得到百分之四十投票者的支持。道格拉斯在民眾投票中位居第二；儘管布雷肯雷奇保證對合眾國忠誠，他仍以身為脫離主義者候選人而著名，票數位居第

三，他甚至在各個蓄奴州中也沒有贏得多數選票。

雖然絕大多數的人都反對合眾國分裂，但懷著卡爾霍恩主張的南卡羅萊納州仍於十二月二十日在查理斯敦無異議通過著名的脫離聯邦條例（Ordinance of Secession），宣布南卡羅萊納州與所有南北其他各州於一七八八年成立的合眾國解散了。這個鹵莽的可怕行動受到興奮與狂熱的歡呼，禮砲聲隆隆，鐘聲齊鳴，旗幟在每間屋子的上空飄揚，街頭擠滿了欣喜的群眾。密西西比、佛羅里達、阿拉巴馬、喬治亞（George）、路易斯安那、德克薩斯等州都效法南卡羅萊納。起頭的這六個州都視自己為主權獨立的州，它們的代表於二月在阿拉巴馬開會，成立了一個新的邦聯，傑弗遜‧戴維斯被選為總統；他們制定的憲法差不多在所有方面都與合眾國的那個憲法相似，但是內容則明顯建立在奴隸制度上。邦聯的國旗採用星與槓（Stars and Bars）的圖案。戴維斯獲得授權募集十萬人的軍隊，議會通過了大筆經費，同時派遣一個三人組成的代表團到歐洲尋求承認與友誼。所有與此有關的領導人物都懷著鄭重其事的幻想，他們認為北方不會設法逼他們重回合眾國；如果北方真的有這種企圖，他們相信北佬不會是南方武力的對手；如果北方執行封鎖，那麼邦聯人民則期望歐洲列強會代表他們出面干預。他們懷著第一個想法，即「棉花大王」（King Cotton）對英國與法蘭西都相當重要，兩個國家中任何一個都不會坐視棉花的供應任人切斷。

布坎南此時仍舊是合眾國的總統，林肯這位總統當選人一直要到三月才會上任。這個即將下台的政府在長達四個月的時間之中，對一個四分五裂的土地目瞪口呆。陸軍部長佛洛伊德（Floyd）是個熱情的南方人，絲毫沒有表現出特別的警覺或遠見；他把送到北方修改的毛瑟槍歸還給南方的軍火庫，正規陸軍的軍官都相當方便地就加入南方如火如荼募集中的新部隊。布坎南渴望快點辭職，拚命地卸責而走中間路線，因此北方所有的作戰反制準備都癱瘓了；另一方面，布坎南卻也拒絕承認脫離聯邦的有效性。實際上所有在南方各州的聯邦哨站都只配置很小的衛戍部隊，它們最後都未經戰

鬥而落入邦聯的掌握；但是查理斯敦港的要塞受到一位堅定的軍官羅伯特‧安德森少校（Major Robert Anderson）的指揮，繼續讓星條旗飛舞著，直到召降之際，他撤退到屹立在一個島上的薩姆特要塞（Fort Sumter）。安德森的糧食越來越少，當一艘載著補給的船從北方抵達這裡要救濟他的時候，岸上的邦聯砲陣即發砲將它逐退。同時有人則正在努力進行妥協，許多北方人為了和平，都準備在奴隸制度問題上對南方讓步；但是林肯的態度堅決，他不會否定讓他當選的黨綱，他也無法容忍奴隸制度延伸到新疆域。這便是一切問題的關鍵。在這種緊張的情況之中，亞伯拉罕‧林肯於一八六一年三月四日宣誓就職擔任總統，他身旁聯邦政府的結構正在逐漸瓦解；官員與軍官正每天返回他們在南方各州的家園，舊的袍澤為了友誼而最後一次握手道別。

北方雖然相當討厭奴隸制度，但絕對不會打算展開內戰。在雙方極端派之間有著數量龐大的溫和派分子，所有利益與關係都透過血緣與習俗和他們交織在一起，他們也表達著各種稍微不同的意見。截至此時只有產棉州，或者是最南方的各州自行與合眾國一刀兩斷，至於密蘇里、阿肯色（Arkansas）、肯塔基、田納西、北卡羅萊納、馬里蘭（Maryland）、德拉瓦（Delaware），與最重要而且崇高古老的維吉尼亞——舊自治領、華盛頓的出生地、美利堅傳統與激勵人心的泉源——仍舊沒有做出決定。林肯呼籲大家要有耐心與尋求和解，他宣布自己絕對會保住合眾國的要塞與財產；他否認有入侵南方的任何意圖，也宣布他不會干預南方各州的奴隸制度。他恢復了北方與南方的共同回憶，這些回憶像「神祕的紐帶一樣，從每個戰場與愛國者的墳墓，越過這片廣大的土地，延伸到每個活著的人心中。」他慷慨激昂地說：「我悶悶不樂的同胞，內戰這個重大的問題在你們的手中，而不在我的手中。政府將不會攻擊你們，只要你們自己不做侵略者，就不會有任何衝突。你們並沒有對天發誓要摧毀聯邦政府，同時我也極為鄭重地宣誓要保住與捍衛聯邦政府。」

四月八日林肯通知南卡羅萊納的州長，說他有意要重新對安德森少校與他在薩姆特要塞的八十三名士兵供應糧食，因此戴維斯總統命令在查理斯敦指揮七千名士兵的布雷加特將軍（General Beauregard）要求該要塞立即投降。安德森承認在幾天之內就會絕糧，不過他決定繼續堅守。雙方舉行幾次陣前談判，但都沒有結果；四月十二日黎明之前，邦聯的座砲一起開火猛轟，兩天之內五十門重砲對薩姆特堡彈下如雨。安德森與他的一小批人馬躺在防彈洞穴裡，覺得已經盡力保全榮譽與盡忠職守，於是在十四日滿身塵土，幾乎窒息地走出要塞，得到許可前往北方。雖然砲擊沒有造成流血傷亡，但是可怕的叛亂行動已經萌生了。

薩姆特要塞的砲擊聲響徹了世界。它喚醒了北方的人民，使他們團結起來。所有禁奴州並肩站在一起，黨派歧見全都一筆勾消。林肯選舉時的對手，以及擁有一百五十萬民主黨選票的道格拉斯匆匆趕到白宮，緊握林肯的手表示賀意；前任總統布坎南宣稱：「北方將萬眾一心，支持行政當局。」林肯憑著這股風潮與他自己強烈的決心，發表聲明召募「七萬五千名的合眾國民兵」去敉平「太過強大而無法用普通司法訴訟程序予以壓制的」七州「聯合行動」（combination）。於是美國內戰就此爆發。

＊　　＊　　＊　　＊　　＊

當林肯呼籲人民拿起武器去逼迫脫離合眾國的各州就範，維吉尼亞州立刻毫不遲疑像個英雄地支持自己的決定；維吉尼亞州不會為了奴隸制度的問題而戰，而堅守憲法上規定合眾國的每個州都享自主權的主張。根據這個原則，維吉尼亞人否認聯邦政府有逼迫各州的資格；在里奇蒙召開的維吉尼亞代表會議，以八十八票對五十五票決議禁止該州民兵響應林肯的號召。維吉尼亞脫離了合眾國，將全部軍力交由邦聯處置。這項改變決定了一位最崇高的美國人，以及戰爭史上一位最偉大名將的作為。

羅伯特・李在美國社會的地位崇高。他的父親是革命時期的將領，而他與喬治・華盛頓夫人的後裔寇蒂斯小姐（Miss Curtis）

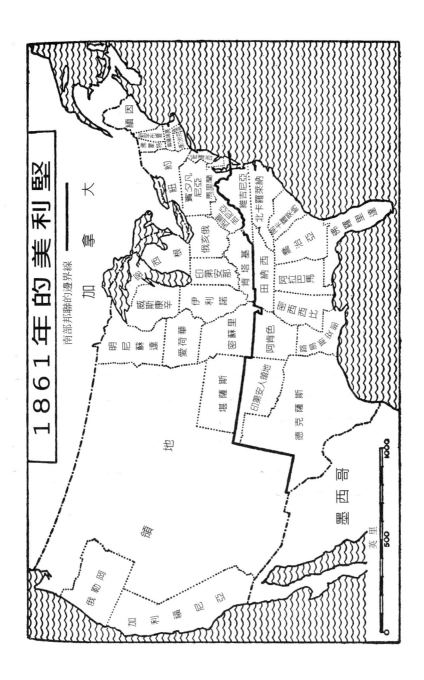

1861年的美利堅

南部邦聯的邊界線

加　拿　大

緬因

紐罕姆夏

佛蒙脫

麻薩諸塞
羅德島
康乃狄克

紐約

紐賈凡尼亞

馬里蘭

維吉尼亞

北卡羅來納

南卡羅來納

喬治亞

佛羅里達

密西根

俄亥俄

基塔基

田納西

阿拉巴馬

密西西比

威斯康辛

伊利諾

印第安那

明尼蘇達

愛荷華

密蘇里

阿肯色

路易斯以昂

堪薩斯

印第安人領地

德克薩斯

明尼蘇達

領　地

墨　西　哥

俄勒岡

加利禍尼亞

英
里

500

1000

結婚，而成了阿林頓府邸（Arlington）的主人。這座府邸俯覽著首都，是喬治‧華盛頓的養子喬治‧寇蒂斯（George Curtis）為自己所建造的，它距離華盛頓的家只有數英里遠。李是西點軍校（West Point）的畢業生，在墨西哥戰爭中擔任史考特將軍手下的工兵參謀長，在合眾國陸軍中服役超過二十五年，戰功彪炳。羅伯特氣質高貴，舉止文雅和藹，宗教信仰虔誠，性格豪爽，在美國情勢愈形黑暗之際，他仔細衡量職責與榮譽所要求的方向，同時也指揮德克薩斯邊界的騎兵團；他反對奴隸制度，認為「脫離聯邦不會有任何好處」，但是他童年所受的教導，便是首先要對維吉尼亞州盡忠。羅伯特在一八六一年三月被召往華盛頓，因此對一位親密的朋友表明心裡的想法：「如果維吉尼亞支持舊的合眾國，我也一定如此；但是如果脫離合眾國（雖然我不相信脫離合眾國是憲法上的權利，也不相信這項決議有充分的理由），那麼我仍舊會為我的鄉土執劍上陣，必要時以命相殉。」

羅伯特在首都處於激動狀態的四月抵達，他的老長官史考特將軍接見他，與他交心長談了三個小時，由林肯授權，讓他擔任現在召募合眾國大軍的總指揮一職。羅伯特馬上婉拒，幾天後維吉尼亞脫離合眾國，他也跟著辭掉任命，告別他在阿林頓的家園，心中滿是憂愁地搭乘火車前往里奇蒙。羅伯特到達之後立即被任命為維吉尼亞的全州陸海軍總指揮；他在星期六辭去合眾國的任命，而在次週的星期三接受了新任務。在這悲劇性的幾個星期中，有人曾經看到他目光含淚，這是他在大戰分出勝負之後從來沒有表現出來過的情緒；有些人目睹此情此景，都寫出他內心的掙扎。但其實並沒有什麼掙不掙扎；他從來就沒有猶豫不決過，他選擇支持維吉尼亞州。他為那個選擇感到神傷，因為預見到它的後果而滿懷酸楚；但是就自己而言，他在那個時候心中已經毫無疑問，而且事後也毫無遺憾或悔恨。

有人認為，人類的命運大多都是英雄造時勢的結果，他們將會發現，在這時刻提到羅伯特的著名戰友「石壁傑克森」（Stonewall

Jackson）可以說是相當適合的。在這危機時刻羅伯特已經五十四歲，而傑克森才三十七歲。像羅伯特一樣，傑克森也是一位訓練有素的職業軍人，他曾經英勇地在墨西哥戰爭中效力，也專心研究軍事藝術理論；他在此時擔任維吉尼亞軍校的教授。傑克森來自定居於維吉尼亞的北愛爾蘭烏爾斯特血統，他個性嚴肅，態度拘謹，並且時常過於冷峻，脾氣屬於喀爾文教派，生活方式嚴格而儉樸。他很可能因爲指揮有如克倫威爾的鐵甲兵團而名列美國史冊。他的心中燃燒著羅伯特所沒有的，對於北方人霸道所滋生的恨意。傑克森黑髯白臉、薄唇緊抿、鼻勾如鷹、眼如深潭而炯炯有神，身著風吹日曬的制服，外表上看來誠然是一位沒精打采的儒將，然而少數最了解他的人都很敬愛他；同時他天生奇才善於統御，使得施行鐵腕管治的千軍萬馬也對他死心塌地。

這兩個人雖然習慣上都時常宣稱深信自己反戰，不過他們實際上都很喜愛戰爭，認爲戰爭是他們可以獻身的技藝。他們的談吐與書信全都表達出因驅使他們的可怕命令而懷有的悲情。但是在爲了黎明生死決戰而做長途夜行軍之際，傑克森總是對他的同伴喃喃道：「興奮極了！」；而羅伯特將軍視察戰場見到屍山血海，總是若有所思地說：「妙的是戰爭固然十分恐怖——我們還是會喜歡它。」羅伯特將軍與他偉大的副手爲了對付合眾國佔有壓倒性優勢的軍力，一年來精誠團結，他們的袍澤之情令人想起了馬爾博羅與尤金的情誼。現在合眾國即將統率大軍與他們作戰。

＊ ＊ ＊ ＊ ＊

南北雙方都著手建立軍隊，而各自受過訓練的軍官與士兵都寥寥無幾，武器與彈藥也都很少。美國人民長期安享太平，他們從事的戰爭都是開墾荒野以及從土壤汲取財富；雙方對於他們眼前的劫難都沒有任何認知。南方好戰的精神高昂，他們的縉紳與邊疆農民像騎士一樣，比商業化的北方縉紳與農民更習慣於騎馬與射擊；邦聯各州正準備捍衛家園，抵抗入侵與高壓統治，他們的男丁自豪而又激昂，紛紛投效新成立的兵團，自信他們會征服敵人，至少確信

他們不會被敵人征服。

　　北方起初對這種挑戰感到很驚訝。他們幾乎無法理解黨派政治的口舌之戰、競選活動令人興奮的騷動，現在竟然被有組織的屠殺所取代。當他們衡量北方龐大的資源之後，覺得自己的力量無可比擬，因此所有的人都下定決心，不惜任何代價要維持合眾國。在這個威嚴憲法問題的背後，秉持著道德立場反對奴隸制度的怒火正在燃燒。

　　對於外國觀察家而言，乍看之下南北雙方的實力懸殊相當明顯。北方二十三州，二千二百萬人口的規模，抵抗南方十一個州的九百萬人口，其中還包括將近四百萬名奴隸。但是由於南方各州只要求保留自身的權利，他們將採取守勢；而北方否定這種權利，並且要用武力將南方各州留在合眾國裡，因此必須採取攻勢。攻擊者遭遇到令人生畏的任務。

　　除了使整個南方歸順，便沒有其他辦法；而這個問題不是二、三場戰役就能夠解決的，整個地區必須要零零碎碎地征服。邦聯所擁有的地區，從北到南長達八百英里，從東到西更長達一千七百英里；這裡鐵路奇少，狀況很差，而公路也不見得比較好。這個區域人煙稀少，因此入侵者大部分必須自行攜帶補給；行軍走入一個敵區，必須防守的交通線相當地長。大多數的黑奴本來會為南方造成很大的困擾，但結果反而證明他們是很牢靠的助力，在他們主人離家出征的情形下照料種植園，種植供給軍隊的穀物，修橋補路與建設防禦工事，如此一來使得很多白人空出時間在戰場上效力。

　　在北方可能有人以為佔很大比例的民主黨人士會反對武力政策。戰爭最後似乎會採取比賽耐力的鬥爭方式，而南方在這方面可能會比較頑強。在消耗戰中，北方擁有製造業社會的優點，如果說它能夠封鎖三千五百英里的南方海岸，那麼海軍便是北方對抗南方農業實力的最佳武器。但是如此一來歐洲即將缺乏棉花進口，北方便可能逼得英國與法蘭西站在南方這邊進行干預。

　　最南方的七個州在林肯當選後已經脫離了合眾國，它們於一八

六一年二月在阿拉巴馬州的蒙哥馬利（Montgomery）成立了自己
的政府。在薩姆特要塞戰役之後林肯呼籲成立部隊，因此上南方
（Upper South）又有四個州脫離，而邦聯的首都也遷到了里奇蒙。
剩下來的就是邊境蓄奴州肯塔基、密蘇里、馬里蘭、德拉瓦的態度
了。在這幾個州當中，肯塔基由於地理位置，也由於密蘇里可能效
法它而最為重要；的確，戰爭的勝負或許要看肯塔基的立場而定
了。林肯像傑弗遜·戴維斯一樣，都是在肯塔基出生。據報導，林
肯曾經說過「我應該讓上帝站在我這邊，但是我一定得擁有肯塔
基。」可是肯塔基，在「偉大的折衷者」（Great Compromiser）
亨利·克萊的回憶中，是設法保持中立的。交戰雙方都無法長久容
忍這種態度，然而雙方也害怕，任何猛烈的攻擊行動都可能將這個
州推向另一方的懷抱。事實證明林肯是一位機敏的外交家，他將政
策控制在自己的手裡，而因此在九月使得肯塔基歸向合眾國。這是
北方第一場真正的勝利。

在密蘇里，就像在它的姊妹州一樣，有大多數的人贊成中立，
但是雙方的極端派控制著大局，結果爆發內戰。密蘇里州州長激烈
主張脫離合眾國，他受到議會的支持，努力讓密蘇里州脫離合眾
國。而主張待在合眾國的領袖是勢力強大的布萊爾家族（Blair
family）的一位成員，而他的弟弟是內閣成員；他請駐紮在聖路易
（St Louis）的聯邦部隊指揮官里昂將軍（General Lyon）協助。
由於里昂的協助，州長意圖脫離聯邦的計畫宣告失敗，而州長自己
被逐出了省府傑弗遜城，逃到這個州的西南邊陲去了。可是聯邦軍
隊後來闖入州內引起爭執，使得迄今都保持中立的許多人民都加入
了脫離的行列；雖然州的代表會議廢除了州長，並於聖路易設立臨
時政府，但聯邦在幾個月後才完全控制住密蘇里。

馬里蘭的問題比較快速地解決了。脫離主義者在巴爾的摩
（Baltimore）勢力強大，他們暫時控制著這個城市；他們破壞了兩
條北上幹線的鐵路與橋樑，華盛頓本身有幾天與外界隔絕，情勢很
危險，來自麻薩諸塞州的增援部隊行軍通過街道時也遭到他們的襲

擊，發生了流血衝突。但是如果沒有來自維吉尼亞的援助，馬里蘭的脫離主義者並沒有辦法朝首都進攻。忠於聯邦的州長爭取到了時間，直到五月十三日巴特勒將軍率領小批聯邦軍力進行突擊，使得脫離主義者措手不及而佔領巴爾的摩。這就結束了馬里蘭脫離聯邦之舉。第四個畜奴州德拉瓦也留在合眾國內。它的議會傾向南方，但是因為地理形勢而傾向北方。

　　林肯不僅使得四個畜奴州成為盟友，而且還從脫離的維吉尼亞州攻下一個重要地區。西維吉尼亞由阿利阿尼山脈把它與這個州的其他地區分隔開來，它在地理上和經濟上均屬於俄亥俄河流域。它長時期受到里奇蒙州政府的壓迫，因為州政府為了東部沿海地帶的利益而忽視了它，並且剝削它，使它感到不平。它現在抓住機會擺脫了脫離聯邦的運動。五月時民眾投票表決批准脫離聯邦條例，它便與維吉尼亞分道揚鑣，而且得到力量強大的鄰州俄亥俄的幫助而自行獨立，以卡瓦哈（Kawawha）為州名，兩年之後正式納入合眾國成為西維吉尼亞州。

　　在備戰任務中，南方總統顯然勝過他的對手。身為西點軍校畢業生，羅伯特‧李在正規陸軍中效力好幾年，並且參加過墨西哥戰爭；後來在皮爾斯總統（President Pierce）當政期間擔任陸軍部長，然後擔任參議院軍事委員會的主席。他對於軍官團隊相當清楚，能夠充分利用由他處置的這批人馬；他不僅相當會挑選適當的人手，而且在處於逆境時也支持他們。在戰爭開始時擔任指揮的主要邦聯將領，除非戰死沙場，否則在戰爭結束時仍然擔任指揮。

　　另一方面，林肯則毫無軍事經驗；他的法律專業並沒有與陸軍軍官做任何接觸。林肯任命軍官通常都是純粹基於政治立場；他太輕易屈服於人民的叫囂而撤換戰敗的將領，尤其是一開始的時候，因此將領只要戰敗一次，幾乎沒有人能得到第二次的指揮機會。每次戰敗之後，波多馬克河軍團的指揮官就有所變動，根本沒有哪位指揮聯邦部隊的將領，在戰爭結束的時候還能擁有戰爭一開始的最高指揮權。能夠掌握指揮權的人都非常優秀，但是由於中途損兵

折將失去一些軍官，聯邦的氣勢因此比較差；而許多指揮官也害怕後方的總統勝於前方的敵人，由於太過緊張而未能充分發揮他們的作戰本事。陸軍部也沒有充分利用正規陸軍的下級軍官，太多的軍官與其隊伍留在遙遠的西部而沒有用來訓練以及領導志願兵。但是就在北方一開始如同邦聯一般企圖調集軍力之際，聯邦政府犧牲各州而將權力穩穩掌握在手，快速地控制住合眾國所有部隊，並沒有見到任何爭議。而另一方面，南方各「主權州」甚至在戰爭的壓迫下也無法放棄它們一直在爭論的權力分散原則。有些州長雖然忠於邦聯的主張，卻對邦聯中央的指示反應遲緩；當一八六二年邦聯國會決定徵兵之際，各州當局就大肆反對並且迴避。

　　　　　＊　　　　＊　　　　＊　　　　＊　　　　＊

　　北方應該採什麼途徑入侵南方，為合眾國重新征服南方呢？阿利阿尼山脈把密西西比河流域與往東延展到大西洋的寬廣斜坡隔開。密西西比河與主要支流俄亥俄河，加上坎伯蘭河與田納西河，提供了能夠將戰爭帶入邦聯心臟地帶的道路，並且將邦聯一分為二。北方的技術與物質資源保證能夠控制這些水道，而南方卻無法組織能夠應付聯邦小型艦隊的河上武力。在邦聯疆域內，從查理斯敦到曼菲斯（Memphis）的東西向鐵路交通線，通過位於田納西河畔四條鐵路交叉點的交通要地查特諾加（Chattanooga），這個地方很快就會受到威脅。南方無法藉由騎兵襲擊切斷水路；河流都有利於北方南下，北方除了運送部隊與補給會受阻之外，便不會遭遇任何限制。年邁的溫菲爾德‧史考特身為聯邦的總司令，在西戰區看到了合適的戰略挺進路線。但是肯塔基最初的保持中立弄亂了北方的看法，而等到合眾國在九月底將肯塔基弄到手時，其主要武力早已從事不同的進攻方式。

　　在維吉尼亞州加入邦聯之後，傑弗遜‧戴維斯就以里奇蒙做為南方的首都。里奇蒙距離華盛頓不到一百英里，控制或可能控制著詹姆斯河與約克河的入海口與其支流，並且掩護位於諾福克的強大海軍基地。在里奇蒙與北方敵人之間，波多馬克河與拉帕罕諾河

（the Rappahannock）的廣闊出口，以及拉帕罕諾河的支流拉匹
丹河（the Rapidan）流域，形成了層層障礙。邦聯必須堅守這個
位於前線的戰場，而不是在內地，否則只有敗亡。因此南北雙方的
首都就像西洋棋中的皇后位在相鄰的方塊中，由擔任她們掩護的棋
子合力支持，在這個動一步就會把對方吃掉的無情遊戲中熬了四年
之久。

　　邦聯人士起初希望捍衛維吉尼亞北疆的波多馬克河防線；他們
已經奪下申南多河（the Shenandoah）與波多馬克河會合處哈潑
渡口的軍火庫與部隊軍械庫。合眾國的部隊在這裡集結時，傑克森
上校與後來的約瑟夫·約翰斯頓將軍，以及與數千名士兵，在那裡
堅守了數個月之久。以薩姆特要塞之役成名的布雷加德將軍，率領
邦聯的主力軍隊駐守在牛奔河（the Ball Run River）旁的馬納沙
斯（Manassas）鐵路轉車站，這裡距離華盛頓只有三十里。一八
六一年的夏季就這樣到來了。華盛頓的政客受到北方動盪的輿論支
持，大喊「合眾國對這種傲慢的挑戰應該容忍多久呢？」林肯在四
月底徵集服役爲期三個月的志願兵，他們必須在役期結束之前從事
出擊；史考特將軍則希望等到受過訓練的部隊成軍之後再說。但是
所有的正規部隊不都是蔑視民兵與志願兵嗎？因此史考特受到難以
抗拒的壓力，只好對林肯與其內閣的懇求讓步。哈潑渡口被北軍收
復，而約瑟夫·約翰斯頓帶著一萬一千名士卒撤到了申南多河。史
考特因此派了一萬五千士兵去申南多河流域擋住約翰斯頓；同時，
擅戰的將才艾文·麥克道爾（Irvin McDowell）帶領三萬五千人
前往攻擊率領二萬二千人的布雷加德。這個計畫旨在以優勢的軍力
攔住約翰斯頓的部隊，以免在麥克道爾進行攻擊之前與布雷加德會
師。有人認爲如果史考特身體雖差，但頭腦仍然清晰的話，便用擔
架或救護車把他運送到戰場上，像薩克斯元帥（Marshal Saxe）
在豐特內（Fontenoy）戰役裡的情形一樣，那麼聯邦部隊或許就
能夠躲掉降臨在他們身上的災難。指揮官的知識與經驗，遠比體力
差勁來得重要。

聯邦部隊的挺進原定在七月九日，但是一直到一個星期之後才真正開始。兩位邦聯將領預期他們的前線會各自受到優勢敵軍的攻擊，因此正各自向對方請求派兵增援。但是合眾國在申南多河流域的將領帕特森將軍（General Patterson）疏於視察，讓約翰斯頓溜走，而在交戰的前一天帶著兩旅人馬與布雷加德會合。麥克道爾與布雷加德都曾經計畫做同樣的調動，都轉攻敵人的左翼。麥克道爾首先出擊；而邦聯方面的命令執行有誤，因此進攻受挫。北方部隊這樣進攻，採取守勢的一方或許堅守住陣地即可；但實際上麥克道爾完成了奇襲，他極佔優勢的兵力在援軍到達之前就有打敗弱勢邦聯部隊的可能。而在這個緊要關頭，傑克森的旅「像石壁一樣」立在亨利丘（the Henry Hill）上，阻止聯邦部隊的挺進，直到約翰斯頓的另一個旅搭乘火車抵達而扭轉戰局。

這場戰鬥雖然兇猛，但也很混亂，兩方隊伍都陣腳大亂。天氣燥熱，士兵都是生手，參謀也都沒有經驗。最後北方的部隊撤退，而邦聯部隊同樣很混亂，因此也就沒有追趕；但是撤退後來卻變成了潰敗。合眾國的內閣成員、參議員、眾議員、甚至仕女，都從華盛頓跑出來看熱鬧。他們捲入了驚慌，因為此時數以千計的士兵拋掉他們的武器，甚至軍服，一路奔逃到抵達華盛頓四周環繞的塹壕才停下腳步。雙方在牛奔河戰役中的死傷未超過五千人，但是戰役的名聲卻響徹四方：歐洲感到驚訝；南方喜出望外；怒潮席捲合眾國，攻擊薩姆特要塞之後北方所面對的憤慨情緒，似乎只是過往漣漪而已。

有人認為邦聯部隊應該一鼓作氣攻打華盛頓，但是此時約翰斯頓認為勝利的邦聯部隊比起戰敗的聯邦部隊還要亂七八糟，他並沒有看到北軍潰敗；而傑克森與其他邦聯將領都急於向華盛頓進軍。該聽誰的話呢？

　　　＊　　　　＊　　　　＊　　　　＊　　　　＊

在這很不光榮的戰役之後，曾經在墨西哥戰爭擔任史考特幕僚成員，也是羅伯特戰友的喬治・麥克萊倫將軍（General George

B. McClellan）取代了麥克道爾，成為新一任的指揮官；他是一位具有不凡氣質的正規軍官，在維吉尼亞積極抗敵，身先士卒，此時被召來接掌指揮權。國會表決通過召募五十萬志願兵以及批准二億五千美元供進行戰爭之用。在接掌指揮權一個星期之後，麥克萊倫就把成立二十七萬三千人部隊的大型計畫上呈總統；這支部隊將與強大的海軍與運輸艦隊合在一起，行軍通過大西洋沿岸各州，奪下從里奇蒙到新奧爾良的全部海港，然後深入內地，敉平反叛的殘餘分子。在戰爭中，事情往往並不能那樣輕鬆地解決，但輿論還是透過許多管道要求速戰速決。時間的鐮刀往兩邊都砍了下去。邦聯變得很鞏固，而承認南方邦聯的國家，每個月都在增加中，甚至實際從事干預。十月底的時候史考特將軍退休，麥克萊倫成了合眾國的全軍總司令，盡力完全依據歐洲最佳的模式成立旅、師、軍團、還有工兵、砲兵與輜重隊。

　　一八六一年結束了，邦聯完整無損，幾乎平安無事。沒有邊際的前線，一路縱深的邊境地帶與有爭議的區域，曾經發生一百五十次以上的小衝突與微不足道的戰鬥，但是並沒有嚴重的浴血戰役。雖然邦聯的指揮官都明白麥克萊倫不久將會率數目極佔優勢、軍紀良好、裝備優良的大軍在戰場上抵抗他們；他們只有四萬人，無論士氣多麼高昂，都不敢入侵馬里蘭與向巴爾的摩進軍，他們甚至不打算光復西維吉尼亞。羅伯特奉命派往前線協調防禦事宜，但也無法解決地方指揮官們之間的不和。雖然羅伯特保留著維吉尼亞州給他的任命，但他在邦聯的階級制度上，低於約瑟夫‧約翰斯頓與艾伯特‧悉尼‧約翰斯頓（Albert Sidney Johnston）；布雷加德雖然階級比他低，卻戰功彪炳。羅伯特從西維吉尼亞歸來，聲譽降低，甚至於戴維斯總統在任命他組織南北兩個卡羅萊納的海岸防禦時，都必須對各州州長解釋他的才能。

　　截至目前為止，美國的內戰在歐洲看起來像是暴民與黨派的胡打亂鬥，可能隨時都會藉著政治運作與談判而結束。拿破崙三世對邦聯人士表示同情，如果英國政府同意的話，他早就會援助他們。

維多利亞女王想要嚴守中立，而英國古怪的歧見雜陳：上流階級，保守黨與自由黨人都一樣，對南方有好感，格拉史東也抱持這種看法；保守黨的領袖迪斯累利保持中立；激進派與沒有選舉權的工人階級都堅決反對奴隸制度，科布頓與布萊特說出了他們的心聲。但是北方進行的封鎖政策，對商業階級打擊甚重；蘭開郡雖然堅持反對奴隸制度，開始也對缺乏棉花感到困擾。美國的巡洋艦在英國的「特崙特號」（Trent）船上逮捕邦聯赴歐的代表梅森（Mason）與斯萊德爾（Slidell），掀起了一場風暴。外交大臣約翰‧羅素（John Russell）爵士寫了一封措辭強硬的照會，後來親王說服首相帕默斯頓（Palmerston）加以修改。照會中增加了一項條款，使得美國聯邦政府在不損及顏面的情況下宣布巡洋艦的行動是未經授權的。林肯總統接受了勸導，最後他明智地說：「一次只打一場仗。」於是釋放了邦聯代表，但一切局勢依然隱晦不明、懸而不決。北方大規模封鎖，禁止外銷棉花與內銷軍火，因而沒有一個歐洲政府接待過邦聯各州的使節。在歐洲沒有任何人會想到一八六二年會展開可怕的戰爭，沒有任何人評估過雙方政府的仇恨之深，沒有任何人瞭解林肯的實力或美國的資源。邦聯之外的地方，也幾乎沒有人曾經聽說過羅伯特或傑克森。

第十一章　針對里奇蒙的軍事攻勢

對南方而言，新的一年剛開始便愁雲慘霧，幻想破滅的悲憤情緒使得南方人感到心寒；位於里奇蒙的內閣與總部接到的事實與數字都令人憂鬱，邦聯的困境似乎很嚴重。合眾國進行封鎖，使海岸動彈不得；北方的部隊是南方能夠召集人數的兩倍或三倍，他們正在大西洋與密西西比戰區集結，提高戰鬥品質。北方挾著巨大的財富與製造彈藥的能力，對戴維斯總統、他的同僚與將領施壓。南方各州根本沒有彈藥庫，缺乏鋼鐵，能夠供應靴子、衣著、戰事裝備的小工廠屈指可數；彈藥庫幾乎都是空的，甚至用燧石點火的毛瑟槍也很不足；邦聯砲兵光是膛砲的射程也遠遠趕不上合眾國新式有膛線火砲的射程，而且能夠應付這些武器所需要的任何有效器具也都付之闕如。在這種背景下，這一年的軍事奇蹟紛紛出現。

災難首先於密西西比河流域展開。艾伯特‧悉尼‧約翰斯頓在這裡指揮邦聯部隊，戴維斯相信約翰斯頓是他最優秀的將領，而約翰斯頓確實相當忠誠，並且因為對戰爭藝術的徹底瞭解而膽識過人。一八六一年的秋天，約翰斯頓挺進到對俄亥俄河支流格林河（the Green River）具有高度戰略價值的鐵路轉車站布林格陵（Bowling Green），他在這裡坐鎮，並且希望喚起肯塔基與帶領田納西抵抗北方；同時在西邊，和平時期擔任路易斯安那主教的利奧尼達斯‧波爾克（Leonidas Polk）帶著另一小批部隊進駐哥倫布，封鎖住密西西比河。聯邦部隊與河上裝甲砲艇艦隊，由聖路易經密西西比河，由路易斯維（Louisville）經俄亥俄河兩路南下，在人數上以四對一的優勢壓倒邦聯的將領。這數個月來他們在陣地前線都沒有遭遇騷擾，守衛著可以抽調很多人口與資源的廣大疆域。現在正值一年更迭之際，合眾國的領袖們將開始行動。成群結隊，身著藍色軍服的士兵在由密西西比河到阿帕拉契山長達三百英里的前線出現，所有各種奇怪的裝甲小船，載著大砲與迫擊砲由北邊緩緩地順著河道南下。雙方此時都不再虛張聲勢了。波爾克放棄

了哥倫布，而約翰斯頓由布林格陵撤退。這樣一來戰線就南移到坎伯蘭河與田納西河，以及密西西比河上一個名爲十號島（Island No. 10）的邦聯要塞。

聯邦將領亨利・哈勒克（Henry W. Halleck）指揮西戰區部隊（Western Department），他行事相當謹愼。很幸運的是，他手下的將領中有一位退休的正規軍官尤里西斯・格蘭特，格蘭特自從墨西哥戰爭以後就銷聲匿跡，有段時間在伊利諾州他父親開設的皮革店工作。邦聯部隊想在十號島封鎖密西西比河，在亨利要塞封鎖田納西河，以及在唐納爾森要塞（Fort Donelson）封鎖坎伯蘭河，而他們的先行部隊駐防在這些武裝哨站。亨利堡防衛薄弱，而唐納爾森要塞是個掘壕固守的營地，需要相當多的兵力防禦。格蘭特提議在冬天上溯田納西河，攻擊亨利要塞，哈勒克批准這項提議；格蘭特遂開始挺進，而此次挺進則造就了格蘭特的聲威。艾伯特・約翰斯頓完全清楚狀況，他預見河水高漲時，聯邦軍隊會發動冬季攻勢，所以他向戴維斯總統與西部各州州長大聲呼籲加派增援部隊；然而總統方面無法供應，各州州長則不打算供應援軍。一八六二年二月，格蘭特奪下了亨利要塞，它距離坎伯蘭河上的唐納爾森要塞只有十英里，中間隔著兩河之間的舌形地帶。格蘭特未經授權，便繼續在冬天攻打唐納爾森要塞；合眾國的前任陸軍部長佛洛伊德帶領一萬七千名邦聯士兵防守，他之前於林肯當選以及就職的期間允許將毛瑟槍轉交給南方。在戰鬥與對峙四天之後，唐納爾森要塞投降，北方軍隊一共擄獲一萬四千名士卒與六十門大砲。佛洛伊德深恐被控叛國罪，於前一夜棄職逃走。他大概很識時務。

唐納爾森要塞於二月十六日陷落，是邦聯軍事上的第一場大災難；其他的災難在西部很快地接踵而來。艾伯特・悉尼・約翰斯頓到了最後才擁有倉卒成軍的部隊，於是在田納西河後方聚集原來在科林思（Corinth）前線的殘餘士兵。波爾克也沿著密西西比河退到了曼菲斯。

　　　＊　　　　　＊　　　　　＊　　　　　＊　　　　　＊

在華盛頓，總司令麥克萊倫正緊鑼密鼓準備軍隊，同時也用盡方法抗拒要求「進軍里奇蒙」的強大政治壓力；他誇大敵軍的實力，對林肯提供來自平克頓（Pinkerton）私家偵探社長期的報告。麥克萊倫使用這家偵探社做為他的特勤單位，報告指出里奇蒙以及約瑟夫・約翰斯頓在三十英里外的森特維爾防線（Centreville）後方布下重兵防守，麥克萊倫屢次承諾挺進，以便爭取時間訓練軍隊。幾個月過去了，士卒如林的波多馬克河軍團按兵不動，而一八六一年七月各方歡迎麥克萊倫的熱忱也開始減退。激進的共和黨人開始攻擊這位民主黨將領，他們以前曾經寧可選他而沒有選自己的候選人約翰・弗雷蒙特（John C. Fremont）；而每個人都知道麥克萊倫反對激進派宣稱解放所有奴隸的政策。十二月初，麥克萊倫向林肯總統表示他並不贊成對約瑟夫・約翰斯頓發動正面攻擊，以及行軍經由菲德里堡（Fredericksburg）直取里奇蒙。麥克萊倫長久以來策畫一個兩棲的行動計畫，沿著切薩皮克灣（Chesapeake Bay）南下前往維吉尼亞海岸，在接近南方首都的某個地點登陸；他於十二月初將這些計畫簡明扼要地告訴林肯；但他在這個月中旬罹患傷寒，有幾個星期沒有理事。共和黨的領袖們此時委派一個掌管進行戰爭的聯席委員會，其中包含三位參議員與四位眾議員；這個聯席委員會由麥克萊倫的激進派敵人所支配。林肯與他的內閣在麥克萊倫病休期間召集了軍團的幾位將領開會，請他們提出建設性的建議，但是他們的會議因為麥克萊倫本人的病癒復職而弄亂了。幾天之後麥克萊倫向總統詳細地解釋他的計畫；他提議讓自己掌握海軍，運送十五萬大軍南下到切薩皮克灣，在拉帕罕諾河下游的烏班納（Urbana）登陸，從那裡行軍一天到西點，再行軍兩天抵達里奇蒙。麥克萊倫期盼截斷馬格魯德將軍（General J. B. Magruder）與防禦約克敦（Yorktown）半島的邦聯部隊，他並且希望趕在約翰斯頓從里奇蒙撤退之前抵達里奇蒙。

沒有任何人能夠責備這項作戰概念的原則。它必須動用合眾國

的所有兵力；它要迂迴繞過在華盛頓與里奇蒙之間邦聯所有陣地的側翼；它要打擊邦聯的要塞。這項概念的細節經過檢查，做了大幅修改之後，由合眾國部隊把守，在約克敦半島頂端位於約克河與詹姆斯河之間的門羅要塞，最後被選爲安全的登陸地點。林肯總統本人強烈反對海上長征的整個主意，原因是它會洩露華盛頓無人防守的情況；對於約瑟夫‧約翰斯頓部隊的實力，他大概接受了麥克萊倫的誇大數字，更不用提「石壁」傑克森了，而約翰斯頓會因此立即撲向這個沒有設防的聯邦首都。結果陷入爭吵，大家爭論著到底要留多少部隊駐守首都與申南多河流域的河口，而這條河從那裡的哈瀏渡口流入波多馬克河。最後商定以四萬人防守華盛頓。林肯在二月二十七日勉強同意此項計畫，於是爲這次大戰準備一切。同時，林肯決定保持最高的控制權，解除了麥克萊倫指揮合眾國部隊的職務，限制他只能指揮波多馬克河的軍團。這種做法也有軍事上的充分理由。林肯覺得他必須有一位軍事顧問在身旁，於是決定將哈勒克將軍從西部召回來。但是在林肯的特使告知麥克萊倫之前，麥克萊倫就已經透過報紙獲悉他被解除統帥職務一事；如此一來林肯便顯得嚴重失禮，這種事情頗不尋常，麥克萊倫自然而然地猜測，認爲是聯席委員會的「幕後黑手」在這件事情上動手腳。

　　但是更糟的是林肯並沒有任命新的總司令，所有指揮部隊的將領都奉令聽取陸軍部長的指示。過去兩個月都由愛德溫‧史坦頓（Edwin M. Stanton）擔任陸軍部長一職，他取代了毫無能耐，或許也有貪瀆情事的卡梅倫（Cameron）；史坦頓像麥克萊倫一樣是民主黨人，在布坎南主政的最後期間曾經做過司法部長。林肯任命史坦頓的原因是他認爲史坦頓會被麥克萊倫所接受。毫無疑問，如果麥克萊倫在里奇蒙軍事攻勢中成功的話，林肯有意將重新任命他爲總司令，但此時林肯也想不出有任何人可以塡補這個空缺，他希望這空缺只是暫時虛懸。一開始史坦頓宣稱對麥克萊倫死心塌地，但是麥克萊倫不久就懷疑史坦頓不夠眞誠，他以爲自己調查出史坦頓故意設法阻止他自由地接近總統。而沒有多久，史坦頓就有與聯

席委員會勾結的跡象，這位前司法部長曾經表示「陸軍部長的命令就是總統的命令」，而現在這位部長的辦公室就發出一連串嚴重損害麥克萊倫作戰的命令。由於曾在牛奔河戰役指揮的麥克道爾於拉帕罕諾河成立軍區，而且納撒尼爾・班克斯（Nathaniel P. Banks）也在申南多河成立軍區，所以麥克萊倫的職權範圍遭到縮減。整個軍團從麥克萊倫的手中被奪走了，他聲稱留下的人馬不到七萬三千人，其中三萬五千人還屬於申南多河流域班克斯的指揮部。麥克萊倫認為這股兵力可以用來保護首都，他的看法很有道理；不過他沒有向林肯清楚地解釋他的想法，而他未能得到總統的信任則產生了不幸的結果。林肯在誤解的狀態下命令麥克道爾指揮的第一軍留在華盛頓的南面，因此減少了麥克萊倫在發動驚天動地的大戰時可以依賴的四萬名兵力。

　　　　＊　　　　＊　　　　＊　　　　＊　　　　＊

　　邦聯部隊未能利用一八六一年的秋季與冬季進行攻勢，因此喪失了他們獲勝的最後機會。他們在牛奔河戰役的成功最後證明像失敗一樣具有傷害。他們與他們的總統都相信外國的干預近在眼前，因此傲氣十足，信心滿滿；並且認為如果有需要，他們必定能在戰場打敗北方軍隊，因此他們都輕敵鬆懈。在第一次戰役之後入伍的志願兵無法武裝起來；接下來召募的人數下降；戰場上的士兵也開始返鄉。為了補充軍隊人數，即使給予獎金與休假的任何方法都沒有什麼實際成效。一八六二年年初，情勢更是危急。邦聯陸軍幾乎有三分之二都是服役為期一年的志願兵，他們所組成的一百四十八個兵團將在五月服役期滿，而這些兵團卻是軍團的主幹。北方的入侵迫在眉睫，而徵兵制與各州獨立自主的理論背道而馳。此時邦聯國會毅然決然做出決定，於四月十六日以超過二比一的票數通過一項法案，宣布身強力壯、年齡在十八歲到三十五歲之間的白人男丁都必須服兵役。但是部隊後來都是由志願兵擔任而非法令本身的效果，因為他們不希望被人以為是被迫服役，這種看法是一種恥辱。的確，這項法令在各州都不受歡迎，而且難於執行。不滿的人為了

逃避兵役，於是充分利用這項法令的豁免條款。

在這整個階段，傑弗遜・戴維斯總統都嚴格地堅持採取消極的守勢，他並沒有打算利用牛奔河與威爾遜溪（Wilson's Creek）兩役的勝績。戴維斯決定親自控制軍事作業，於是全心全力注意東部，因而大爲忽視西部；西部一片混亂，一直到艾伯特・悉尼・約翰斯頓於九月奉命執掌最高指揮權才穩定下來。戴維斯頑固地拒絕抽調在大西洋海岸線駐守的「百戰老兵」。哈特拉斯小島（Hatteras Inlet）是進入北卡羅萊納海岸、南卡羅萊納的羅伊爾港（Port Royal）與博福特的最佳途徑，並且對查理斯敦與沙凡那（Savannah）構成威脅，這座小島已經被聯邦的小批陸軍與海軍奪下。羅伯特・李自西維吉尼亞州回來後被派去整頓海岸防禦。當合眾國的安布羅斯・伯恩塞德將軍（General Ambrose E. Burnsides）率領強大的遠征軍進入北卡羅萊納的內陸水域時，邦聯軍隊還沒做好準備，於是南方丟掉了洛亞諾克島（Roanoke Island）與新伯恩（New Bern）。戴維斯比起過去更有決心，要求受到威脅的各州全力維持衛戍部隊。他把在南北卡羅萊納進行海岸防禦工作的羅伯特・李召回，讓他在總部擔任職務界定不明的軍事總顧問。

三月中旬，已經被任命單獨指揮西戰區的哈勒克，指示佔領納許維爾（Nashville）的唐・卡洛斯・比爾（Don Carlos Buell）帶著大部分的部隊前往距離科林思三十英里，位於田納西河畔的沙凡那，與位於夕洛（Shiloh）西岸，與威廉・薛爾曼（William T. Sherman）在一起的格蘭特會師，並且攻擊艾伯特・悉尼・約翰斯頓。但是在比爾的士兵渡河之前，約翰斯頓就已經出擊。約翰斯頓在四月六日清晨突擊夕洛附近的聯邦先鋒部隊，結果展開到目前所見一系列戰爭中規模最大、也最爲血腥的戰役。約翰斯頓起初勢如破竹，而格蘭特直到夜幕低垂之際才遲遲趕到戰場，處境十分凶險；但是約翰斯頓有勇無謀，身先士卒率領步兵衝鋒，不久後便受了傷，主動脈流血不止而在幾分鐘內死去，原先可能會因爲他的性格與充沛精力而在次日贏得的任何戰果，現在一下子都化爲烏有。

接替他的布雷加特調走了他的邦聯部隊，這使得部下布拉克斯頓‧布雷格（Braxton Bragg）深深感到厭惡。在這場猛烈的行動中每一方都折損了一萬人；但是折損的比例，在力量較為薄弱的邦聯軍隊方面要大得多。小心謹慎的哈勒克帶著聯邦援軍趕到了，但是並沒有做追趕南方軍隊的任何打算。十號島於四月八日被約翰‧波普將軍（General John Pope）攻陷，七千名邦聯士兵成了戰俘。現在看來，北方的海陸聯合長征似乎可以毫不費力地撲向南方，奪下密西西比的維克斯堡（Vicksburg）要塞；但是哈勒克早有準備，他順著林肯總統的意思，展開在田納西州東部的行動。他緩慢地朝著科林恩移師，用了一個月的時間來包圍布雷加特；不過布雷加特以快速的長途行軍順利撤退了。到了夏天，合眾國的部隊已經在三百英里的西部戰線向南推進了二百英里。

  ＊   ＊   ＊   ＊   ＊

  現在里奇蒙-約克敦半島的軍事舞台已經搭好了。四月初麥克萊倫的軍隊大舉在聯邦用來做為橋頭堡的門羅要塞登陸。這個沒有什麼祕密性可言的調動變得明顯之後，約瑟夫‧約翰斯頓便撤出森特維爾，放棄馬納沙斯轉車站，渡過拉帕罕諾河上游，守在支流拉匹丹河南岸高低不平的曠野地帶，使得聯邦政府感到又驚訝又鬆了口氣。邦聯將領中原來有兩位名為約翰斯頓的將領似乎讓人弄不清楚，但是在艾伯特‧悉尼‧約翰斯頓於夕洛英勇戰死之後就只剩下一位了，他就是約瑟夫‧約翰斯頓。現在他位於拉匹丹河的南岸，與里奇蒙保持密切連繫，因此麥克萊倫在原則上看來很正常的戰略，在實行上則受到阻礙。四月中旬，約翰斯頓到達約克敦，接掌這半島上部隊的指揮權，讓他的主力部隊留在西邊八十英里的地方。他因此佔有戰線內緣之利，可以集中軍力防禦里奇蒙。合眾國的海軍在兇猛的砲轟之後，發現它無法壓制位於麥克萊倫右翼約克河懸崖上，居高臨下展開的砲火。由馬格魯德部隊防守的邦聯塹壕，擋在麥克萊倫面前橫貫半島；麥克萊倫認為自己的人數不及敵人，如果戴維斯之前同意將大西洋沿岸城鎮的衛戍部隊交給約翰斯

頓，那麼他的部隊早就可以以眾擊寡。

　　在這些令人沮喪的情況下，麥克萊倫比以往還要從容不迫地採取行動。他用了一個月的時間正式圍困約克敦，同時不斷地請求林肯調派麥克道爾的軍隊。林肯則催促他採取強而有力的行動，並於四月九日冷淡地寫道：「我相當堅持，前往海灣中尋找戰爭場合而不在馬納沙斯或附近戰鬥，只不過是轉移困難，並不是克服困難。我們在兩處地方都會找到同樣的敵人，同樣或相等的塹壕。」一個月後他又寫道：「由於拖延，敵人將會勝過你──也就是說，他用加強工事與增加援軍比你只靠增加援軍更為佔上風。」最後約克敦終於投降，約克河對麥克萊倫的船艦門戶大開，於是麥克萊倫向邦聯的防線挺進。馬格魯德將軍只有一萬一千人馬，他們根本就不戰而退，雖然於五月一日後衛部隊在威廉斯堡（Williamsburg）中遭到慘敗，麥克萊倫仍然能夠成功地率領部隊脫險。到了五月中旬，麥克萊倫已經上溯約克河挺進了六十英里，到達位於里奇蒙到西點鐵路上的白屋（White House），這裡距離南方的首都里奇蒙只有二十五英里；他在西點設了一個新基地，而不理會門羅要塞；他在這個時刻如果能夠將麥克道爾從菲德里堡調來與他的部下聯合在一起，那麼里奇蒙可能早就棄守了。

　　不過，戴維斯總統在四月受到羅伯特‧李的勸導，增援「石壁」傑克森，而在申南多河流域假裝做攻勢。傑克森只有一萬六千人的軍隊對抗聯邦將領班克斯、詹姆斯‧希爾茲（Shields）、弗里蒙特、米爾羅伊（Milroy）以及他們指揮的四萬多名士兵，打了一場短暫、輝煌的仗，使他增添光采的名聲。傑克森進攻左右任何一側的優勢敵軍，天天冒著被俘虜的風險，長途行軍，有時他將很小的軍力分為數路，做一連串的突襲，使林肯總統與顧問們心緒大亂。林肯最後答應麥克萊倫調派麥克道爾的那個軍；但是六天之後，當合眾國的陸軍半數渡過水流湍急的契卡荷米尼河（the Chickahominy）之際，麥克萊倫接到電報，說麥克道爾的遣兵調將「遭到擱置」，因此麥克萊倫暫時停止挺進。暴雨如注，淹沒了

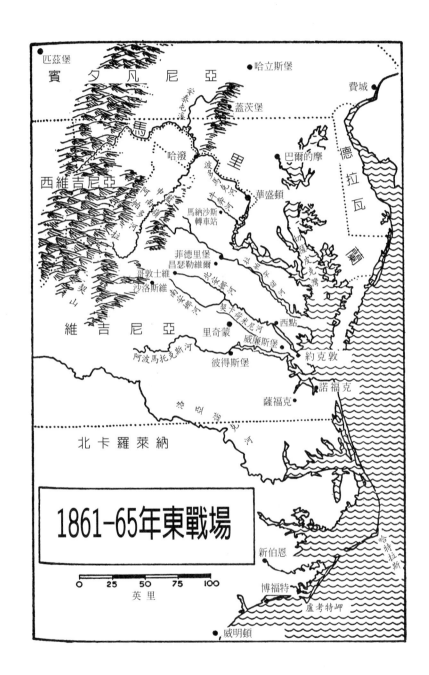

匹茲堡

賓　夕　凡　尼　亞

哈立斯堡

費城

蓋茨堡

哈潑

馬　　里　蘭

巴爾的摩

德拉瓦區

西維吉尼亞

華盛頓

馬納沙斯
轉車站

菲德里堡
昌瑟勒維爾
哥敦士維
沙洛斯維

維　吉　尼　亞

里奇蒙

西點
威廉斯堡

約克敦

阿波馬托克斯河

彼得斯堡

諾福克

薩福克

北　卡　羅　萊　納

1861-65年東戰場

新伯恩

博福特

哈特拉斯

盧考特岬

0　　25　　50　　75　　100
英里

威明頓

契卡荷米尼河，合眾國的軍隊這時發現被分為幾小批，而南岸只有兩個軍。約翰斯頓很清楚，這是他進攻的良機；他派遣全部軍隊攻擊合眾國在南岸孤立的兩個軍。戴維斯總統在羅伯特‧李的陪同之下，策馬前去觀看七棵松（Seven Pines）之役，或是所謂的白橡林（Fair Oaks）之役；而邦聯的總指揮並未與他們磋商，便對手下的將領們下達口頭命令。邦聯的攻擊並不順利，而這一仗打得很激烈，但是最後不分勝負，雙方各損失了大約六千人。麥克萊倫受阻，大雨使他無法行動，而他與他的前哨站距離里奇蒙只有五英里。林肯獲悉傑克森現在已經往上游撤退，再度承諾調派麥克道爾的那個軍；但是傑克森回過頭來攻擊他的追兵，並且在六月八、九日連續兩天於克羅斯奇（Cross Keys）與共和港（Port Republic）擊敗他們，林肯因此再度改變主意，不放麥克道爾前往增援。確實必須小心聯邦首都陷入叛軍之手的風險，因為那種情況即使幾乎不會造成災難，也還是會使人黯然神傷；但是林肯的猶豫是個著名例子，說明文官對戰場將領進行干預確實含有種種危險。

　　而遠比戰鬥更為重要的是，事實上約瑟夫‧約翰斯頓在七棵松之役的首日就受了重傷，戴維斯總統於六月一日任命羅伯特‧李指揮此後有不朽之名的北維吉尼亞軍團。

＊　　　＊　　　＊　　　＊　　　＊

　　羅伯特‧李為了發動攻勢，首先得擴充部隊，立刻使人感受到他在整個戰爭進行中所發揮的本領。羅伯特‧李取得戴維斯的許可，調集未曾給予約翰斯頓的大西洋沿岸衛戍部隊；他利用華盛頓的恐懼，派遣了七千人前去申南多河流域加強傑克森的實力，而這種作法使得麥克道爾所率領那個軍更無法調動。傑克森從他的軍隊騎馬前去羅伯特‧李那裡協調計畫，他奉命率領主力部隊離開他留在申南多河流域的「老弱殘兵」，祕密前往位於里奇蒙往菲德里堡的鐵路線上，里奇蒙北邊十五里處的阿許蘭（Ashland）；傑克森可以從那裡繼續挺進，包抄合眾國部隊的側翼與後隊，切斷他們與西點的交通線。他將在六月二十六日的黎明之前做好戰鬥準備。在

這個空檔，邦聯軍隊裡年輕的騎兵主將斯圖亞特（J. E. B. Stuart）率領一千二百名騎兵，對麥克萊倫的左翼做了一次值得稱讚的偵察；他實際上穿過了麥克萊倫的交通線，因為無法退回原處，就乾脆繞著合眾國部隊馳騁一周，帶著幾百名俘虜抵達里奇蒙。這件事使得羅伯特・李大感意外，而斯圖亞特的壯舉可能會使得敵軍警惕；但實際上麥克萊倫並沒有改變他的部署，他的部隊仍然駐紮在里奇蒙附近的契卡荷米尼河兩岸。羅伯特・李的部隊，如果把傑克森的部分也算在內，現在足足有七萬五千名之多；麥克萊倫的軍隊聚集有八萬七千人，但是在這些士卒中只有費茲 - 姜・波特將軍（General Fitz-John Porter）的那個軍有二萬五千人，他們位於契卡荷米尼河的北岸。羅伯特・李決定調動主力部隊渡過那條河，然後與傑克森會師，以五萬六千人的兵力集中攻擊波特的軍，包抄它的右翼，將它摧毀，同時切斷麥克萊倫與西點的交通線，之後渡過麥克萊倫後方的契卡荷米尼河，使得麥克萊倫敗亡。如果這麼做，塹壕中就只留下由馬格魯德率領的一萬六千人防禦里奇蒙，麥克勞倫面前就會門戶大開，如果麥克勞倫看清眼前局勢，就會帶領六萬人直搗里奇蒙的防線，以幾乎四對一的優勢攻擊他們。但是羅伯特・李深知麥克萊倫的行軍之道，他確信麥克萊倫不會這麼做，羅伯特・李因此對戴維斯說：「不論如何，我都將緊跟在他們之後。」──意謂假使合眾國部隊奮戰直入里奇蒙，羅伯特・李也會攻擊它的後隊。這番話說明了羅伯特・李能夠靈活而彈性地掌握戰局，以及偉大的指揮官將他們的部隊從某地調往另一地，彷彿像是騎乘駿馬一般馳騁自如。

六月二十五日的夜裡，邦聯的兩個軍渡過契卡荷米尼河，轉向右方，然後撲向在麥坎尼維（Mechanicsville）的波特軍隊。波特受到突襲，進行頑強的抵抗，他的有膛線大砲重創邦聯部隊；傑克森由於道路難行而延誤了一天，因此沒有趕到戰場，而波特使他們的攻擊損失了二千多人，他因此撤退到下游四英里，依靠駐紮在蓋恩（Gaine）磨坊的預備隊。六月二十七日，邦聯軍隊在那裡又遭

到狂風暴雨般的猛攻，蓋恩磨坊是羅伯特・李親自坐鎮指揮的第一場雙方苦戰的戰役。合眾國的大砲再顯現其威力，邦聯部隊在所有據點好幾次遭到擊退，波特右翼的森林與沼澤構成重重阻礙，因此當傑克森於傍晚時分開始行動的時候，無法繞過波特的側翼發動攻擊。不過羅伯特・李並沒有失望，而且呼籲他的部隊殺敵，他發動由胡德（J. B. Hood）所率領的英勇德克薩斯人攻擊敵方的中央陣地，在夕陽西下、陰影拉長的時候，他更下令全軍展開攻擊。德克薩斯人突破波特歷經堅苦磨練軍隊的中央陣地，合眾國的部隊被驅離戰場，夜晚降臨時，南軍已經奪得二十門大砲，俘擄了數千人。波特會撤退到何方呢？在兩天的戰鬥中，麥克萊倫與馬格魯德對峙而按兵不動。麥克萊倫會做何行動呢？他的交通線被切斷了，而他的右翼也被打垮了。羅伯特・李的左翼部隊又長又靈活，完全擋住了聯邦部隊的右翼與後隊，傑克森已經給予他的左翼部隊一拳重擊，這一擊確實很要命嗎？

　　但是麥克萊倫畢竟是一位技藝超群的將才。他的將領都在蓋恩磨坊之後的那個晚上在指揮部與他一起開會，他告知他們，說他必須放棄與西點以及與約克河之間的交通線；他利用海軍將基地從約克河遷移到詹姆斯河，全軍即將行軍到那條河畔的哈里森（Harrison）碼頭，在那裡獲得所有補給。我們現在知道，他為了這樣的改變，事先已經做了若干準備，而他在最後一刻才下了這個決定，還是得冒風險。此時建立了因為形狀而得名的「葡萄藤橋」，這座橋跨越契卡荷米尼河的沼澤與溪流。波特的部隊靠著這座彎彎曲曲、搖搖晃晃的橋得以逃脫。同時，全部的聯邦軍隊準備進行艱難而又危險的側翼行軍，越過白橡沼澤到達約克敦半島的南邊。現在輪到馬格魯德挺進，並且對這支有弱點的部隊展開攻擊。馬格魯德於二十八日在塞維吉車站（Savage Station）突擊他們，奪取了他們的野戰醫院與大批補給。但是羅伯特・李仍舊無法確定麥克萊倫是不是真的正在趕往詹姆斯河，因為麥克萊倫也可能正從威廉斯堡這條路撤退到門羅要塞，因此他耽擱了一天才渡過契卡荷

米尼河追逐。一直要到三十日羅伯特・李才追上麥克萊倫，在格倫達勒（Glendale）或佛雷澤農莊（Frayser's Farm）打了一仗。這次戰役的主要危機終於登場。

令人無法置信的是，麥克萊倫這一天居然在與海軍開會，安排在詹姆斯河畔建立新基地，而他任由戰役自行爆發。邦聯這一邊有許多事情都出了差錯：地圖毛病百出，未能抓準時機；發動的攻擊零星而不集中；邦聯給予很高寄望的傑克森，也因為體力不支而垮了下來。羅伯特・李提議用七萬五千名士兵來施出最後一擊，眞正發動的卻幾乎不到二萬人，而這些士兵在受到重大的傷亡之後，突破了合眾國的中央陣地。但是乘著黑夜之便，北方大軍能夠繼續撤退；北軍在馬爾文丘（Malvern Hill）因為背對詹姆斯河而無法進一步撤退，不過海軍與砲艇的砲火掩護著他們的側翼，加上他們兵力雄厚，麥克萊倫便做困獸之鬥。在這個星期鑾鬥終了時，羅伯特・李再度下令攻擊，他的士兵萬分勇猛地開始衝鋒。合眾國部隊的砲聲雷鳴；南軍都高聲喊「殺」（Aah-ih），在血腥歲月裡，時常會聽到這種吶喊。但是一切最後都白費了。麥克萊倫沒有因此送命而只是受挫，部隊被擊敗、驅逐而自行撤退，他的整個軍事攻勢失敗，損失了大批的軍需品與彈藥、六十門大砲與三萬六千支來福槍，無法攻下里奇蒙。麥克萊倫與他勇敢的部隊總算打完了七日之戰（Battle of Seven Days），擊退了追兵，不過卻也有五千名犧牲者。

七日之戰的勝利屬於羅伯特・李。全世界都看到聯邦的宏圖大計整個失敗，這也是華盛頓所感受到的。麥克萊倫對此並不畏懼，他提議渡過詹姆斯河前往彼得斯堡（Petersburg），就像格蘭特後來在一八六五年所做的一樣，「從後門」攻擊里奇蒙；但最後他的提議並沒有被接受。對羅伯特・李而言，這次征戰其實也幾乎使他感到失望，由於他的參謀大多都是新人，因此連連錯失良機而未能殲滅敵人。他已經喪失了他軍中的二千多名精英；合眾國方面雖然人力充沛，卻也損失了一萬七千人。

　　林肯與他的顧問們現在設法採用他們原來的計畫，也就是集結在華盛頓與里奇蒙之間陸路上的壓倒性軍力，藉著人數的優勢進行突破。但是他們的部隊被隔成兩半，羅伯特‧李駐守在里奇蒙的部隊剛好在他們的中間。林肯總統命令麥克萊倫撤出約克敦半島，並將他的部隊從波多馬克河帶到華盛頓附近。之前在西戰區沒有聽從林肯命令而享有勝利之名的哈勒克，被任命為總司令；林肯另外命令在密西西比河流域幹得不錯的約翰‧波普將軍指揮所謂的「維吉尼亞軍團」。波普為人嚴峻、十分自負，他因為在西戰區官運甚佳而傲氣十足，對東部的部隊與他們的成就都語帶不屑；他打算讓他們瞧瞧應該如何作戰。麥克萊倫奉命交出他的部隊，官兵與他分手時，悲傷溢於言表，而麥克萊倫被貶去守衛華盛頓的防線。波普現在捍衛合眾國；他嚴厲地指派還沒有在戰爭中派上用場的西維吉尼亞民眾，他軍區內的所有男性居民必須向合眾國宣誓效忠，不然將會被驅出家園，如果逃回家園便得受死。傑克森在聽到他所愛的故土傳來這種消息時，只得習以為常，極力保持鎮靜。

　　戰略情況對羅伯特‧李與他的副手很有利。他們會在麥克萊倫的部隊從約克敦半島撤回之前，先與波普交鋒。其間的情況必須先在此詳述。

＊　　　　＊　　　　＊　　　　＊　　　　＊

　　海戰史上一樁插曲在此發生。一八六一年的春天，聯邦漫不經意地放棄了在諾福克的海軍造船廠，讓它落到脫離聯邦的維吉尼亞州手裡，合眾國海軍的一些軍需品與幾艘艦艇全都被燒燬。其中一艘是裝有大砲的巡防艦「梅里馬克號」（Merrimac），後來修理過，並且以奇怪的方式改裝；它裝設了一個推動它的蒸汽機，甲板上還裝設了由柚木做的低矮砲塔，並且用鐵路所使用的鐵打成兩層各兩英寸厚的鐵板覆蓋砲塔，這兩層鐵板以釘子互相釘住，成為厚達四英寸的鐵甲掩體。船頭裝上大型金屬撞角，砲塔裡還架上十門七英寸口徑的有膛線大砲，可經由射擊孔對外開火。許多人以前想過建造這種艦艇；現在它可真正上場了。

　　這艘奇怪的戰艦在一八六二年三月七日完工。之前這艘戰艦從來就沒有發射過砲彈，它的蒸汽機也從來沒有轉動過，三月八日它才加入行動，對抗合眾國強大無比的海軍，而後者正由門羅要塞對約克河與詹姆斯河河口進行封鎖。有人描述這艘戰艦的蒸汽機糟到極點，每小時只能航行五節，行駛起來彷彿像是浸了水的船。但是它來了，而且毫不猶豫與執行封鎖任務艦隊中距離最近的船艦「坎伯蘭號」及「國會號」（Congress）交戰。這兩艘船艦的舷側砲火齊發，如果對方是普通的巡防艦，那麼早就被擊沈了；除此之外，所有其他在射程內的合眾國戰艦與位於席維爾岬（Sewell's Point）的岸砲，都對「梅里馬克號」集中開火。但是這艘重新命名爲「維吉尼亞號」（Virginia）的「梅里馬克號」一點也不在意砲擊，逕自向「坎伯蘭號」駛去，由幾乎正確的角度對後者進行攻擊。在「梅里馬克號」船上幾乎感覺不到相撞時的震動，雖然它的裝甲撞角脫落；而「坎伯蘭號」船體傾斜，但還是一直開砲射擊，不久後它就與大部分船員一同沈沒了。「梅里馬克號」然後轉頭攻擊「國會號」，在二百碼的射程將它擊得七零八落並且著火，一個小時之後「國會號」豎起了白旗，許多邦聯的小型船隻都出力拯救船員。擱淺的「明尼蘇達號」（Minnesota）如果不是退潮而阻止必須吃水二十英尺的「梅里馬克號」追近，也會遭到與「國會號」同樣的命運。雖然在很長一段時間裡，至少有一百門重砲對「梅里馬克號」開火，但它的裝甲幾乎沒有損傷；而裝甲外面的任何東西則都未能倖免，煙囪與兩個砲口的砲都被打掉了。艦內只有二十一個人被穿過射擊孔的彈片擊中而造成死傷。「梅里馬克號」上得意洋洋的船員躺在他們的大砲旁，希望次日清晨同樣摧毀合眾國艦隊的其餘船隻。

　　但是次日天亮，蒸氣啓動「梅里馬克號」升火待發時，船員們都看到有一艘奇形怪狀的船隻在保護著「明尼蘇達號」。「梅里馬克號」的一位船員寫道：「與它守衛的巡防艦相比，它看起來只是侏儒而已。」這是艾利克森（John Ericsson）[1] 所製造的「監視

者號」(Monitor)，這艘船艦早引起世人的談論，而現在終於準備上陣。「梅里馬克號」已經進行了海軍史上的革命，但是「監視者號」在一天之後就整個超前。它載有兩門砲，它們都是十一英寸口徑，架設在一個九英寸厚的旋轉鐵製砲塔內，它有保護得很屬害的龜背甲板，而幾乎與吃水線齊平，它吃水只有十二英尺，所以有運動自如的長處。

這兩隻鐵甲怪物互相逼近，同時合眾國堂皇的艦隊在一旁看得入神。這兩個怪物互相靠近，「梅里馬克號」現在已經沒有裝甲撞角，但仍攻擊「監視者號」。「梅里馬克號」的砲彈沒有任何一枚擊穿「監視者號」的裝甲；但是當「監視者號」兩門十一英寸口徑的砲擊打中「梅里馬克號」船腹時，「梅里馬克號」的船舷陷進去好幾英寸，所有砲手都被劇烈的震盪撞得流鼻血。這兩艘鐵甲船互相砲擊有六個小時之久，但幾乎沒有任何一方有所傷亡，在這天結束時兩艘船艦雙雙撤離，永遠沒有再交鋒。由於「梅里馬克號」吃水線以下並沒有裝甲，所以它的船員都認為它很幸運，它之後返回船塢修理此一缺陷及其他許多地方；「監視者號」十分不耐海浪，以致於在赴戰途中幾乎沈沒，也需要加以修理。消息一傳到歐洲，所有的國家馬上明白世界上的戰艦全都過時了，英國海軍部極為努力，想在幾年之內重建王室海軍，以便應付已經改變的情況。但是現在還是有傻瓜建造幾乎沒有任何裝甲而在海上戰鬥的艦艇[2]。自從大約四百年前用火藥發射的火砲裝在船艦上以來，「梅里馬克號」與「監視者號」的戰鬥在海戰方面做了最大的變革。

當邦聯部隊撤離諾福克的時候，曾經費力想將「梅里馬克號」拖到詹姆斯河上游用來捍衛里奇蒙；但儘管將它所負荷的重量減輕，以致於它沒有任何防衛能力，它的吃水量仍然使它不能駛入內河。它的艦長於是下令將它焚毀沈沒。「梅里馬克號」的戰績曾經讓整個邦聯歡欣鼓舞，現在則轉而讓邦聯悲憤交集。邦聯軍事法庭對這位艦長進行審判，結果宣布「本庭認為，唯一的選擇就是在那個時候與地點放棄與燒掉該船；依本庭的判決，被告下令完成此事

不失為慎重與明智之舉。」

【1】 譯注：John Ericsson（1803-1880），美國造船工程師和發明家，發明螺旋槳，建造第一艘有鐵甲旋轉砲塔和螺旋槳的軍艦。

【2】 寫於一九三九年。

第十二章　羅伯特・李與麥克萊倫

　　波普將軍於一八六二年八月一日抵達前線。這位新任指揮官的任務顯然是盡他所能想辦法不需激戰而能得寸進尺，直到麥克萊倫的部隊從詹姆斯河回來與他會師。華盛頓南方不遠的阿奎亞溪（Aquia Creek）被指定為這支部隊的登陸地點，而後續的大批援軍正從華盛頓搭乘火車經由亞力山卓（Alexandria）前來。波普現在已有四萬名士兵，六個星期後他會有十五萬名士兵；他渾身是勁，非常樂觀，希望在主力部隊到達前就奪下哥敦士維（Gordonsville）與沙洛斯維（Charlottesville），然後解決里奇蒙。

　　羅伯特・李看到麥克萊倫沒有進一步的進襲，馬上派傑克森於七月中旬帶兩個師（一萬一千人）前往哥敦士維，並且在月底之前為他召募到二萬四千人。對傑克森而言，這可是人馬鼎盛，他所面對的敵人還不到自己部隊的三分之一；他發現波普的部隊滿懷希望在三條路匯集的庫爾佩珀（Culpeper）朝他移動。八月九日，傑克森在庫爾佩珀以南七英里處的塞達山（Cedar Mountain）撲向班克斯將軍指揮的主力軍團；他動用二萬人對付班克斯的九千人，將敵人逐出戰場並損失四分之一的士兵，讓剩下的人只能看守裝備。但是在庫爾佩珀之前，他面對波普部隊的另外兩個軍之際，他的想法與羅伯特・李一致，於是決定退回哥敦士維。

　　八月十三日，羅伯特・李獲悉麥克萊倫的部隊正在門羅要塞登船，這是他正在等待的信號。這支大軍最多再一個月就會於北維吉尼亞與波普會師，展現它的威力，而羅伯特・李在此之前一定要在那裡打贏一仗才行。他立刻命令詹姆斯・朗斯特里特將軍（General James Longstreet）率領里奇蒙守軍的主力十二個旅與傑克森在哥敦士維會師。到了十七日，他已經在克拉克山（Clark's Mountain）背後的樹林裡聚集了五萬五千名士兵，可以攻擊波普現在駐紮的庫爾佩珀。波普不知道自己身在險境，而且很可能會被殲滅，但是羅伯特・李等了一天才將他的騎兵調來；此時一位邦聯

軍官被俘，他所攜帶的文件使得波普恍然大悟，遂藉著晨霧的幫助，立刻撤退到拉帕罕諾河的後方。羅伯特‧李初步用右手嵌制敵人的計畫失敗了，他現在想使用左手大肆斬獲。傑克森打算從硫磺泉（Sulphur Springs）渡過拉帕罕諾河上游，但是他的第一旅在渡過去之後，河水就漲起來了，波普因而第二次逃過一劫。

羅伯特‧李知道他佔優勢的短暫期間已經過去。他只能等待在一星期或十天之內，會有具絕對優勢的敵軍壓境。他知道麥克萊倫過去部隊的幾個主力師已經在阿奎亞溪登陸，而北維吉尼亞軍團如何能應付一旦集中起來的十五萬名士兵呢？因此他決定與傑克森一起做大膽的，然而一旦成功便相當輝煌的軍隊調動。他面對佔優勢與迅速成長的敵人，決定兵分二路。八月二十五日黎明之前，傑克森開始他另一次著名的行軍，他率領兩千人行軍二十六英里之後，抵達遠在波普左翼後面的塞勒姆（Salem），第二天再做了另一次二十五英里的行軍，通過群山之間的通道峽谷（Thoroughfare Gap），到達馬納沙斯轉車站以南幾英里之處，切斷了波普補給所仰賴的，從亞力山卓到奧蘭治的鐵路線；二十七日，他奪下馬納沙斯轉車站。波普大軍的補給都堆放在這裡，食品、裝備、各種軍需品都使得貧困的邦聯眼花瞭亂，而這些東西全落入傑克森之手；他派警衛看住烈酒，而任憑他的士兵拿取他們能夠攜帶之物，大多數士兵都自行換上了新衣；可是這些戰利品可能要他們付出重大代價。四面八方都駐紮著佔優勢的或者是正在逼近的聯邦部隊。切斷波普的交通線只是順手之舉，但並不是傑克森或羅伯特‧李的目的；如果不打上一場大戰，他們所贏得的任何東西對他們都毫無用處。傑克森因此放火將馬納沙斯轉車站以及它的儲藏庫一併燒掉。波普朝北一望，看到熊熊大火映紅了夜空；傑克森得繼續讓波普迷惑而且手忙腳亂，一直到羅伯特‧李能夠與朗斯特里特率領主力部隊前來與他會合為止。

波普行軍攻往里奇蒙的危險已經解除，因為他已經遭到挫敗，必須撤退。但是每條路上都有抵達與他會師的人馬，所以他仍然佔

有很大的優勢。他甚至很可能在通道峽谷一夫當關，不讓羅伯特‧李與其他的邦聯部隊通過。這是戰爭中的可怕風險。傑克森從馬納沙斯轉車站向北撤退，進入索德利泉（Sudley Springs）旁邊的樹林；波普相信傑克森已經被困在轉車站，於是他從四面八方朝轉車站行軍，結果發現轉車站已成灰燼，空無一人。二十八日這天，任何一方都不知道發生了什麼事，可是傑克森知道朗斯特里特、羅伯特‧李以及邦聯軍隊的主力衝過了通道峽谷。波普對他現在七零八落的部隊下命令，要殲滅駐紮在索德利泉以南的傑克森。他為了這個目的發動了七萬人；他現在只想到傑克森，似乎忘掉了已經將部隊集結到傑克森右翼的朗斯特里特與羅伯特‧李。

　　八月三十日開始了第二次的牛奔河戰役，或稱為馬納沙斯戰役。五萬三千名士兵的聯邦部隊英勇地連續進行五次攻擊，在空曠的戰場與傑克森兩萬名士兵搏鬥。兩方來回廝殺，傷亡數目相等。朗斯特里特此時已接近戰場，但仍然未被敵人察覺，他慢吞吞地進入戰事，他常常都期望謀定而後動；但是這個至理名言在這場戰鬥中卻很不管用。朗斯特里特是一位不錯的老將，羅伯特‧李不會施壓而使他逾越某個範圍。在第二次馬納沙斯戰役的首日，傑克森單獨首當其衝；黃昏到來時，他最後的預備部隊已經在進行反攻，一位對他相當友善的教士擔心只剩下已經消耗得很薄弱的邦聯左翼部隊。「石壁」將軍傑克森每分鐘都在注意戰鬥的情形，他對戰場仔細看了一下子，然後說「他們幹得糟透了。」

　　戰鬥於三十一日重新又起。波普得到從阿奎亞溪前來兩個軍的支援，他仍舊不知道朗斯特里特人在戰場，命令運氣欠佳的費茲-姜‧波特將軍包抄傑克森的右翼。波特的部隊很忠心，唯命是從，但是朗斯特里特一旦展開行動便強而有力，將邦聯部隊的主力投入；波普的陣勢因此遭到破壞，在四英里長的前線，邦聯的新部隊出其不意地從樹林中聲勢浩蕩地衝出來，波普左翼的兩個軍寡不敵眾，側翼遭到包抄，只好撤退。波特遭到包圍、戰敗，隨後遭到軍法審判而犧牲了。到了這一日白晝將盡之際，波普仍然指揮著七萬

名忠實的士兵，他別無其他想法，只知道在華盛頓塹壕後方尋找掩蔽，帶著趁黑夜來到他這裡的最後一萬名援軍進入塹壕。羅伯特‧李已經擄獲三十門大砲、兩萬枝珍貴的來福槍、七千名北軍士兵，也使得聯邦部隊死傷多達一萬三千五百人，而邦聯只付出一萬條人命的代價；他以手中不到五萬五千人的士兵擊敗了合眾國的七萬五千名士兵。自從戴維斯總統將軍事指揮權交給他以來正好是四個月的時間；當時麥克萊倫距離里奇蒙不到五英里，而現在羅伯特‧李的前哨則距離華盛頓不到二十英里。戰爭形勢已經徹底逆轉。

＊　　　＊　　　＊　　　＊　　　＊

華盛頓的政客與內閣以謹慎、順從的哈勒克將軍做為工具，苛待麥克萊倫將軍，而這麼樣的情況林肯難辭其咎。林肯想要一位將領能夠積極地找到羅伯特‧李，並且將之擊敗。麥克萊倫具有統御資質，但是缺乏幾分戰鬥精神。林肯憑著對於他人的精明判斷而了解這一點，但是他也知道麥克萊倫是一位能幹的指揮官。林肯的識人本能原來支持他所選擇的將領，後來卻反而向喧囂的政治低頭；他在跨越溪流的中途換馬，卻發現騎上一匹更差的馬。麥克萊倫部隊所轄的另一軍在阿奎亞溪登陸，就匆匆被調走，前去與波普會師，甚至連麥克萊倫的護衛隊也被調走；然而林肯從來沒有解除麥克萊倫對維吉尼亞軍團的指揮權，這個軍團此時已經重新命名為波多馬克河軍團。麥克萊倫口若懸河，而且提出正當的辯解，但是無人理會。九月二日，波普與被打敗的部隊似乎即將要在華盛頓城下崩潰，林肯總統感到十分驚恐，才表現出不同的態度。那天早上麥克萊倫正在吃早餐，林肯總統與哈勒克總司令來訪，哈勒克說華盛頓就快要丟掉了，所以將所有部隊的指揮權都交給麥克萊倫。這位原來受到輕視的指揮官接到這項命令，立刻就去從事拯救這個城市的任務，由於他原來就沒有被正式革職，所以也就不需要再度任命，而他的舊部屬本來都被其他將領給奪走了，現在則全都交還給他。歷史從來沒有把麥克萊倫的評價提升到超越能幹、勇敢的水準，但是人們一定不會忘記，當麥克萊倫策馬迎接撤退的部隊時，

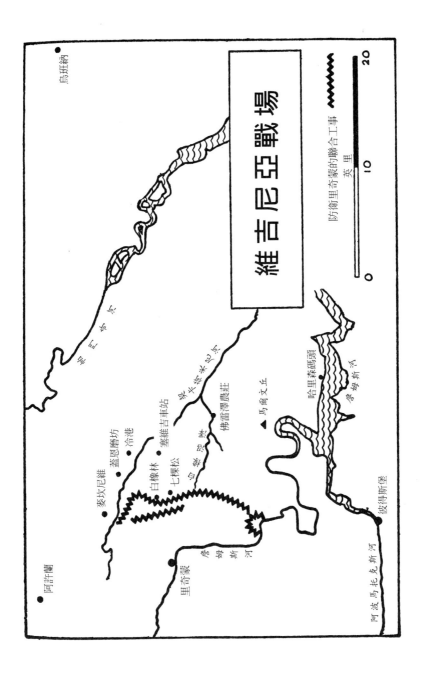

維吉尼亞戰場

防衛里奇蒙的聯合工事

英里

0　10　20

烏班納

阿許蘭

里奇蒙

詹姆斯河

阿波托克斯河

彼得斯堡

哈里森碼頭

詹姆斯河

馬騎文丘

佛雷澤農莊

亞繁恩院

七棵松

白橡林

塞維吉車站

梁大旋米也渡

冷港

蓋恩磨坊

麥坎尼維

里巴尼點

士兵都欣喜若狂，熱情地歡迎他。這批由英勇士兵組成的綿長隊伍，人疲馬乏，由於曾經受到胡亂的指揮而感到無限羞愧，他們看到麥克萊倫時都脫隊衝上前去，幾乎要將他們恢復原職的指揮官從馬鞍上拖下來。士兵們擁抱及親吻他的戰馬大腿。麥克萊倫精神為之一振，恢復部隊的秩序之後，帶著他們轉頭迎敵。

　　羅伯特・李於邦聯部隊在第二次馬納沙斯戰役獲勝之後，做了原本在之前第一次馬納沙斯戰役勝利之後就應該做的事：他入侵馬里蘭，想給這個州一個投靠過來的機會，如果它仍舊有意願或可以的話。羅伯特・李總是在尋求能夠單獨拯救邦聯的最後決戰，遂由利斯堡（Leesburg）向北行軍，渡過波多馬克河，到達與巴爾的摩平行的菲德里堡附近地區；他知道他永遠都拿不下華盛頓，但是在曠地野戰，他還是可以贏得戰利品。聯邦的三支駐守部隊佔據了申南多河流域的馬廷斯堡（Martinsburg）、溫徹斯特與哈潑渡口；哈潑渡口有一個屬於合眾國的大型補給倉庫，而這三個地方共有超過一萬五千名的士兵。哈勒克拒絕將他們及時撤走，所以他們也就成了羅伯特・李最有價值的攻擊目標。羅伯特・李的計畫是奪取兩個較小駐守部隊撤退過去的哈潑渡口，因此他從菲德里堡向西行軍，通過所謂南方山脈的群山，派遣傑克森繞過馬廷斯堡進行包抄，並在九月十三日四面包圍哈潑渡口。

　　華盛頓的政客們在驚慌的時刻都緊抓著麥克萊倫，不過他們並無意與他共存亡。而麥克萊倫原來只是奉命捍衛華盛頓四周的工事，不過依照他自己的責任感，或者如他後來所稱，「脖子上套著絞繩」，他後來還是指揮著舊部屬，離開了「華盛頓的防衛工事」，出發追擊在人數上佔下風的羅伯特・李。麥克萊倫對這段插曲的敘述引起相當爭議，因為事實上林肯與他討論過揮軍進入馬里蘭的事，林肯口頭上給予他調動「野戰部隊」以及首都附近部隊的指揮權。後來麥克萊倫的政治偏見很可能扭曲了他對事實的記憶，他有理由感到痛心，因為那些身居高位而批評他的人一直都在責難他，在這個重大的時刻，他們對於這位戰場上指揮官的態度的確很

不禮貌。

　　麥克萊倫希望拯救哈潑渡口，以幾乎九萬人，包括此刻還沒有任何折損的兩個軍的精兵，開始追趕羅伯特‧李。有一位北方士兵恰巧撿到包在一張紙裡面的三支雪茄，它事實上是羅伯特‧李極機密的命令。麥克萊倫於十三日獲悉羅伯特‧李將手下部隊分成幾批，其中大部分正在對哈潑渡口進行包圍；他因此滿懷自信地前去攻擊羅伯特‧李。現在一切變成時間的競賽，羅伯特‧李在南方山脈隘口被擊敗之前，傑克森能不能及時與沃爾納將軍（General Walner）、麥克勞將軍（General McLaws）聯手奪下哈潑渡口呢？

　　麥克萊倫浪費了許多珍貴時刻。但是想想，支持他的部長們面對這種狀況只會嚇得目瞪口呆、語無倫次，而他的政敵們都希望找到機會將他扳倒，那麼他的行事比平日加倍謹慎也就不足爲奇了。十四日羅伯特‧李已經被北方的壓倒性兵力從南方山脈的兩個峽谷所擊退；他現在必須做出重大決定。一開始他想聚集戰利品與勝利的桂冠，重新渡過波多馬克河而進入維吉尼亞，但是後來他感到只有勝利才能滿足他，便下定決心在安泰屯溪（the Antietam）後方的波多馬克河背水一戰，並且相信傑克森會在同時奪下哈潑渡口，及時重新與他會師。

　　哈潑渡口於十五日早晨投降。傑克森的軍官清點下，共計擄獲七十三門大砲，一萬三千支步槍，與一萬二千五百名俘虜；他自己則從下午到晚上特地行軍去與羅伯特‧李會合，而羅伯特‧李正率領兩萬人抵抗迫近的麥克萊倫大軍。卓越的麥克萊倫將軍無法使自己擺脫華盛頓政客擾人的夢魘。如果他像羅伯特‧李一樣是位了不起的戰士或者有膽識，他就會投注全力打贏這一仗；但是麥克萊倫無法對他背後怯懦且仇視他的政治勢力釋懷。爲了要確定不會冒無謂的風險，他失掉了一天的先機，因此最後未能贏得這一役。

　　麥克萊倫一直到十七日才進行攻擊。這個時候傑克森早已抵達，位於羅伯特‧李的左側陣地，而邦聯其餘的幾個師則已經掃蕩了哈潑渡口，正趕來此處迎戰。羅伯特‧李在波多馬克河背水一

戰，如果他被打敗的話，就幾乎無法從夏普斯堡（Sharpsburg）唯一一座橋逃脫。然而這場可怕的戰役是聯邦部隊指揮不善的極致。麥克萊倫策馬在戰線巡視之後，回到總部憑著「總指揮的主意」作戰：意即他把部署做好，然後任憑戰役自行發展；而傑克森與士兵屹立於戰線上，羅伯特・李騎馬在戰場四處督陣，控制著這場風暴，就像馬爾博羅、腓德烈大帝、拿破崙等人一樣。邦聯的左翼由傑克森指揮，實際上它已經被打垮，但是卻消滅了兩倍的敵人，也就是聯邦的整整兩個軍。現在戰鬥形成了僵局，直到羅伯特・李受到緊迫的右翼與中軍對傑克森增援才展開新局；合眾國的中軍隨後零星地發動攻擊，他們的一個主力師被打得七零八落，半數士兵戰死沙場。伯恩塞德將軍原本要帶著合眾國部隊左翼渡過安泰屯河，並且切斷羅伯特・李的撤退路線，如果不是羅伯特・李的最後一個師由希爾（A. P. Hill）率領從哈潑渡口趕到的話，伯恩塞德可能會成功；希爾從意想不到的方向攻打攻擊者的右翼，結束了這場威脅。夜幕低垂，在這場拉鋸戰中，聯邦部隊損失一萬三千人，是他們迎戰部隊總人數的四分之一，佔他們在戰場上所有部隊的六分之一；邦聯喪失了九千人，大約是他們部隊總數的四分之一。

　　黑夜降臨，羅伯特・李與他的部將商議，將領們全都勸他立即渡過波多馬克河撤退，甚至不可能被人擊敗的傑克森也認為這是良策。但是羅伯特・李仍然希望進行決戰，他在聽過眾將領的意見之後，還是宣布下定決心堅守他的立場，因此受到折損的邦聯部隊面對著晨光，迎戰似乎將要打敗他們的敵方浩大陣勢。不過麥克萊倫已經受夠了，他按兵不動，在他會遭遇任何譴責之前，他背後的差勁陸軍部必須先扛起譴責。十八日並沒有戰鬥。羅伯特・李嚴格命令傑克森採取攻勢，但是傑克森與砲兵指揮官一起親自偵察之後，宣稱目前不宜如此；羅伯特・李接受了這個精明的判斷，而他對馬里蘭的第一次入侵至此便告結束。

　　戰爭從來就沒有像一八六二年的軍事行動那樣，在決定性的時刻，精神與體力都進行著猛烈的拼鬥；戰役的數目與士兵奮不顧身

浴血拼戰的特色，遠遠超過拿破崙大展身手的任何陣仗。從七月一日羅伯特‧李奉命指揮開始，北維吉尼亞軍團在這幾個月中打了七場惡戰——七日戰役、塞達山戰役、第二次馬納沙斯戰役、南方山脈戰役、哈潑渡口戰役、安泰屯河戰役以及後來的菲德里堡戰役。羅伯特‧李的部隊往往不及其對手軍力的四分之三，有幾次還只有敵人的半數。勇敢的北方部隊的確受到可悲政治的阻礙；但在另一方面，邦聯部隊的武器、彈藥、食物、裝備、衣服與靴子都很短缺，甚至據說還可以由邦聯未穿鞋子士兵的沾血足跡來追蹤他們的行軍路線。北維吉尼亞軍團「以利刃力保邦聯」，並且做出史無前例的奮鬥。

＊　　　　＊　　　　＊　　　　＊　　　　＊

　　林肯當然希望大勝；麥克萊倫在安泰屯河戰役雖然呈給他很重要的捷報，但是最後還是未竟全功。林肯總統對於合眾國大業的信念從來沒有因為失望而感到懷疑或悲觀，只是他為此焦急，導致在盤詰指揮官時，仍然像是一位正在進行訴訟的律師。雖然將領們對此事都覺得不是滋味，但林肯在部隊中的名望很高，他們都信任他，而他們也都並不知道他在華盛頓所承受的無情政治壓力；不過，他們意識到他天生果斷與寬厚的性格，而他在白宮工作也必須深深依賴這些特質。在林肯的辦公室中，政客、報紙編輯與其他有影響力的人川流不息，他們大多數都在叫囂著，要求趕快得到勝利，對於戰爭的兇險則毫無概念。他們當中許多人都懷著自己擬定的計畫，私底下敦促總統採納；許多人也各自有他們所讚賞的將領，並且向林肯推薦這些將領。林肯耐心地對待所有的訪客，他質樸的性情對此很有幫助，而且挖苦他們一下，也有助於減輕他的負擔；在緊張的時候，不露感情的幽默笑話可以讓他暫時放輕鬆。同時，林肯也深信上帝在精神上支持著他，當戰爭中喪鐘急劇地響起，各項計畫都出了差錯之際，他便在內心向上帝祈求力量。他的確獲得了力量。站在權力的頂點，有時必須要忍受不忠同僚的陰謀，在其他人驚慌時保持冷靜，並且抗拒民眾因為受到誤導而做出

的抗議。林肯做過這些事，也遭遇了麻煩。林肯鍾愛的一位兒子在白宮去世；而林肯夫人雖然深愛她的丈夫，但她的個性浮華而且有時干預政治，難免會引起不堪的評論。戰爭仍在繼續進行，林肯愈來愈憔悴、臉頰的皺紋愈深、雙眉緊鎖，但是他的表情卻一直很堅毅。

安泰屯河戰役與羅伯特‧李率軍撤入維吉尼亞，給予林肯總統一個採取重大行動的機會。他宣布解放所有叛亂各州內的所有奴隸。羅伯特‧李精神奕奕、堅定果斷的作戰行動，以及其中一連串的勝利或者不分勝負的戰鬥，在法蘭西與英國政界產生的印象，使得華盛頓內閣害怕英法出面斡旋仲裁，同時也擔心如果摒棄調停，那麼英法兩國便會承認邦聯。北方因為遭到形同災難的損失，以及感到將領指揮統御不及對方，不免顯得沮喪；徵兵人數下降，逃兵多如牛毛；許多人敦促講和，而其他人則質問如果要維持奴隸制度，合眾國值不值得捲入這場殺戮。林肯提出最後的挑戰，他將戰爭提升到振興道德的標準，希望能夠爭取英國輿論支持合眾國，以及激起同胞新的熱忱。

林肯曾經謹慎考量過這個行動。自戰爭開始以來，激進派便一直在施壓要求全面廢奴，但林肯懷疑，激進派的動作會對邊境仍舊忠心不移的蓄奴州產生影響；他堅持戰爭的唯一目的是要維護合眾國。林肯寫信給《紐約論壇報》的發行人賀勒斯‧葛萊利（Horace Greeley）[1] 說：「與南方征戰，最重要的目的是要拯救合眾國，不是拯救、也不是摧毀奴隸制度。……我對於奴隸制度與有色人種所做的一切，全是因為這麼做有助於拯救合眾國；我所避免的一切，是因為我不相信它們會有助於拯救合眾國。」同時，他也正在沈思發表解放黑奴宣言（Proclamation）的時機，以及在憲法上阻撓這一步的各種障礙。林肯相信他沒有權力干預北方各蓄奴州的奴隸制度，他覺得藉著身為陸軍暨海軍總指揮官之名而發表的宣言，僅只把它當作軍事措施，那麼在法律上才會有效；而這種做法企圖要剝奪邦聯的力量來源。一八六三年一月一日解放黑奴宣言發表而

且生效之後，它只對叛亂的各州實施；合眾國其他州內的奴隸制度一直要到一八六五年十二月通過「第十三條修正案」之後才告廢除。解放黑奴宣言只有隨著聯邦部隊在南方的挺進而生效，但也沒有如林肯所預期的達到更大的結果。英國人不瞭解他爲何不直接宣布徹底廢除奴隸制度，他的政治運作啓人疑竇。在美國，戰爭走到這裡已經難以和解，南方除了被降服之外便別無他途；但北方的民主黨完全反對解放黑奴法令（Emancipation Edict），它在聯邦部隊中也同樣不受歡迎，而可望成爲民主黨總統候選人的麥克萊倫將軍在兩個月前也致函林肯，對這樣的行動提出鄭重的警告。共和黨人在一八六二年秋天的國會選舉中失利，因爲許多北方人都認爲林肯總統做得太過分，而其他人則認爲他做得還不夠。有時候偉大的、明智的、深思熟慮的行動，起初都不被公眾所瞭解。

　　華盛頓政府與將領們的關係依然可悲。麥克萊倫將軍公正地宣稱在馬納沙斯戰役之後，他爲政府效力甚鉅；他重振陸軍，率領它上戰場，並且掃平了馬里蘭的南軍，政府的人也全都知道，他拯救了首都。事實上麥克萊倫做的事還不止於此。英國的帕默斯頓（Palmerston）爵士原來決定要在那個夏天進行調停，但是安泰屯河戰役的消息使他裹足不前；這件事會促使歐洲強權承認邦聯而給北方帶來危險，但是合眾國並沒有立即弄清楚這種情況。帕默斯頓政府中的財政大臣格拉史東在秋天於紐塞發表演說，這場演說激怒了北方人。格拉史東說：「我們十分清楚，北方各州的人民還不曾飲用過這杯中的苦酒──他們仍然正在設法將杯子拿著而不沾到嘴唇──不過世人都認爲他們一定得喝下去。我們可能有自己關於奴隸制度的意見，我們或許支持或反對南方，但是毫無疑問，傑弗遜·戴維斯與南方其他的領袖已經建立陸軍；看起來他們也正在建立海軍；而他們已經建立比這兩者都還重要的東西，他們已經建立了一個國家。」此時，格拉史東並未獲悉帕默斯頓已經改變心意。

　　同時，政客們與波多馬克河畔的總指揮麥克萊倫都各自懷著恨意，相互蔑視。黨派政治的爭鬥，讓軍事上的歧見更加惡化。林肯

總統希望立即奮起進攻；麥克萊倫像平常一樣，誇大邦聯部隊的人數眾多，而強調己方慘痛的損失，因為他知道目前的政府急於在他的背後捅上一刀，因此他決定不再為政府冒任何非軍事的風險。在這次戰役的五個星期之後，麥克萊倫才開始緩慢地渡過波多馬克河，從哈潑渡口朝瓦倫頓（Warrenton）前進。

羅伯特・李輕鬆地撤往申南多河流域的上游地區。他派遣「傑布」（Jeb）斯圖亞特於十月中旬第二次策馬，驚險地繞過麥克萊倫的部隊，騷擾聯邦的交通線與獲得許多很有價值的情報。羅伯特・李毫不遲疑地在麥克萊倫大軍的面前將自己的部隊分成幾批：他將傑克森留在此流域，而讓華盛頓提心吊膽；他自己與朗斯特里特則將士兵安頓在庫爾佩珀縣政府所在地附近，如果受到敵方的壓力，他可以隨時退到哥敦士維，他判斷傑克森可以及時趕往那裡與他會師。不過，麥克萊倫終於準備出擊，他計畫在傑克森回師之前，先以壓倒性兵力攻打羅伯特・李的部隊；但是就在這個時刻，麥克萊倫卻被林肯總統在背後施予一擊。一八六二年十一月七日晚上，麥克萊倫奉命將指揮權交給伯恩塞德將軍，同時他最有能耐的部下波特也被逮捕。政府在危急存亡之秋曾經利用過這些人，而他們現在覺得強大到可以把這些人擊倒。麥克萊倫將軍反對廢奴，也從來沒有改變過看法，因此共和黨中佔主導地位的激進派便出招要他濺血。他們深信麥克萊倫將永遠不會去爭取徹底的勝利，他們以為他同情南方與渴望談和；他們也害怕這位將軍有潛力，可能會成為民主黨總統的候選人。林肯順從共和黨激進派的勸說，認為麥克萊倫已經成為政府的包袱，他長久以來都支持這位指揮官對抗政客們的種種抨擊與蜚語流言，現在他覺得必須讓步了；讓步歸讓步，但麥克萊倫並沒有怨恨之情，因為林肯的心胸並不惡毒。

當麥克萊倫被革職的新聞傳開之後，合眾國的軍隊幾乎生變，麥克萊倫的行事則中規中矩，使用他全部的影響力去扶植繼任者，而他再也沒有受到任用。羅伯特・李在戰後告訴他最年幼的兒子，麥克萊倫是他的最佳敵人；不過麥克萊倫已經不再指揮作戰。任何

人都了解麥克萊倫在戰事上的缺陷，但是他在與羅伯特‧李以及傑克森的交鋒中不斷地汲取經驗。解除麥克萊倫的職務對合眾國的軍隊是一件錯誤的決定，因爲他們從來沒有喜愛過其他任何一位主將。在另一方面，有場波濤洶湧的政治鬥爭還在等著麥克萊倫，在這場鬥爭中，唯一重要的優勢還站在對方那邊。波特將軍曾經在馬里蘭軍事行動中建功，卻因爲在第二次馬納沙斯戰役中的行動受到軍法審判、定罪，革除了他在合眾國的軍職；在經過許多年以後，這項不公平的審判才得以平反，結果下令開庭重審，波特很體面地獲得了無罪開釋。

在這場曠日費時的戰爭中，林肯總統好幾次要求開戰，並且做正面攻擊；他一心一意要「進軍里奇蒙」，現在他終於找到伯恩塞德這位要直搗黃龍的將軍。伯恩塞德很有魅力，但卻是一位徹底差勁的將領，他眞的最不願意掌握指揮權。他在掌權的那一日起便奉行他簡單的計畫，在地圖上選擇通往里奇蒙最短的路線，將他的部隊集中在這條路線上的拉帕諾罕河渡口的菲德里堡。

他花了兩星期盡可能妥善地做好準備。同時，羅伯特‧李把傑克森與其他增援部隊調來。迄今羅伯特‧李都是在開闊的戰場作戰，甚至在安泰屯河戰役中力抗敵方優勢的大軍時，他也不曾動用鐵鏟掘壕固守；他現在好好應用等於是賜給他的這兩個星期，以當時所知道的各種設計加強他在菲德里堡上方的工事。胸牆都建好了，牆外以圓木與石頭做爲防護，上面都覆蓋著實土；幾乎有一百五十門大砲都安置就緒；散兵塹壕四布，在防線背後的灌木林中開闢出幾條東西走向的便道。十二月十一日，伯恩塞德佔領了菲德里堡，帶著大部分部隊渡過了拉帕罕諾河，並且部署備戰；他有十一萬八千名士兵對抗羅伯特‧李的八萬名士兵。十三日伯恩塞德發動攻擊，起初他零星地攻擊邦聯部隊的左翼與右翼，然後攻擊邦聯的中軍；北方士兵都奮不顧身，一旅又一旅，一師繼一師，在熾烈的砲火下向山坡上衝鋒。黃昏降臨時，合眾國部隊退卻，損失了將近一萬三千人；而邦聯部隊大部分由傑克森指揮，死傷不到六千人。

伯恩塞德現在只想爲國損軀，希望次日再戰。他受到前線將領與華盛頓政治圈普遍意見的抑制，不久之後他的指揮權就由部下約瑟夫·胡克將軍（General Joseph Hooker）所取代。

　　羅伯特·李根本不想在菲德里堡戰鬥，聯邦部隊十分靠近這個堡在阿奎亞溪的海上基地，以致於南軍不可能做任何反擊。羅伯特·李勸戴維斯總統讓他在三十英里後方的北安娜河（North Anna River）畔迎戰伯恩塞德，他在那裡可以動用傑克森與斯圖亞特，對受挫敵方部隊的交通線進行可怕的報復。但儘管戴維斯與邦聯將領們的關係密切，他卻無所不用其極的妨礙他的擁護者，因此令羅伯特·李綁手綁腳地採取守勢，結果菲德里堡使敵人亡魂喪膽的這一擊，並沒有產生持久的效果。如果南北兩位總統讓麥克萊倫與羅伯特·李就他們自己認爲最好的方式，自行爭奪分出一個高下，可能還會是同樣的結局；但是戰局比較不會亂成一團，時間會大爲縮短，浴血的情形也會比較少。

＊　　　＊　　　＊　　　＊　　　＊

　　一直到一八六二年年底之前，西部都沒有發生過任何具有決定性的戰鬥。到了十一月，約瑟夫·約翰斯頓將軍已經從七棵松戰役的傷勢中復原，他被任命爲這個戰區邦聯部隊的主要指揮官，但是他對於手下各自不同的部隊只擁有部分的威權。在田納西，率領莫夫里斯波洛（Murfreesboro）鄰近地區四萬四千人馬的布雷格將軍，與率領聯邦四萬七千人馬的威廉·羅斯克藍斯將軍（General William S. Rosecrans）對峙。彭伯頓將軍（General J. C. Pemberton）指揮密西西比軍區，有一支大約三萬人的野戰軍，另外在維克斯堡與哈德森港（Port Hudson）也都有駐守部隊。最後在西部更遙遠的阿肯色，邦聯的霍姆斯將軍（General Holmes）率領在這個州召募的五萬名士兵在小岩城（Little Rock）附近紮營；那裡現在還未出現與之對抗的聯邦部隊。當格蘭特準備入侵密西西比，攻擊維克斯堡的情勢變得明顯時，約翰斯頓便力促阿肯色部隊渡過密西西比河與彭伯頓會師，這樣做會保住邦聯的優勢。

但是傑弗遜·戴維斯否決了這個確有必要的措施，因為他知道下令阿肯色部隊到密西西比東岸去效命，會引起整個西部各州的強烈敵意。這樣的反對力量無疑是相當大的，但是另一種選擇更會造成災難；於是戴維斯總統轉而堅持布雷格應該從查特諾加派遣一萬人去加強彭伯頓捍衛維克斯堡的兵力。事情就這樣子定案，遵總統之命而行。

十二月初，格蘭特企圖重新攻打維克斯堡，派遣薛爾曼將軍由曼菲斯率領大約一萬人，加上海軍將領波特的艦隊，進入雅支河（the Yazoo River），佔領維克斯堡北邊的高地。十二月二十九日，薛爾曼攻打邦聯在契卡索絕壁（Chickasaw Bluff）所設立的防禦。但不到一個鐘頭，他們便灰頭土臉地被敵人擊退，損失了幾乎兩千名士卒，而邦聯部隊僅僅損失一百五十人。薛爾曼為了洩忿，便率軍溯阿肯色河而上，在阿肯色當地擄獲了邦聯駐守部隊五千人。在這一年的最後一天，布雷格在田納西的部隊受到削弱，在莫夫里斯波洛引起苦戰，交戰雙方都表現得無比勇敢。羅斯克藍斯率領的聯邦部隊死傷超過九千人，而且差不多有四千人被俘，二十八門大砲被敵方擄獲；但是布雷格為此也付出了一萬多人的代價。聯邦部隊佔據了田納西與其首府納許維爾，屹立不動，布雷格將他失望的部隊撤到掩護查特諾加的冬營裡過冬。

南北雙方各州的部隊仍然互相對抗，不分勝負。雖然合眾國的海軍宣稱在必要時能通過邦聯的砲陣，但密西西比河水道仍然阻礙著聯邦的運輸船艦與人馬。莫夫里斯波洛的戰役形成拉鋸戰，而契卡索絕壁戰役無異是由邦聯部隊把關成功。然而現在雙方均衡的態勢，即將有著深遠的改變。

【1】　譯注：Horace Greeley（1811-1872），創辦《紐約論壇報》，提倡教育改革，反對奴隸制度，在內戰中反對林肯繼任總統。

第十三章　昌瑟勒維爾與蓋茨堡

　　一八六三年的春天，波多馬克河軍團與北維吉尼亞軍團仍然隔著拉帕罕諾河互相對峙。綽號「戰鬥老喬」（the Fighting Joe）的胡克因爲在安泰屯河戰役中擔任總指揮而聲譽卓著。他曾經密謀對付他的長官，而現在已經是資深將領；他目前的晉升得歸功於林肯，因爲林肯知道他英勇善戰，也希望他也是一位表現良好的軍事指揮。要恢復麥克萊倫的原職，在政壇上顯然行不通，而且會削弱總統的威權。一月底的時候胡克受到任命，他發現自己身處在聯邦軍隊裡實在相當難堪，而這是他在就任以前的不滿所醞釀而成的局面。三千名以上的軍官與八千名士兵不是棄職逃走，便是請假或不告而別，所以像菲德里堡那樣的攻擊實在難以支撐。直到四月部隊才完成重整，增援部隊陸續湧入，離隊官兵也在家中度過了耶誕節而回到隊上。胡克現在率領休息之後鬥志恢復、裝備精良、組成六個軍的十三萬名士兵；除此之外，他還建立了個足足有一萬之眾的騎兵軍，而他宣稱自己覺得像是帶領著「這個行星上最優秀的軍隊」。

　　羅伯特・李知道北軍攻勢必定會來，他在迎戰的時候卻嚴重地受到戴維斯總統採取守勢之策，以及邦聯部隊把士兵分批守衛許多地方之苦。戰爭持續的壓力，使得他非得防禦南卡羅萊納州重要的威明頓港與查理斯敦港不可，只有偷偷越過封鎖線的船才能進入。在戴維斯總統的眼中，這兩個港口，還有它們與里奇蒙之間的鐵路線都已經遭受聯邦部隊的威脅；聯邦部隊於一八六二年三月在北卡羅萊納州的新伯恩登陸，他們已經挺進到詹姆斯河河口薩福克，距離里奇蒙僅只七十五英里之處。這部分由於在地理上靠近海岸，已經由地方部隊先行應付。但是羅伯特・李心裡也知道拉帕諾克河附近的部隊供應補給十分困難，所以先派了第一師，然後再派第二師與第三師，全部由朗斯特里特指揮去應付敵軍。這是羅伯特・李犯的一項錯誤。朗斯特里特常常爭取獨當一面的指揮權，但此時卻進

行了不必要的行動，去圍攻蘇福克。因此羅伯特・李原先的九個師減少了三個師，他的四個騎兵旅有兩旅在詹姆斯河南岸籌集糧食；他的步兵不到敵方的一半，騎兵也只有四分之一，因此他只好放棄了從申南多河流域向賓夕凡尼亞發動早就存在於他心中的攻勢，而靜待情勢的發展。

胡克的兵強馬壯，使他能兵分兩路。他的計畫是首先提前兩個星期派遣騎兵隊取道拉帕諾河的上游淺灘而繞過羅伯特・李的左翼，然後以三個軍攻打羅伯特・李的左翼，同時另外兩個軍由約翰・塞奇威克將軍（General John Sedgwick）率領，在羅伯特・李右翼軍隊駐地以南的菲德里堡渡過拉帕諾克河。甚至在那個時候，胡克還有一個軍當作預備隊，他期盼羅伯特・李會被逼著放棄防線並且退卻，在這種情形下他就會尾隨著羅伯特・李，一路窮追而直搗里奇蒙。四月中旬這些行動都展開了。在二流指揮官喬治・斯通曼將軍（General George Stoneman）率領下的聯邦騎兵軍隊被洪水攔延，結果與主力的右隊同時渡過拉帕諾克河上游。

起初胡克一切都很順利。他的三個軍大約足足有七萬人渡過了拉帕諾克河，並且在四月三十日的早上渡過了它的支流拉匹丹河；他們向東行軍，攻佔了羅伯特・李所建立的側翼與後方加強工事的防線。在拉帕諾克河防守合眾國淺灘（United States Ford）的邦聯部隊不得不往後退，聯邦預備隊的一個軍，不損一兵一卒過了河。到了三十日晚上，九萬人的聯邦部隊全數集結在所有這些防線背後的昌瑟勒維爾（Chancellorville）或附近，聯邦的騎兵隊陣容龐大，以排山倒海之勢朝著羅伯特・李大軍後方五十五英里處的維吉尼亞中央鐵路（Virginia Central Railway）移動。這條鐵路是羅伯特・李的主要補給線，聯邦騎兵的任務不但要切斷它，而且還要破壞它。同時塞奇威克指揮菲德里堡對面的兩個軍，渡過了拉帕諾克河並且都部署妥當，準備要攻擊傑克森的三個師；這三個師則由朱巴爾・厄爾利將軍（General Jubal A. Early）指揮，守衛著前一仗的舊戰壕。

　　羅伯特‧李因此受到兩支大軍的鉗形攻擊，這兩支大軍各自都能夠與他打一場大戰，而此時羅伯特‧李的後部也受到騷擾，交通線受到襲擊。聯邦軍隊中任何一軍的挺進，都會使羅伯特‧李守不住陣地，他們在任何單獨一戰中會師或者是同時行動，都一定會打垮他。三十日的晚上，再也無法想像地圖上有任何事物會比他的陣地看起來更沒有希望，但也就是由於這個境遇，隨後的戰役才由普通的軍事層次提高到進入史冊的層次。

　　羅伯特‧李這位偉大的指揮官與他信任的副手在這種勢如倒海的包圍中仍蹲著不動，並且滿懷信心；他的兩翼都受到彼此無法連繫的敵軍所圍攻，若是撤退就會失去主要陣地。羅伯特‧李自然而然地想要去擋住一路敵人，同時打擊另一路敵人。選擇那一路呢？傑克森想要撲向塞奇威克，將他驅入河中，但是羅伯特‧李知道只有擊敗合眾國主力才能挽回危險的局面。胡克親自指揮浩大的陣勢；而羅伯特‧李一知道胡克人在何處，馬上就留下一師的兵力延擱塞奇威克進軍，並且立刻行軍攻打胡克。同時「傑布」斯圖亞特在前線正面調動兵馬，抗抵斯通曼的騎兵，這招頗為奏效，雖然他的兵力以一對四而寡不敵眾，但都能夠協助羅伯特‧李一臂之力；聯邦騎兵將領斯通曼在這一役中則完全沒有任何表現。

＊　　　　＊　　　　＊　　　　＊　　　　＊

　　昌瑟勒維爾位於一個密林的邊緣，森林密布，灌木叢生，仍然算是荒野，在這區域只有開闢道路與小徑，部隊才可以行動。五月一日胡克聚集所有部隊，下令沿著特恩派克（Turnpike）大道與普蘭克（Plank）公路全面向東挺進。他的眾多騎兵正在破壞位於南邊三十英里遠，露意沙縣政府所在地（Louisa Court House）的維吉尼亞中央鐵路。胡克有三個通訊氣球與無數個信號站，甚至還有一台戰地電報機與塞奇威克保持連絡，但是晨霧在拉帕諾克河流域上方形成層層霧障，使得汽球與信號站上方都無法看到任何東西，戰地電報機也發生故障。胡克挺進到荒野的時候，遇到了大批敵軍，他們立刻遭到攻擊；這些敵人的成員都是「石壁」傑克森

這位將領大力調教的那個軍，所以現在這位部屬出身的「戰鬥老喬」擔任最高指揮官，不免有一種力不從心之感。胡克曾經期盼，他執行良好的戰略會逼得羅伯特・李撤退；現在他發現自己即將受到邦聯全軍的攻擊，他立刻掉頭，退到他之前謹慎地在昌瑟勒維爾前方準備好的、挖了塹壕的防線。五月一日的傍晚，挺進的邦聯部隊如潮湧一般從林地現身，衝向這個大軍防守的大型陣地之前。在這整段時間中，駐守在菲德里堡的塞奇威克都沒有接到電報傳來任何命令，同時厄爾利將軍勇敢地登上這塊已經染上合眾國士兵鮮血的高地，這讓塞奇威克茫然不解。雖然塞奇威克聽到槍砲開火的聲音，但是並未採取任何行動；他要如何知道朗斯特里特可能還沒到達戰場，說不定這樣做的確是唯一適當的方式呢？此刻黑夜已經降臨。

　　羅伯特・李與傑克森一起坐在營帳內，他們都知道只有一天時間；除非他們能夠在五月二日以二對一的兵力優勢擊敗胡克，否則他們的前軍與後軍都會受到敵人壓倒性的攻擊。正面攻擊敵人看來不可能，所以他們唯一的機會是將爲數不多的部隊分批，包抄胡克的右翼。他們爲此先行派兵探過了公路或小路，在深更半夜之時，傑克森的一位參謀官回報，發現一條用來拖運樹木與礦沙到鎔爐去鍛冶的偏僻道路；傑克森立刻提議率領他的整個軍沿著這條偏僻道路而行，羅伯特・李思索了一下子之後表示首肯。這意謂著傑克森將率領兩萬六千人馬去包抄胡克的右翼，同時羅伯特・李則率領一萬七千人迎戰八萬名士兵的聯邦部隊。

　　清晨四點鐘，傑克森開始行軍。這次行軍不能被敵方察覺，似乎是相當重要的。但是沒想到在八點鐘左右，駐紮在榛木林（Hazel Grove）的聯邦部隊發現敵人的長形縱隊正朝著他們寬廣陣線的右方前進。這項行蹤的曝露反而有助於邦聯部隊的調動。丹尼爾・西克勒斯將軍（General Daniel E. Sickles）所率領那個軍的兩個師在若干延擱之後開始挺進，想攻擊這些列隊行進的南軍，同時查明他們的目的何在。這兩師人馬與傑克森的後衛部隊接

觸，而後者在頑強的抵抗之後隱入森林；西克勒斯親自來到這兩個師之中，發現前面的敵人退卻了，便懷著希望追趕上去。西克勒斯認爲他已經將邦聯軍隊攔腰折斷，而實情的確如此；羅伯特·李與傑克森現在被陷在兩處，只有勝利才能使他們重新會師。如果胡克動用他的部隊攻擊羅伯特·李，那麼就會把他驅逐得距離傑克森更遠，而離塞奇威克更近。塞奇威克現在終於突破菲德里堡的高地，而且正帶著三萬人在八英里遠的地方，將厄爾利驅回到羅伯特·李的背後；然而胡克深信在自己的防禦工事中穩如泰山，由於戰略成功，因此按兵不動。但戰事的機會往往一縱即逝。傍晚六點鐘之後，傑克森抵達他行軍的終點，他不但繞到了胡克的側翼，而且已經到達他右翼那個軍的背後；他部署好防線，與四英里遠聯邦陸軍另一邊的羅伯特·李隔陣相望。聯邦部隊對突襲完全沒有防備，第十一軍的士兵還正在防禦工事的後面吃晚飯與玩牌，突然從他們背後的森林中閃出邦聯軍隊的陣勢；第十一軍整體兵力而言是以二敵一的優勢，但不到一個小時內便被此役中的劣勢敵軍打得潰不成軍。

　　黑夜正降臨大地，傑克森看到眼前有大好機會。他與距離通往合眾國淺灘的那條道路——胡克軍隊的唯一撤退路線——不到半英里，而在他與這條攸關生死的路線之間並無任何有組織的北軍在其中攔阻，因此他選擇一定要在這個夜晚將合眾國淺灘奪到手，並且死守到黎明；這麼做一定會摧毀聯邦的主力部隊。傑克森的軍隊一定得在次日打垮聯邦的主力部隊，否則就只好在荒野與聯邦主力部隊的砲火攻擊下挨餓受苦；傑克森了解這一點，便與一小批軍官策馬沿著普蘭克公路走到衝突線（skirmish line）去視察能夠如何利用地形。傑克森時常這樣冒著生命危險，而現在閻羅王要向他勾魂索魄了。傑克森騎馬回程時，以不顧自己的生命執行傑克森命令而引以爲豪的卡羅萊納士兵，在黑暗中誤以爲這一小隊人馬是敵人的騎兵，於是放了一排槍。三枚子彈打穿了傑克森的左臂與右肩，他從馬上墜下，經歷一陣疼痛的路程之後到達野戰醫院，由於失血

過多而相當虛弱，以致於無法集中思想。傑克森的參謀長原本要率領希爾的那個師抵達這個重要地點，卻也在這陣槍林彈雨中無謂地犧牲掉了。希爾在一出事之後立即接下指揮權，詢問他昏迷的長官，在得不到要領之後便匆匆衝上前去，卻也馬上中彈負傷。幾個小時之後才有人在騎兵隊找到斯圖亞特，帶他來到這裡。沒有任何人知道傑克森的計畫，而他現在已經沒有意識了。世界大事便是如此牽一髮而動全身。

　　斯圖亞特在夜裡打了很漂亮的一仗。五月三日，義憤填膺的邦聯部隊狂喊「爲傑克森復仇」，攻擊聯邦部隊的防線，將敵人擊退，並且奪下了榛木林。他們再度與羅伯特‧李會師，但是黑夜的攻擊機會一去不再復返。胡克現在在眾多人馬的掩護下，撤退到合眾國淺灘；他現在一心一意只想撤退，甚至沒有在前線牽制羅伯特‧李；他已經於五月二日失去鬥志，而五月三日的戰役中有枚砲彈擊中了他身旁的屋柱，使他震驚莫名，或許這一砲還算是對他手下留情。

　　羅伯特‧李現在轉頭攻擊塞奇威克，後者的陣地位在拉帕罕諾河的南岸，是個險地。塞奇威克在五月三日已經奮戰一整天，在五月四日繼續背水而戰，他手下兩萬名還能夠作戰的士卒，力敵羅伯特‧李所率領兩萬五千名以上的士兵。但是邦聯士兵都因爲征戰過久而筋疲力竭，所以塞奇威克雖然被打敗得潰不成軍，仍然設法由菲德里堡的浮橋逃脫；他不久後就在菲德里堡與總指揮胡克以及軍容鼎盛部隊的其餘士卒會合。這支大軍在九天之前似乎都胸有成竹，但是現在損兵折將，難堪地回到原來的出發地點；他們在人數上仍是他們敵手的兩倍，他們的十三萬人折損了一萬七千人，邦聯部隊六萬人則折損了一萬兩千五百人。

　　昌瑟勒維爾是羅伯特‧李與傑克森聯手出擊打得最精彩的一仗，他們兩人聯手，可說是無懈可擊。羅伯特‧李說：「他是一位前所未有的將才。他像指南針直指磁極，義無反顧地執行我所交付的任務。」有句話應該是傑克森說的，即「我矇著眼睛都會追隨李

將軍。」現在一切都過去了。羅伯特・李將光榮歸諸他被誤傷的袍澤。他寫道：「如果我可以轉移乾坤，應該由我爲了國家而代替你負傷成殘。」傑克森的病症拖了一個星期，他的手臂被切斷，接著罹患了肺炎。五月十日有人告訴他準備後事，他感到驚訝，但還是答應了。「非常好，非常好；一切都沒問題。」幾個小時之後，他安詳清楚地說：「讓我們渡河到樹叢下休息吧。」他的殉職對羅伯特・李與對南方的大業，都是一大打擊。

　　　　＊　　　　＊　　　　＊　　　　＊　　　　＊

　　然而在這幾個月當中，戰局似乎不利於合眾國，沮喪的浪潮席捲北方，聯邦部隊中的士兵逃亡極眾。徵兵，即所謂的「徵募」（draft），受到許多州的抗拒，許多部隊必須從前方撤回來維持治安。在紐約市的徵募暴動中有數百人喪生，所謂的「銅頭蛇」（Copperhead）派，也就是主和派的領袖克萊門特・瓦蘭迪加姆（Clement L. Vallandigham）在國會宣稱：「你們還沒有征服南方，而你們將永遠都做不到。你們花錢毫無節制，血流不止。⋯⋯戰敗、死亡、稅收與墳墓⋯⋯是你們唯一的戰利品。」印第安那與伊利諾的議會都揚言要承認邦聯。《芝加哥論壇報》（Chicago Tribune）的編輯，也是林肯總統好友麥迪爾（Medill）寫道：「每個人都感到戰爭正接近，帶來災難並且有失顏面的結局。失敗的民主制度與厭戰而想家的部隊，再也無法領到多少款項了。」此時的確是風聲鶴唳，前途黯淡。但是林肯並沒有感到灰心。

　　海上與大西洋對岸的問題也困擾著北方，並且使北方人感到焦慮。規模很小的邦聯海軍在墨西哥灣與大西洋沿岸地區都很活躍，而且戰績頗著。於英國所建造，供邦聯劫掠商船的武裝快船，在公海上使北方的船運損失慘重；武裝快船中最著名的「阿拉巴馬號」（Alabama）於一八六二年從英國的麥西河（Mersey）溜進公海。它使用假的船名航行，並且不理會美國外交使節在倫敦提出的抗議；它持續在海上揚威十一個月之後，被聯邦的一艘巡洋艦在英吉利海峽困住，於是它在瑟堡（Cherbourg）英勇地奮戰一場；許多

法蘭西的畫家都目擊到這一幕，其中馬奈（Manet）描繪此一戰鬥場面的名作流傳世間。「阿拉巴馬號」砲火不敵對方，終於被擊沈，而聯邦政府對英國大施壓力，要求對南方武裝快船所造成的損失做出賠償。談判冗長，爭議很多而沒有結果，直到戰爭結束六年之後，格拉史東主政時才同意支付給合眾國一千五百萬美元做爲賠償。

　　一八六三年的春夏兩季，因爲曾經製造「阿拉巴馬號」的英國造船廠正在爲邦聯建造兩艘鐵甲戰艦，華盛頓日漸焦急。這些戰艦裝有九英寸口徑的有膛砲與難以對付的水底裝甲撞角，兼具「梅里馬克號」與「監視者號」的攻擊優點；這些戰艦都依照它們的建造者而得名，稱做萊爾德撞角軍艦（Laird ram）。美國外交使節一再地要求外交大臣約翰·羅素爵士不得讓萊爾德撞甲軍艦像「阿拉巴馬號」那樣子遁往公海。羅素終於明白，由中立國建造這樣的船艦會樹立很壞的先例，而在未來戰爭中可能對英國不利；因此他在九月下令將它們扣押，結束了英國與美國之間的最後一次戰時外交危機。

　　　　　＊　　　　　＊　　　　　＊　　　　　＊　　　　　＊

　　在戰場上羅伯特·李現在掌握主動，決定完成他入侵賓夕凡尼亞的長久計畫。但是密西西比河畔的維克斯堡已經陷入悲慘的困境，除非約瑟夫·約翰斯頓能獲得大批援軍，否則它的陷落迫在眉睫。於是有人提議在維吉尼亞採取守勢，由羅伯特·李親自率領朗斯特里特的兩個師到密西西比河畔增援，而其他的部隊則派到田納西中部去擊敗納許維爾以南，由羅斯克蘭斯率領的其他掩護部隊，威脅商業城市路易斯維爾（Louisville）與辛辛那提（Cincinati），或許還能夠逼迫格蘭特放棄他對維克斯堡的軍事攻勢。不過羅伯特·李卻率直地拒絕帶軍前往增援；他斷然地在軍事會議上提出意見，認爲必須冒著丟掉密西西比或維吉尼亞的危險。羅伯特·李的意見最後佔了上風，而在昌瑟勒維爾戰役三個星期之後的五月二十六日，入侵賓夕凡尼亞的事獲得批准。北維吉尼亞軍團重新改編成三

個軍，各軍下轄三個師，分別由朗斯特里特、理查・尤厄爾（Richard S. Ewell），以及希爾等三人指揮。羅伯特・李在一八六三年的目標像前一年一樣，要逼迫波多馬克河軍團在兵敗就等於殲滅的條件下作戰，他認為這個作法是贏得南方獨立的唯一希望。

這個行動於六月三日開始。朗斯特里特把他的軍隊集中在庫爾佩珀，在他的後方，其他的兩個軍進入申南多河流域，直接朝波多馬克河進軍。朗斯特里特的前鋒與側翼同時在斯圖亞特的騎兵掩護下向藍嶺（Blue Ridge）的東麓移動，在其他兩個軍之後進入申南多河流域，通過了北方的「峽谷」（Gaps）。在這場行動展開之前，雙方於六月六日在布蘭迪車站（Brandy Station）有一場騎兵會戰，但結果不分勝負。聯邦騎兵在他們的新指揮阿爾弗烈德・普萊曾頓（Alfred Pleasanton）率領之下恢復了士氣。

起初的軍事攻勢對羅伯特・李而言很順利，尤厄爾於六月十日離開庫爾佩珀前往波多馬克河流域，以媲美「石壁」傑克森的速度行軍，將溫徹斯特與馬廷斯堡的聯邦駐守部隊都趕走了，並俘獲敵方四千名士兵與二十八門大砲，再於六月十五日渡過波多馬克河。尤厄爾將他的一個軍駐紮在哈格鎮（Hagerstown），並且等了一個星期，直到殿後的軍隊準備渡河；他的騎兵旅向賓夕凡尼亞境內的錢伯斯堡（Chambersburg）推進，去收集並且傳送後勤補給。六月二十二日尤厄爾奉命再往前挺進，進入賓夕凡尼亞，而且如果「可能的話」，便奪下華盛頓以北一百英里處的哈立斯堡（Harrisburg）。

六月二十七日尤厄爾抵達卡萊爾（Carlisle），次日他的前哨距離哈立斯堡不到四英里；其他兩個軍則在錢伯斯堡。羅伯特・李一直循著坎伯蘭河流域行軍前進，右翼由南方山脈掩護，而他對胡克的行動一無所知。他採納了斯圖亞特穿過群山出擊，並且與尤厄爾在賓夕凡尼亞會師的計畫。斯圖亞特於六月二十五日出發，他相信胡克仍在山脈東麓紮營，因此希望能馳騁穿過胡克的營區，渡過利斯堡附近的波多馬克河。斯圖亞特必須第三度繞過聯邦部隊的背

後，在距華盛頓不到二十英里處渡過波多馬克河；但他未能聯繫上尤厄爾所率領右翼的一個師，只在七月二日下午與羅伯特‧李以及筋疲力竭的人馬重新會合。整整一星期羅伯特‧李等於讓他的部隊被剝奪了「耳目」，而其間情勢已經有很大的變化。

羅伯特‧李一開始向北移動，胡克便提議向里奇蒙進軍。但是林肯不准他這麼做，同時還指出並非里奇蒙，而只有羅伯特‧李的部隊才是他攻擊的適當目標。林肯這樣的決定正是羅伯特‧李所希望的。胡克渡過了波多馬克河之後，就將總部設在腓德烈（Frederick）附近，在那裡掩護華盛頓並且威脅羅伯特‧李的交通線。在昌瑟勒維爾戰役之後，哈勒克與史坦頓便同意胡克不得在下一場戰役中指揮部隊，所以胡克將軍無法動用哈潑渡口的衛戍部隊，胡克因此遞上辭呈，結果當局立刻照准而讓他辭職。六月二十八日清晨，已被任命擔任總指揮的原來第五軍指揮官米德將軍（General G. Meade）決定全軍強行北上，移師前往蘇斯奎哈納河（the Susquehanna）防止羅伯特‧李率軍渡河，並同時保護巴爾的摩與華盛頓。米德是一位穩紮穩打、行事頑強的指揮官，與政治沒有任何瓜葛；他不會做出愚昧的行動，但同時也不會出現別具才華的表現。他認為羅伯特‧李會從蘇斯奎哈納河南下攻擊巴爾的摩，便準備在西敏寺（Westminster）以北十英里的派普溪（Pipe Creek）這條防線與他交鋒。

羅伯特‧李因為沒有接到斯圖亞特的報告，不禁感到十分困惑；不過因為他絕對信任斯圖亞特，便下結論認為胡克一定還在波多馬克河之南。六月二十八日這天他得知真相以後，便下令將部隊集中在靠近南方山脈東麓的卡什敦（Cashtown）。他不慌不忙，「行軍都顧到部隊的舒適」，在這次軍事行動開始的時候，他已經與朗斯特里特同意在戰略上採取攻勢，而在戰術上採取守勢；除非在有利的情況下，否則無意打上一仗。但是機會總是有它自己另外的一套規則。

六月三十日，希爾所率領的那個軍，有一旅從卡什敦挺進入八

英里到了蓋茨堡（Gettysburg），部分原因是爲了搜集軍鞋，部分原因是爲了偵察尤厄爾次日可能會移師通過的地方。結果他發現蓋茨堡剛被聯邦的某些騎兵佔領，邦聯的這個旅因此轉頭回去，而並未查明敵軍的實力。教名是拿破崙（Napolean B.）的聯邦騎兵指揮官布福德（Buford），似乎是兩軍之中第一位看出蓋茨堡是個四面八方十幾條路的匯聚地點，在戰略上有極爲重要價值的人；他將他的師移到這個鎮的西邊，在那裡發現溪流背後有個可以固守的陣地，他便請求第一軍的指揮官全速前來增援，第一軍先行出發，而第十一軍團也隨後前往助陣。

七月一日邦聯部隊與聯邦的精銳部隊開始惡戰，不久尤厄爾從東北方趕來，攻擊聯邦部隊的側翼，他驅逐第十一軍經由蓋茨堡而撤到其南方三英里處，名如其分的公墓嶺（Cemetery Ridge）高地尋求掩護。在這戰役的第一天有五萬人交戰，邦聯的四個師擊敗並且重創聯邦的兩個軍。現在羅伯特‧李與米德兩個人競賽，看誰能夠首先集中兵力；雖然他們兩人都不希望在此時此地決戰，但是他們都被拖入了這一系列內戰中規模最大、拼鬥最烈的一場戰役。羅伯特‧李如果不將米德的部隊打得一蹶不振，他自己與他的後勤補給就無法脫困；而米德同樣地認爲被陷在選擇錯誤的戰場而不能脫身。

羅伯特‧李希望展開第二天的戰鬥，由尤厄爾與希爾率兵攻擊公墓嶺，他把這裡視爲通往聯邦陣地的關鍵，這判斷可謂無誤；但兩位將領的反對使得他斷了這個念頭，而朗斯特里特到達之後，極力主張派遣部隊繞到米德的左翼，將羅伯特‧李的軍隊置於米德與華盛頓之間。在沒有斯圖亞特騎兵隊的支援下，這樣子的調動是相當鹵莽的，實在不容易看出羅伯特‧李如何能夠在這樣的處境中爲部隊供應後勤補給。羅伯特‧李最後正式命令朗斯特里特在黎明時攻擊聯邦部隊的左翼，而朗斯特里特完全不贊成羅伯特‧李指派給他的角色，一直拖到下午四點才展開行動；而他在等待另一個旅前來增援的同時，合眾國部隊已經有兩個軍前來助威了。羅伯特‧

李猜想聯邦左翼部隊位於恩麥茲堡（Emmetsburg）公路，希望朗斯特里特朝那條公路挺進，從左到右席捲聯邦部隊的左翼。但是此時聯邦的指揮官西克勒斯已經自做主張，佔領了一個前進陣地，因此他的側翼並非是聯邦防線的最尾端。朗斯特里特發現了這一點，儘管他知道羅伯特・李並不明白真正的狀況，但他仍頑固地一板一眼照他所接到的命令行事。在猛烈戰鬥幾小時之後，朗斯特里特只驅逐了西克勒斯回到米德那裡的主要防線而已；這一天希爾的大部分部隊並沒有參與戰役，而本來一聽到朗斯特里特的砲聲就要攻擊公墓嶺北端的尤厄爾，直到下午六點鐘的時候才開始行動。七月二日邦聯方面的攻擊根本沒有任何協調的跡象，雖然羅伯特・李的意願並沒有得逞，邦聯的攻擊也缺乏連繫，但是聯邦陸軍仍然損失慘重。米德在那天晚上召開作戰會議，他原先打算下令全軍撤退，幸好後來被人勸阻。

　　第三天的戰鬥開始了。羅伯特・李仍然希望勝利，因此他決定發動一萬五千人，以一百二十八門大砲支援，攻擊米德中軍的左方，也就是前一天希爾率領幾個旅突破的地點；尤厄爾所率領的軍隊同時會從北邊展開攻擊。如果喬治・皮克特將軍率領的攻擊能夠突破聯邦部隊的防線，那麼邦聯全軍就會撲上去。攻擊的時間再度訂在清晨。不過在第三天展開主動攻擊的是聯邦部隊，他們在黎明破曉之際重新佔領前一天傍晚撤出來的戰壕，並且於苦戰之後，在中午之前將邦聯部隊逐離卡爾普丘（Culp's Hill）；尤厄爾被這場戰事弄得十分疲累，因此沒有做進一步的行動。朗斯特里特還在主張對米德的左翼進行包抄，而他的那個軍在七月二日損失慘重，因此更難這麼做。

　　上午在完全的寂靜之中過去了。直到下午一點，邦聯部隊才開始發動空前密集的砲擊。朗斯特里特無法集中精神處理他認為可以重創敵人的計畫，就請砲兵指揮官亞歷山大（Alexander）對皮克特發出信號。兩點半的時候，邦聯用蓬車一路從里奇蒙拖來的彈藥正快要用光之際，亞歷山大對皮克特說：「快衝鋒吧！否則我們的

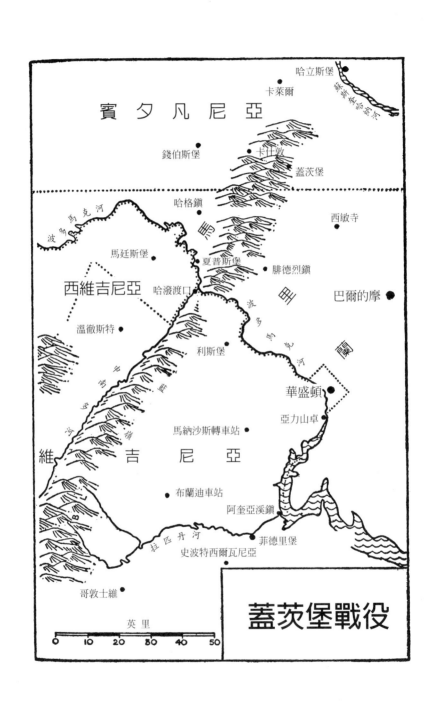

蓋茨堡戰役

英里

0　10　20　30　40　50

彈藥將無法給你適當的支援。」皮克特對身旁憂鬱不語的朗斯特里特說：「將軍，我軍衝鋒好嗎？」朗斯特里特費了很大的勁才點頭表示首肯。皮克特敬了個禮，便率領四十七個營攻擊合眾國部隊的中軍。我們今天還能在這個被南北兩方努力保護的戰場上，看到許多大砲一如往昔，保持著它們當年發射的位置，以及步兵曾經大舉衝鋒，沒有什麼草木的小山坡。邦聯部隊陣容鼎盛，戰旗飛揚，步兵滿懷悲壯，一個勁地往前攻擊；他們像滑鐵盧戰役那個傍晚的禁衛軍一樣，面對強敵與彈丸兵刃，根本不顧生死。聯邦部隊的有膛砲直到他們衝到千碼以內的距離才開火，然後再度發砲，砲聲隆隆，邦聯部隊成群地倒下，隊伍中出現一道道的豁口。他們繼續前進，既不畏縮也沒有秩序大亂，羅伯特‧李某次描述，那像撕紙一般恐怖的聲音，在砲轟之後響起，而且餘音裊裊。但是皮克特的一師人馬仍舊往前衝，在戰壕、石牆、鐵路柵欄之前與眾多敵人短兵相接，敵人即使不像他們那樣生龍活虎，至少也準備好要為他們的大業戰死沙場。皮克特一師中的三位旅長不是陣亡便是身負重傷；阿米斯特德將軍（General L. A. Armistead）帶著數萬士兵衝入合眾國部隊的中軍，他手裡拿著擄獲的大砲而陣亡。他殉職的地點在今天仍然受到美國男子漢的尊敬。

　　但是要使得這卓越的努力能夠貫徹的後備隊伍在那裡呢？在整個陣線纏鬥並且使敵人震憾的同時攻擊又在那裡呢？在蓋茨堡的羅伯特‧李有如在滑鐵盧的拿破崙，無法贏得優勢。英勇無敵的猛攻者不是戰死便是被俘，其餘便在無情的砲火下踏著平原上滿布的屍體走回家去；能夠全身而退的士兵不到三分之一。羅伯特‧李騎著他的駿馬「旅人」（Traveller）與他們碰頭，他唯一的解釋是「都是我的錯」，但他們都不接受這種解釋。朗斯特里特在很久以後所寫的回憶錄中留下一句話，是他對這場戰事最好的辯解：「我騎馬回到砲兵陣地，期盼著立即攻擊，敵方的彈藥將我坐騎四周的土地都翻了過來，我忍不住期望有枚砲彈能夠解除我的重責大任。」

　　邦聯部隊並沒有任何反擊；蓋茨堡戰役結束了。兩萬三千名聯

邦士兵與兩萬多名邦聯士兵在彈丸與刀劍下喪生。像安泰屯河戰役之後一般，羅伯特・李與他的敵人次日對峙，並準備再戰；但是他比任何人都更加清楚勝負已定，他殫思竭慮，運用個人的影響力集中部隊。相當綿長的蓬車行列，載著傷兵，無力地在十六英里長起伏不平的路上顛簸，「載我回到維吉尼亞的老家吧」，「看在老天分上殺死我吧。」七月四日的夜晚，羅伯特・李開始撤退；米德也放了他一馬，因為他的部隊追趕的力氣已經在戰役中用光了。邦聯部隊發現波多馬克河漲水，羅伯特・李的浮橋由於聯邦軍從菲德里城出擊而破壞了一部分，有一個星期之久，邦聯部隊就這樣被困在塹壕的後方，背對著無法涉水而過的河流。朗斯特里特本來想留下來，坐待敵人進攻；但是羅伯特・李仔細考慮形勢之後打消了此意。米德直到七月十二日才現身，並且計畫在十四日展開攻擊；而羅伯特・李早已於十三日的晚上不畏艱險徹夜行軍，隨身帶著傷兵與俘虜到了河的對岸而安全無虞。他雖然只丟了五門大砲，但也輸了這場戰爭。

華盛頓當局對於米德的按兵不動極為不滿，這種不滿並非無理找碴。在戰場上的如果是拿破崙，他一定會與羅伯特・李做最後一搏，而不會做像米德那樣無力的追趕。林肯為了米德在蓋茨堡的戰績，只將他晉升為少將。羅伯特・李經由申南多河流域慢慢回到他在拉帕諾克河與拉匹丹河以南的舊基地。南方現在已經欲振乏力。

就某種程度而言，由羅伯特・李指揮的蓋茨堡軍事行動令人激賞，它的某些目標都已經達成；但是結果還是南方戰敗，因此遠遠無法與戰果取得平衡。在整個戰役中，羅伯特・李的七萬五千名大軍損失了兩萬八千人，以致於無法企圖再度於北方土地上打場勝仗來贏得南方的獨立。羅伯特・李相信他自己的部隊所向無敵，在昌瑟勒維爾戰役之後，他幾乎開始以蔑視的眼光看待波多馬克河軍團。他無法分辨差勁的部隊與差勁將領所率領的優良部隊有何區別；他在拉帕罕諾河打敗的不是聯邦軍隊，而是它的指揮官。或許可以這麼說，如果胡克的指揮權沒被撤除，那麼羅伯特・李可能再

度擊敗他；命運女神在昌瑟勒維爾戰役曾經與他為友，而現在則與他為敵。斯圖亞特長久不在身邊，使羅伯特・李在這軍事行動最具關鍵的時刻對敵軍的調度茫然不知，也就是在這個時候，他犯了致命的錯誤，移師到南山山脈的東麓。羅伯特・李的軍事天賦沒有發揮，他因為斯圖亞特方面未傳來任何消息而倉惶失措，「心理失衡」，他的部屬都察覺到了這種情緒的轉變；更重要的是，他沒有傑克森隨侍在側襄理軍務。朗斯特里特違抗命令的行徑已經毀掉了在蓋茨堡獲勝的所有機會，因此南方人全都痛責朗斯特里特。

　　一八六三年，東部已經沒有其他戰役，雙方部隊整個冬天都隔著拉匹丹河互相對峙。

＊　　　＊　　　＊　　　＊　　　＊

　　我們現在必須轉到西部，因為那裡也打了許多場大仗，許多士兵陣亡沙場。但是羅伯特・李的部隊如果能大獲全勝，那麼他便能行軍無阻，去他樂意前去的地方，以及佔據紐約與大西洋沿岸地區的每個大城，強索贖金或迫其投降。這個次要但卻廣大的戰區不需要精確描述。的確，最後是因為西部的戰事才分裂並且整垮了南方。但是西部在一八六二年與一八六三年之所以重要，主要是因為格蘭特晉升到統一指揮合眾國全體部隊的最高地位，其目標是打通或堵住密西西比河。一位忠於合眾國的南方海軍將領法拉格特（Admiral Farragut）因為統率聯邦海軍而聲譽卓著。他於一八六二年四月率領部分裝甲或完全沒有裝甲的艦隊，衝破防守新奧爾良各個通路的要塞，這個邦聯的最大城市兼商業都城，於艦隊通過的次日便宣告失守；法拉格特繼續溯河而上，於五月十八日抵達維克斯堡，他發現眼前並沒有支援他的聯邦部隊，於是在六月二十五日回頭再度衝過邦聯的岸砲，與一支小型艦隊在曼菲斯會合。到了一八六二年年底，大家都知道邦聯的岸砲無法阻止合眾國的船艦。那時候時常談論的一個新字——魚雷，法拉格特說道：「去他的魚雷！」而且他說到做到。從那個時候起，合眾國的小型艦隊就可以在密西西比河上下來去，只要付過河費就行，而這對於大河兩岸的

聯邦部隊都是相當大的幫助。在密西西比河流域所進行的幾乎是另外一場戰爭，邦聯的西部各州要求傑弗遜・戴維斯與他在里奇蒙的政府給予較大程度的自治，同時吵著要得到政府的幫助。在華盛頓，人們大多以相當於第一次世界大戰時同盟國與協約國看東部前線的方式來看待西部戰區。西部戰區屬於次要，但是也不可或缺；它並非通往勝利之途，但是如果不循著它走下去，勝利將會遭到長久的延誤。

　　一八六二年十二月的河上長征無功之後，格蘭特在密西西比河右岸重新集結他的部隊。維克斯堡仍舊是他的首要目標，但是雅支河流域的洪水氾濫，在這個季節除了河上作業之外，無法做其他行動。格蘭特使用了無數的佯攻，騙倒了率領野戰軍防衛維克斯堡的邦聯將領彭伯頓，成功地在維克斯堡下游三十六英里處格蘭灣的岸砲射擊下，讓四萬五千名士兵渡過了密西西比河。格蘭特突擊驅退了彭伯頓的部隊，並且於五月三日在格蘭灣穩住軍隊，在丘陵找到了安全陣地，左翼由寬廣的黑河保護，並且與聯邦的小型艦隊保持聯繫。他在這裡與薛爾曼率領的第三軍會師，然後開始小心翼翼地朝維克斯堡以及連結它與傑克森鎮的鐵路移動。由於戴維斯的增援太遲，約瑟夫・約翰斯頓將軍儘管病了，仍然匆忙趕到戰場，他現在唯一的想法就是幫助彭伯頓的部隊脫困。約翰斯頓命令這位將軍立刻行軍與他會師，以免格蘭特搶先將手下的三個軍插在他們之間；但是彭伯頓不聽從這項命令，他認為移師越過格蘭特與格蘭灣的交通線，就可以逼迫聯邦部隊撤退。彭伯頓不僅違抗命令，而且判斷錯誤；因為格蘭特像一八六二年麥克萊倫在里奇蒙戰役一樣，掌控著許多河流，並非單獨依靠任何一個特定的基地。格蘭特放棄他與格蘭灣的交通線，用他的右翼部隊逼退了約翰斯頓，然後以絕大的優勢兵力來對付彭伯頓。雙方在鬥士丘（Champion's Hill）奮戰，彭伯頓被驅回了維克斯堡，差不多損失了六千多人。藉著小型艦隊的幫助，聯邦將領格蘭特在維克斯堡的北方設立了一個新基地，之後對這個城進行兩次猛攻，其中一次使他損失了四千人，於

是他開始進行正常的圍城。大批援軍前來，使得他的部隊人數立刻逾七萬人。約翰斯頓只有兩萬四千人，根本無法解救彭伯頓。最後維克斯堡彈盡糧絕，只好認輸。邦聯部隊與衛戍部隊足足三萬多人，都於七月四日投降，而這正好是羅伯特‧李在蓋茨堡兵敗的時刻。五天之後，路易斯安那的哈德森港七千名守軍也被饑餓所迫，向班克斯將軍投降，密西西比河全部最後都落入了聯邦之手。林肯說：「河水之父可以再度悠哉奔向大海。」而這些情形對南方人而言，都是令人難以承受的打擊。

　　＊　　　　＊　　　　＊　　　　＊　　　　＊

　　戰爭的怒火現在延燒到了西部。直到維克斯堡確定陷落之前，稱職的羅斯克蘭斯率領六萬人，成立合眾國坎伯蘭軍團，滿意地在莫夫里斯波洛戰役勝利的戰場上監視布雷格。布雷格的部隊此時位於橫跨羅斯克蘭斯以及查特諾加之間的鐵路沿線。查特諾加也是鐵路中心，北方有又深又廣的田納西河，南邊有阿利阿尼亞山脈西麓阿帕拉契山（Appalachian Mountains）的高山脊，對它加以保護；它不但是掌握密西西比河流域的樞紐，也是入侵繁榮、強大、迄今仍未被戰事波及的喬治亞的必經之途。在這段等待的時間中，邦聯的騎兵猛烈襲擊，企圖破壞合眾國部隊背後的鐵路，而聯邦部隊也對田納西南部重要的鐵工廠與彈藥工廠進行反擊。在這些活動中，聯邦部隊佔了天時地利；但是當六月底羅斯克蘭斯沿著鐵路向查特諾加挺進，伯恩塞德率領四萬人的另一支大軍攻打東邊四百英里處諾克斯維爾（Knoxville）的時候，重大而且影響深遠的軍事作業遂告開始。伯恩塞德奪下了諾克斯維爾，切斷了邦聯的一條鐵路幹線；羅斯克蘭斯用計謀使得布雷格離開了橫跨納許維爾-查特諾加鐵路的防線，到了九月四日，聯邦軍隊不損一兵一卒就取得了查特諾加。

　　直到目前為止，羅斯克蘭斯表現出他長於戰略的才華。不過他現在犯了一個導致災難的錯誤，他以為他面前意志堅定、行動靈活的敵軍已經膽寒；布雷格是邦聯軍隊裡最讓部下痛恨的將領之一，

他幾乎時常做出錯誤的決策,然而卻是一位很有分量的戰士。在查特諾加以南,阿帕拉契山脈的山脊像手指一樣張開,布雷格帶著現在增援到六萬人的部隊在拉斐特(Lafayette)守株待兔。九月十二日,羅斯克蘭斯發現了一個可怕的事實——他的三個軍分散在六十英里長的戰線上,而布雷格的人馬扼守其間,他的部隊等於羅斯克蘭斯麾下任何一個軍的三倍。後來布雷格因為態度傲慢,加上部下不聽調度而錯失良機;如果是羅伯特‧李或傑克森坐鎮指揮,早就會為了整個西部而利用這次機會一戰定江山。另一方面,羅斯克蘭斯也往後退,將兵力集中在查特諾加;即使與布雷格相抗,他想在此地與遠非他所選擇的情況下避開這一戰,為時已晚。

布雷格越過喬治亞邊界,於九月十八日在契卡毛加(Chickamauga)撲向他的敵軍。朗斯特里特從維吉尼亞率領兩師人馬與砲兵前來增援,而其他各路大批兵馬也相繼趕到布雷格那裡助陣。邦聯將領布雷格擁有眾多士卒,可說是少有的運氣。七萬名士兵的邦聯部隊攻擊五萬五千名士兵的聯邦部隊,雙方不顧生死,奮戰了兩天。布雷格持續設法包抄聯邦部隊的左翼,切斷羅斯克蘭斯與查特諾加的連繫;但是當由喬治‧湯瑪斯將軍(General George H. Thomas)指揮的合眾國部隊左翼,由中軍與右翼調來部隊支援時,朗斯特里特與兩萬維吉尼亞老兵,就攻擊合眾國部隊前軍的兵力稀少之處,將羅斯克蘭斯三分之二的部隊、他本人以及各軍指揮官擊潰,只有湯瑪斯倖免。朗斯特里特請求布雷格將他所有預備部隊調去幫助左翼的攻擊;但是布雷格只想到他原先的主意,繼續衝向湯瑪斯,但湯瑪斯早於前一夜之間在森林中建造了用木頭與鐵軌做的胸牆。夜幕低垂,罩住了慘不忍睹的戰場,其間的屠殺慘狀只有蓋茨堡差可比擬。有「契卡毛加的岩石」之名的湯瑪斯與他所率領的那個軍都脫了困,在查特諾加與聯邦部隊其餘的軍會合。

這一仗的死傷駭人聽聞。一萬五千名聯邦士兵與兩萬以上的邦聯部隊非死即傷,或是失蹤。邦聯部隊擄獲了四十門大砲與奪得戰

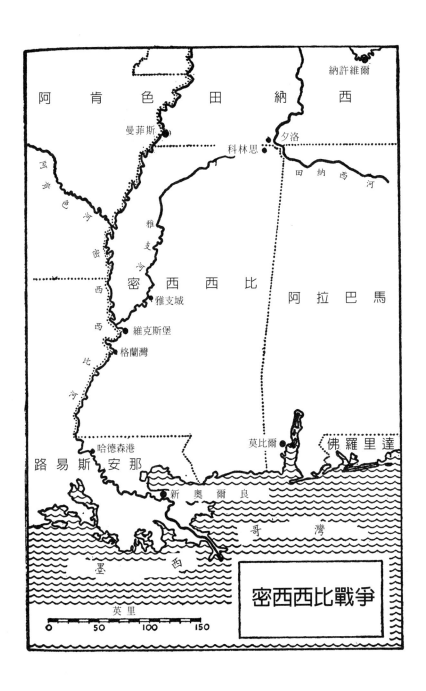

密西西比戰爭

場，暫時粉碎了敵人的戰力，獲得了勝利；它可能成為拉米耶戰役，或滑鐵盧戰役，甚至坦南堡戰役，但實際上它等於是馬爾普拉開戰役。

布雷格現在封鎖，並且幾乎包圍駐在查特諾加的羅斯克蘭斯與他所指揮的坎伯蘭軍團，控制住眺望山（Look-out Mountain）與傳教士嶺（Missonary Ridge）的兩個高地。他有段時間攔住了經由田納西河運送的所有補給，因此在十月初看起來坎伯蘭軍團似乎會餓得投降。而駐紮在諾克斯維的伯恩塞德，在面對奉命攻擊的朗斯特里特攻勢之下，處境也岌岌可危。

華盛頓政府現在開始極為仰賴尤里西斯·格蘭特將軍。他的毛病與弱點很明顯，而他的道德亦然；但是合眾國受到挫敗、驚慌、失望、對流血與支出感到厭倦，此時格蘭特開始從戰火煙塵中巍然聳立。勝利女神從多納爾森要塞到維克斯堡都一路跟在他的後面：南軍大批投降——包括俘擄部隊與大砲，還佔領大片彊域。還有誰有同樣的戰功呢？十月十六日，格蘭特奉令指揮俄亥俄河、坎伯蘭河、田納西河三個軍區；他的副將薛爾曼擔任田納西軍團司令。

羅斯克蘭斯已經輸了一場大戰，遭到革職；在華盛頓政府的管轄下，任何將領都不能夠在吃敗仗之際還能保有原來官職。不過，羅斯克蘭斯在西部戰區扮演過聲譽卓著的角色，而且他在軍歷上也沒有瑕疵。在契卡毛加戰役之前他早就不被哈勒克所喜歡；可憐的哈勒克，站在此時殘酷政治鬥爭的門口，設法告訴部隊說政客們想要什麼，以及向政客們說明他們所能了解的軍事需求。哈勒克於一八六三年清楚地表現他的本事，寫信給格蘭特與羅斯克蘭斯，說少將的空缺將給予首次贏得顯著軍功的任何人。格蘭特沒有回他的信，而羅斯克蘭斯則回信嚴加駁斥，說「愛國者與尊重榮譽的人盡忠職守，都不需要額外的誘因。」因此他一跌跤，便跌得鼻青臉腫。

格蘭特用一連串錯綜複雜的招數解除了田納西河的封鎖，猛攻傳教士嶺與眺望山，將布雷格與邦聯部隊打得落花流水，退出查特

諾加。同時他也解救了駐紮在諾克斯維爾的伯恩塞德。邦聯的邊界
又往南縮了很長一段；而維克斯堡的失陷也使得邦聯沿著密西西河
一切爲二；查特諾加的易手，也再度使得邦聯的東部沿著阿利阿尼
亞山脈分爲兩半。一八六三年十二月，邦聯部隊已經被驅退撤入喬
治亞，整個密西西比河流域都被合眾國收復。如果戴維斯總統在昌
瑟勒維爾戰役之後就讓羅伯特・李成爲邦聯陸軍的最高指揮官，或
者更好一點，在一八六二年，如果戴維斯總統曾經將他的威權與優
秀氣質全部用來從事一項任務，那就是將南方忠心耿耿的、不屈不
撓的、各州主張政治獨立的所有力量都團結起來支持羅伯特・李，
那麼所有這些驚天動地的局勢很可能會出現完全不同的面貌。一八
六三年年底，所有的幻想都被破滅了。南方人知道他們打輸這場戰
爭，將會被征服、擊倒。南方人的抵抗依然如昔，這是美國持久的
光榮傳統。北方人的勝利指日可待，而北方人能夠承受得了痛苦的
分裂。打敗的一方，希望已失，但決定與武器共存亡。整個的一代
完全毀滅，廣大的土地受到蹂躪，農莊全遭到焚毀，城市皆遭到砲
擊，戰鬥的人皆陣亡，這一切全都比歷史留下他們曾經屈服的紀錄
要好得多。任何人都可以被優勢武力踐踏，而死亡不論以何種模樣
出現，都是死亡，人生自古誰無死。有的事居然令人難以置信，當
我們調查一八六三年的軍事行動之後，發現戰火居然會禍延一八六
四年一整年，甚至波及一八六五年。南方人哭喊著：「如果你們可
以，就把我們幹掉；摧毀我們的一切吧。」而大多數北方人則態度
堅定地回答：「如你們所願。」

第十四章　合衆國的勝利

　　邦聯被打敗了，戰爭最後很長一個階段是北方征服與鎮壓南方的階段。到了昌瑟勒維爾與蓋茨堡、維克斯堡、查特諾加、契卡毛加等戰役之後，同年的多天戰爭暫時僵持，有兵不發。北方在爲艱巨的任務集聚它優勢的武力。同時，戴維斯對戰爭的統御在南方遭到嚴重的質疑，他不但親自掌管團結邦聯的龐雜事務，而且還大權在握，控制軍事作業；他固執地進行防禦性的政策與戰略，不顧只有戰場上獲得決定性的勝利，才能縮短敵我武力懸殊這一點。這種作法若是導致敗亡，也算是合乎邏輯。邦聯現在要求李與朗斯特里特提出一八六四年的全面計畫；他們提議由布雷加特將軍帶領從南卡羅萊納抽調的兩萬人，與在田納西東部的朗斯特里特部隊會合，入侵肯塔基，攻擊路易斯維爾鐵路，因爲這是聯邦主力部隊將用來從查特諾加向南挺進攻打約瑟夫‧約翰斯頓的唯一補給路線。然後約翰斯頓與邦聯西部的所有軍隊會合，往北朝俄亥俄河進軍，打一場可能是必要打的仗。羅伯特‧李與朗斯特里特宣稱，這個計畫會使得聯邦部隊在西部無法合在一處。至於東部，羅伯特‧李與北維吉尼亞軍團可以應付。這項大型計畫在開作戰會議時呈給戴維斯過目，而布雷格獨排眾議堅持採用另一個計畫，結果其實根本沒有計畫。約翰斯頓必須在西部奮戰，羅伯特‧李則繼續防禦里奇蒙。

　　三月九日，林肯總統任命尤里西斯‧格蘭特指揮聯邦所有的部隊，並且將他升爲中將；最後北方指揮權歸於統一，由一位將領發號施令。格蘭特的計畫兇狠而又單純，可以總結成「消耗」（attrition）一詞。在拼死拼活的密集戰鬥中，人數多的一方總會佔上風。格蘭特對名義上仍然指揮波多馬克河軍團的米德下令，「羅伯特‧李去什麼地方，你就跟著去什麼地方。」而他對朋友兼有如兄弟的軍官，此時與他一起晉升的薛爾曼，以同樣的指示交代西部指揮的事，但是補充道：「移師攻擊約翰斯頓的部隊，打垮它，盡你所能地深入內地，盡量破壞他們的戰爭資源。」約翰斯頓或羅伯

特‧李此時佔有固守內部防線之利，如果任何一個人表現出設法要與另一個人會合的話，聯邦部隊便要窮追不捨才行。

　　格蘭特也下令三項次要作業：一、由海軍協助，攻擊墨西哥灣上的莫比爾（Mobile）；二、由門羅要塞朝里奇蒙施壓；三、摧毀南方的穀倉申南多河流域，以及其通往馬里蘭與華盛頓的常用路線。這些牽制攻擊的前兩者失敗了；而申南多計畫也僅只在這一年稍晚的時候，由菲利普‧謝里登將軍（General Philip H. Sheridan）率領兩個軍與三個騎兵師出擊才完成任務。

　　隨著春天逼近，格蘭特在發動聯邦部隊之後，就到拉帕罕諾河與拉匹丹河的舊戰場與羅伯特‧李一決雌雄；那裡還留著昌瑟勒維爾戰役的痕跡，還存留著關於「石壁」傑克森的回憶。格蘭特在五月初就以十二萬人上陣大戰羅伯特‧李所率領的六萬人。他由「戰鬥老喬」胡克前一年所使用的淺灘渡過了拉匹丹河，在這榛莽未開的荒野地區打了一場值得一述的戰事。在五月五、六日兩天複雜的惡戰中，格蘭特被擊退了，損失了一萬八千名士兵，羅伯特‧李也損失了大約一萬士卒，是轟轟烈烈的反攻戰事中損失最重的傷亡。格蘭特然後向羅伯特‧李左方行動，於八日到十九日一連串的混戰中，設法切斷邦聯部隊撤往里奇蒙的退路。這一仗稱做史波特西爾瓦尼亞縣政府戰役（Battle Spotsylvania Court House），聯邦部隊另外損失了一萬八千多人，是他們對手傷亡數目的一倍。但格蘭特未被這場殺戮所阻，他再度向左方移動，隨即在南安娜河，又在帕門奇河（Pamunkey River）河畔的荒野地域展開持久的鏖戰。他們的部下都很英勇，但是格蘭特卻始終無法擊敗羅伯特‧李的右翼，羅伯特‧李與他勇敢的士兵也從來無法以一對二的劣勢打敗敵人，他們只能使敵人遭到與自己人數比例相符的死傷。根據格蘭特的戰爭思考模式，這個過程所付出的代價固然很大，但只要持續夠長的時間，就能得到想要的戰果。他寫信給在華盛頓的哈勒克說：「我提議在這裡戰到底，即使花掉整個夏季也在所不惜。」然而在個性上比較無法計算的其他因素，卻對戰事產生了影響。

　　一八六二年的「七日戰役」發生在冷港（Cold Harbor），聯邦總指揮格蘭特指揮他的大軍衝過樹木枯萎、地勢不平的林地，向面容憔悴、飢餓無力、但士氣高昂的邦聯士兵進攻。在這次戰役裡，羅伯特・李與一位策馬前往觀看戰鬥情形的邦聯郵政部長談話，這位部長問道：「如果他突破了你的防線，你有多少後備軍隊呢？」羅伯特・李說：「一個團也沒有。戰鬥開始以來我的狀況便是如此。如果我縮短我的防線而提供後備軍隊，那麼他將會包抄我的側翼；如果我削弱我的防線而提供後備軍隊，他將會攻破我的防線。」這天戰鬥的結果使得格蘭特停止使用不怕死的人海衝鋒戰術。七千名勇敢的北軍藍衣士兵於一兩個鐘頭內就陣亡了，剩下的部隊都拒絕重新進行攻擊，人人對最高指揮官有所期待，而不只是一心一意驅使士兵去送死。聯邦死傷的士兵臥在雙方防線之間，死者在炎熱的陽光下不久便開始發出臭味，而傷者尖聲嘶喊著要喝水，但是格蘭特並沒有爭取停火的時間以埋葬死者。直到這一仗之後的第三天，羅伯特・李送來一封信說如果北方提出請求的話，他會樂觀其成，於是聯邦方面做出正式請求，雙方停火了幾小時。在我們經歷的兩次世界大戰中，不曾有過這樣的寬容；我們在漫長而無助的痛苦中倒下，因此在「無人地帶」命喪黃泉的人數讓美國內戰自嘆弗如。在美國那個比較文明高雅的時代，冷港戰役已經被認為是恐怖萬分，而幾乎無法以語言形容的戰役了。

　　北維吉尼亞軍團在三十天內重創格蘭特的部隊，其損失與它本身實力受損的情形相當。格蘭特現在被迫必須調動兵馬，而他完全採取麥克萊倫兩年前在這同一個地區的方式：他利用羅伯特・李兵力太弱無法攔截，而進行巧妙大膽的行軍，使全軍橫越約克敦半島，並且再度動用海軍渡過詹姆斯河，在南岸建立新基地。格蘭特像麥克萊倫希望做到的那樣，從「後門」攻擊里奇蒙。格蘭特在彼得斯堡被擊退，於是用現在經過增援而達到十四萬人的部隊進行圍城，範圍一直到達掩護那個據點的戰壕，以及里奇蒙東邊的防線為止；但是格蘭特又無法藉由在詹姆斯河以南的調動包抄羅伯特・李

的右翼，所以到了六月底，他只好藉著鐵鍬、地雷與大砲從事坑道戰。由於羅伯特・李的西側仍然敞開著，所以包圍並不徹底，那裡的靜止狀況一直持續到一八六五年的四月。這些戰術表現雖然最後都達到了它們的目的，但格蘭特絕對是用兵無方。不過，它們至少都算是致命的戰爭形式。

＊　　　＊　　　＊　　　＊　　　＊

　　同時，在西部，薛爾曼在兵力上擁有二對一的優勢，他已於五月沿著由查特諾加到喬治亞深處亞特蘭大（Atlanta）的鐵路南下出擊；他遇到了約瑟夫・約翰斯頓率領邦聯兵力強大的三個軍，這兩位卓越的敵手隨即展開龍爭虎鬥。薛爾曼避免正面攻擊，藉著迂迴攻擊側翼的行動，一個接著一個奪下約翰斯頓的堅強陣地。前哨的惡戰持續不斷，在一場次要的交戰中約翰斯頓的一位指揮官利奧尼達斯・波爾克將軍（General Leonidas Polk）被砲彈擊中陣亡；薛爾曼只有在攻擊凱內索山（Kenesaw Mountain）的時候被擊退，損失了兩千五百人。但是薛爾曼部隊仍無情地挺進，約翰斯頓卻不願硬拼，而傑弗遜・戴維斯因此對約翰斯頓失去了信心。在約翰斯頓決定要堅守桃樹溪（Peach Tree Creek）的時候，約翰・胡德（John B. Hood）取代了他。邦聯部隊不耐長久退卻，對此改變齊聲歡呼；但是軍界的輿論卻把約翰斯頓的調職視為是戴維斯總統在他提心吊膽的任期內所犯過最嚴重的錯誤。胡德自覺有義務在身，要從事攻擊，於是在桃樹溪、第開特（Decatur）、東點（East Point）等地全力採取攻勢，因此使他所效力的政府與所率領的部隊都受到激勵。捍衛著故土的邦聯部隊全都拼命抵抗入侵者，而他們也遭到無可挽回的損失；他們單單是在第開特一地便損失了一萬人，但卻並未使敵人蒙受到此一數字三分之一的損失。五千名邦聯士兵在東點戰役陣亡，之後邦聯在西部的軍團與里奇蒙政府都深信約翰斯頓的做法大概是對的。胡德受到指示重新採取守勢，他在經過數個星期的包圍之後被逐出了亞特蘭大。在四個月的戰鬥中，薛爾曼高舉聯邦大旗，率軍進入邦聯境內一百五十英里，

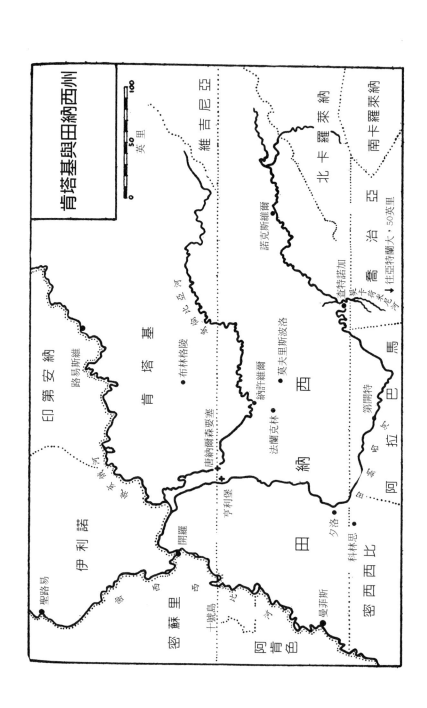

肯塔基與田納西州

損失了三萬兩千人；邦聯部隊的損失則超過了三萬五千人，因此薛爾曼可以算是很有成就。

這場勝利則爲另一場勝利做好了準備。的確，一八六四年最重要的衝突是用選票一決勝負。在無情的內戰方酣之際，所有的選舉過程仍舊可以照常進行，這點著實令人感到震驚；林肯的第一次任期即將屆滿，他必須將自己交給他控制下的美國聯邦各州選民來評斷他的功過，而沒有任何事物比這個不調和的插曲更能表現出他所維護這個制度的力量。林肯苛待過的麥克萊倫將軍，此時是民主黨的候選人，他於八月在芝加哥發表的政綱是「藉著戰爭的實驗而四年都無法恢復聯邦，……現在必須立即努力停止仇視敵對，……必須以各州組成的聯邦爲基礎恢復和平。」這個提議便是盡人皆知的「和平政綱」（the Peace Plank），而共和黨相當簡單地譴責這種說法不忠於國家。事實上，它代表民主黨人士其中一派的看法。這分政綱最差的地方在於它很荒謬。人人都知道南方人只要有一口氣在，再加上實力，就永遠不會同意恢復聯邦。林肯內閣當中的財政部長薩蒙‧查斯（Salmon P. Chase）是一位精明幹練之士，他最後成爲與林肯爭取共和黨提名的對手；這是共和黨內不滿者的許多行動之一，他們想讓某人成爲更有活力的總統，用他來取代現在的領袖。林肯的許多政敵都對他虎視眈眈，對他的活力也都視而不見，而這些都是即將決一死戰之際所遇到的艱難情況。格蘭特率領的波多馬克河軍團遭到可怕的殺戮，以及在里奇蒙城外長期僵持不下，都使得北方人有不詳之感。但是攻下亞特蘭大、海軍將領法拉格特攻打邦聯最後的通商港口莫比爾，都鼓勵黨派政客了解如何利用澎湃的民意。四百萬公民於一八六四年十一月投票，林肯僅僅得到四十萬票的多數。的確，大眾的支持並不算大，而他無怨無悔地強迫南方各州併入聯邦的政策，靠的就是這種支持；這並非意謂著所有的民主黨人都想不惜任何代價爭取和平，麥克萊倫接受提名時就已經明言，在能夠談判停戰之前，南方必須先同意回到聯邦才行。現在以成年男子普選舉權爲基礎的美國憲法，設立了間接選舉

總統的方式，林肯在選舉團中得到除紐澤西（New Jersey）、德拉威、肯塔基之外各個聯邦州的支持，有兩百一十二位代表投票選他，而他的對手麥克萊倫僅只有二十一票。

　　為了要安撫或攪亂主和派的選民，林肯曾經鼓勵與南方舉行非正式的和談。《紐約論壇報》的霍勒斯・格里利（Horace Greeley）是林肯的代表，他在加拿大的尼加拉瀑布城（Niagara Falls）會見南方的使節；格里利不久就發現他們無權談和。這次和談在任何情形下都會失敗，因為林肯的條件包括廢除奴隸制度以及恢復統一。現在互相尊敬的南北雙方，以及長久互相稱讚的部隊，在這個精神與物質的無情抗爭中，即將面對第四個冬天。

　　雖然亞特蘭大已經陷落，胡德四萬四千名同仇敵愾的士兵仍然在戰場活躍，並且自由攻擊薛爾曼的交通線。與他們在一起的還有由內森・福雷斯特（Nathan B. Forrest）所率領的十萬名騎兵；福雷斯特是在邦聯的夕陽餘輝中崛起的新人，他幾乎不識字，但是一般人認為他擁有最高的軍事稟賦，他所說的軍事藝術，像是「以優勢的兵力先發制人」這句話已經成為經典。所有這些南方部隊都散布在薛爾曼的四周以及背後。十一月十二日，薛爾曼說服天生焦急的華盛頓當局，放棄了交通線，並且開始進行嚴苛的行軍，從喬治亞前往大西洋的沿岸地區。北方的封鎖實際上阻止邦聯的棉花出口之後，南方婦女以及服從並且尊敬她們的奴隸，就在田裡種植穀物，因此喬治亞在這個寒冬仍然食物充盈。薛爾曼率軍從正面向前挺進，就地徵糧度日，侵佔與破壞所有在他兵力所及範圍內的所有農莊、鄉村、城鎮、鐵路與公共設施，留下來的是斷垣殘壁，兵燹煙塵，以及南方人至今對他念念不忘的恨意。薛爾曼說過「戰爭就是地獄」，而他確實說到做到；但是一定沒有人會認為他的掠奪與搶劫，能與二十世紀世界大戰中的殘暴行為或中世紀的野蠻行徑相提並論。抽絲剝繭的調查都幾乎不曾發現薛爾曼部隊謀財害命或姦淫婦女的案例；不過，在美國地圖的這個部分上面的確是留下了黑色的陰影。

同時，率領邦聯西部軍團的胡德，不僅中斷了薛爾曼與北方的交通線，使北方長達一個月得不到薛爾曼的消息，而且胡德還帶著幾乎六萬名士兵深深攻入北方的佔領區。胡德入侵田納西，被薛爾曼留下來看住他的湯瑪斯擊退；但此時他的士兵被家園中正在發生的事所激怒了，因此付出了差不多七千人的代價，將聯邦部隊逐出法蘭克林（Franklin），而看起來邦聯部隊似乎可能再度突破敵陣而到達俄亥俄河。但是他們向前推進，卻於十二月十五日在那許維爾戰役中被湯瑪斯擊潰，胡德軍容十分不整地撤回到南方。薛爾曼在幾經奔波之後，及時抵達大西洋海岸邊上的沙凡那，將它攻陷，當作「耶誕禮物」送給競選連任成功的林肯總統。

*　　　　*　　　　*　　　　*　　　　*

這場戰爭現在已經可以見到尾聲。薛爾曼計畫於一八六五年使用比對付過喬治亞還要嚴屬地的手段來懲罰南卡羅萊納，這個州因為高傲，已經讓美國人民受苦了許多年。這裡的人曾經對薩姆特要塞的星條旗開火，而在林肯的內閣中，部長們都提到想將查理斯敦完全毀掉，在這個城市的土地上灑鹽而成為廢地。因此薛爾曼雄糾糾地開始行軍。同時，羅伯特‧李在里奇蒙城外的抵抗已經快撐不住了，不過他不曾受到格蘭特到達詹姆斯河南岸的阻撓，以致於能夠派遣厄爾利將軍帶著強大的部隊進入申南多河流域。一八六四年七月，厄爾利以傑克森的作風打敗了聯邦的指揮官們，華盛頓再度聽到了敵軍挺進的砲聲；但是現在申南多河流域已經由謝里登將軍以壓倒性的兵力敉平。里奇蒙前面的彼得斯堡防線長久以來都能擊退聯邦部隊每次的攻擊，這回一枚巨大的地雷在防禦工事的下面爆炸，在爆破的缺口引起了一場拼鬥，北方有四千人葬身其中；但是羅伯特‧李再也無法承受他肩上的這種壓力了。

一八六五年二月初，南方陷入絕望的困境，戴維斯總統才任命羅伯特‧李擔任總指揮；在同一個月，南方另外企圖進行談判。邦聯的副總統史蒂芬斯（A. H. Stephens）獲得授權，在詹姆斯河河口登上漢普頓停泊處的汽船與美國總統會晤。這個不會再重演的

景象看起來相當奇怪，那就是交戰雙方的領袖居然在戰爭進行的期間談判，而且南方的代表幾年前還是林肯認識的熟人。但是雙方對於主要議題都沒有絲毫讓步的意圖；傑弗遜・戴維斯在史蒂芬斯行前給予指示，談到可以締結「我們兩國可以和平相處」的條約；林肯更為慷慨大方，只不過條件是美國要再度統一成為一國才行。事情就如同預測，南方無法自願地再度接受聯邦，而北方也無法自願地讓出邦聯。

　　同時，羅伯特・李立刻派約瑟夫・約翰斯頓重新指揮西部軍團。對戰爭中各州與部隊的最高指揮權，在這一戰中向來無法訂立什麼規則，一切都視當時的情勢與人員狀況而定；但是若有一位卓越的將領出現，那麼文人政府會明智地立刻賦予他在軍事領域的全權。在第二次馬納沙斯戰役之後，或者在最近的昌瑟勒維爾戰役之後，羅伯特・李顯然已經是南方家喻戶曉的總司令。但是那是一八六二年春天的事；現在已經是一八六五年的春天，邦聯每次的反攻都被粉碎了，北方的武力蹂躪著注定要失敗的邦聯，最後格蘭特把頑抗的首都里奇蒙包圍了起來。

　　四月二日星期天，在五岔口戰役（Battle of Five Forks）與被敵方包抄而攻破彼得斯堡防線之後，戴維斯於里奇蒙坐在教堂的信徒席上。一名傳令員走上側廊，「李將軍請求立即撤離。」邦聯政府此刻必須南遷，但仍可以在數百英里的範圍行使權力；實際上並沒有兵敗的情形，也沒有任何士兵棄離職守，南方一定會戰到一兵一卒，寸土必爭。羅伯特・李仍然有個計畫，他將迅速從里奇蒙往南行軍，與約翰斯頓聯手打垮薛爾曼，然後再轉頭迎戰格蘭特與龐大的波多馬克河軍團。但是所有這一切都是為了榮譽，而這麼做也幸好躲掉了最後的痛苦。羅伯特・李自行擺脫了里奇蒙，被人數多上六、七倍的敵軍部隊追趕；謝里登率領著幾乎與邦聯部隊數目相等的一支騎兵軍，封住了他的撤退路線，打亂了他的補給部隊，不再有半分玉米筍及塊根的口糧分給南軍士兵，使他們受到三面包圍。格蘭特進行試探，懇求羅伯特・李認清他的處境已經毫無希

望。羅伯特・李在體力上的確需要低頭，他騎著他的戰馬「旅人」到阿波馬托克斯縣政府（Appomattox Court House）去打聽敵方所提出來的條件為何；格蘭特用幾句話將條件寫了出來：北維吉尼亞軍團的軍官與士兵都必須交出他們的武器，宣誓後釋放回返他們的家園，他們若遵守美國的法律便不會受到侵擾；羅伯特・李的軍官可以保留他們的佩劍，聯邦糧車會為他們提供食物。格蘭特補充：「你的人馬一定得保留他們的馬與騾。他們在春耕的時候需要牠們。」這是格蘭特將軍生涯中最偉大的一日，他因此在美國歷史上享有崇高的地位。北維吉尼亞軍團長久以來都「以刺刀支撐邦聯」，還有足足兩萬七千人，但他們最後都投降了。半個月之後，約翰斯頓不顧戴維斯總統的抗議，以獲得羅伯特・李同樣條件的前提之下向薛爾曼投降。戴維斯本人被北方一支騎兵隊所俘，南方各州的武裝抵抗因此全部敉平。

　　林肯與格蘭特一起進入里奇蒙，返回華盛頓時獲悉羅伯特・李已經投降。林肯是征服者與主人，地位在所有其他人之上，似乎未來四年可以總掌政權；他處於各種不同的壓力之下，他的訓練並未給予他任何解決難題之道，但是他鎮定如常，用宛如鋼鐵的意志與武力拯救了聯邦；他現在要專心思考如何為國家療傷止痛，他擁有做這種事的權力。對那些談到將傑弗遜・戴維斯等人絞死的人，林肯回答道：「不要妄下論斷，你就不會被人論斷。」四月十一日，他宣布對人要寬宏大量，並且勸大家與被征服者化解怨仇；他十四日在內閣中和藹地談到羅伯特・李與其他的邦聯領袖，並且指出原諒敵方之道與善意之途。但是就在那天當晚，他坐在福斯戲院（Fox's Theatre）包廂中看戲時，謀財害命幫派的一員偷偷從背後潛入，用槍射穿了林肯的頭顱。這位歹徒跑到舞台上大叫「暴君必亡」（Sic semper tyrannis），雖然他因為馬刺絆住了美國國旗而腳踝骨折，仍設法逃往維吉尼亞，後來遭到追捕，在穀倉裡中槍喪命。國務卿西沃德也在家中被人刺殺，雖然並未致命，但也算是同一項陰謀的一部分。

林肯一直沒有恢復意識，他於次日去世，投降的南方失去了唯
一的保護者。其他人可能設法模仿林肯的寬宏大量，但是除了林肯
之外，沒有任何人能夠控制北方方興未艾的政治敵意；刺客的子彈
對美國所造成的禍害遠超過所有邦聯的砲擊。人們甚至在憤怒中都
沒有對南方的領袖做任何報復，傑弗遜・戴維斯與少數其他的人的
確在要塞中監禁了若干時間，但後來所有人都獲釋而和平過日子；
然而林肯的死亡剝奪了引導聯邦的舵手，只有林肯能夠解決重建美
國的問題，為部隊的凱旋錦上添花，贏得人們心中永久的勝利。

憑武力取勝
只勝過他半數的敵人。

偉大的美國內戰就這樣結束了。整體而言，它被視作有史以來
最崇高的、也是最難以避免的大型集體衝突。有七十五萬人戰死沙
場；北方債務纏身；南方廬舍成灰，美國在物質上的發展因此倒退
了一陣子。美國人的天賦因為這個共和國歷史中許多傳統因素的疏
離而變得貧乏起來。但是如同約翰・布萊特（John Bright）對英
國工人階級所說的：「在最後的戰火煙硝散掉之後，籠罩美國大陸
的恐怖陰影將永遠消失無蹤。」

第十二部

維多利亞時代

第十五章　德意志的崛起

當美利堅合眾國正進入她的劫難，浮躁好動的拿破崙三世（Napolean III）正在鞏固他在法蘭西的統治之際，萊茵河彼岸發生了一件驚天動地的大事。一八六一年普魯士的威廉一世（William I）登上了腓德烈大帝（Frederick the Great）的王位，開始了他早期的統治，並且任命三位公職人員，他們對於歐洲歷史與現代事件的影響實無從估計。赫爾穆特‧馮‧毛奇伯爵（Count Helmuth von Moltke）成了總參謀長（Chief of the General Staff），阿爾布雷希特‧馮‧羅恩伯爵（Count Albrecht von Roon）成了國防大臣，最重要的是奧托‧馮‧俾斯麥伯爵（Count Otto von Bismarck）由駐巴黎使館召回，當上了普魯士的首相（Ministe-President）。俾斯麥首先成為北德聯盟（the North Germon Federation）的首相，最後成了德意志帝國（the German Empire）的首相（Chancellor）。這位舉世無雙的天才以冷酷手段主持德意志的統一與它的普魯士化（Prussianistion），消滅普魯士在歐洲最靠近的敵手，以及於一八七一年將威廉扶上德意志皇帝的寶座。他將輔佐或支配威廉與他的兩位繼位者，一直到他最後與年輕的皇帝威廉二世（William II）發生激烈衝突而於一八六〇年結束了他的任期為止。

俾斯麥在體力上、氣質上以及為扮演的蓋世角色所受之訓練上都準備充分。他擔任普魯士駐法蘭克福（Frankfort）聯邦國會（Federal Diet）代表前，曾經在普魯士行政部門（the Prussian Civil Service）任職及擔任波美拉尼亞省議會議員（the Promeranian Provincial Parliament）[1]。他到處遊歷，也在波美拉尼西管理很大的家產而獲得實務經驗。在他成為首相之前，他最後的一項任命是駐彼得堡（Petersburg），與駐巴黎的普魯士大使。他保留著早年生涯中對目的與手段兩者根深蒂固的信念，並且毫不諱言，有時還極端坦白地表達這些信念。君主極權政治

（absolute monarchy）是他的理想與目標。自由主義（Liberalism）與議會制政體（Parliamentarianism）都值得他詛咒。普魯士必須滌清懦弱與自由的成分，才能夠完成領導與控制德語民族的使命。她與奧地利的決定性鬥爭勢必無法避免。

在密集不斷、表現精彩、肆無忌憚的外交活動下，俾斯麥將鍛製德意志的三鎚都從容地準備妥當，並且展開出擊。這三鎚便是（一）一八六四年與丹麥交戰，結果什列斯威公國（the Duchy of Schleswig）與荷爾斯坦公國（the Duchy of Holstein）隸屬普魯士；（二）一八六六年的七週戰爭（the Seven Weeks War），結果奧地利被打垮了，她在德意志內的盟友都被蹂躪；而最後的一鎚是一八七○年與法蘭西交戰。

為了確保在其他方向的行動自由，俾斯麥一直深信必須確保普魯士東邊疆界的安全才行。他在法蘭克福說過：「普魯士永遠不能讓俄羅斯的友誼冷卻。在歐洲大陸上，與她結盟的代價最低。」普魯士曾經對克里米亞戰爭袖手旁觀，不久之後還有機會進一步對沙皇展現她算計過的示好舉動。一八六三年波蘭人在一陣子英勇的鼓舞下起來反抗俄羅斯，但是毫無取勝的希望；而這種英勇時常都是那個不幸民族的特色。俾斯麥支持與鼓勵俄羅斯人，甚至容許俄羅斯部隊越過普魯士邊境追逐起義的軍隊。他素來厭惡與恐懼的波蘭獨立運動再度被敉平，俄羅斯獲得了普魯士的善意以及將有進一步的示惠暗示。

在同一年俾斯麥抓住機會向西北拓展普魯士的疆土，並且控制住基爾港（Kiel）與丹麥半島的狹長地帶。丹麥國王駕崩而無直系的繼承人，關於什列斯威與荷爾斯坦兩個公國歸屬問題的長久爭執又瀕臨危機。許多世紀以來丹麥國王都統治著這些公國，做為神聖羅馬帝國的采邑。神聖羅馬帝國已逝，這些公國依然是維也納會議（the Congress of Vienna）創立的、鬆散的德意志邦聯（German Confederation）中界定不明的部分。什列斯威公國的人口有一半是丹麥人，而丹麥人期望將它併入他們的王國。荷爾斯坦公國的人

口全是德意志人。繼位之爭煽起了民族情緒的衝突。屬於另一個新血統的丹麥國王有資格繼承這兩個公國嗎？另有一位敵對者要求此繼承權。德意志人的愛國情緒高漲，決心要防止這些公國脫離德意志祖國。

俾斯麥十分清楚如何混水中摸魚。德意志邦聯已經爲這個問題與丹麥人不睦；當丹麥的新國王霸佔這兩公國的主權時，漢諾威人與薩克森人就聯手組成聯邦軍隊（Federal Army），並且佔領了荷爾斯坦。此時俾斯麥便拖著奧地利進行干預。奧地利仍是德意志邦聯的成員，心中仍念著她留下來的義大利屬地，對於民族主義在她的偏遠行省獲勝一事至爲痛恨。一八六四年一月，奧-普最後通牒送到了哥本哈根（Conpenhagen）；到了七月，丹麥被擊敗並遭到蹂躪，什列斯威被佔領。超級武器——普魯士新軍——幾乎還沒有大顯身手，它未來的受害者幾乎還不知道它的厲害。

英國在這椿紛爭當中並沒有扮演有效的角色：帕默斯頓本來最喜歡從事干預，因爲英國已於一八五二年藉柏林條約（the Treaty of Berlin）保證丹麥的完整，他自己也曾協助這項條約的談判。在普奧聯手出擊之前，他已在平民院說：「我們都深信——至少我深信——如果有人企圖，逞強施暴，侵犯丹麥人的權利，干預丹麥的獨立，那麼做此企圖的那些人就會發現他們必須對付的不只是丹麥而已。」但是英國內閣猶豫不決，意見分歧，並沒有準備支持這些不精確的承諾。維多利亞女王堅守故世王夫的看法，並且支持普魯士的崛起。而且，帕默斯頓自己在對抗拿破崙的戰爭之際開始他任大臣的生涯，對法蘭西懷有疑心。如果爆發全面戰爭，他害怕拿破崙三世（Napolean III）可能奪取萊茵河左岸地區（the Rhineland），擴大他在歐洲的權勢而帶來危機。事實上，法蘭西知道英國僅能在歐洲大陸投入二萬兵力，若與普魯士及奧地利作戰，英國的貢獻很可能限於承擔容易、不具任何輕重意義的任務，像是以海軍控制波羅的海（the Baltic）。因此法蘭西拒絕了英國提議採取聯合行動的試探性提案。拿破崙三世反而希望向普魯士勒

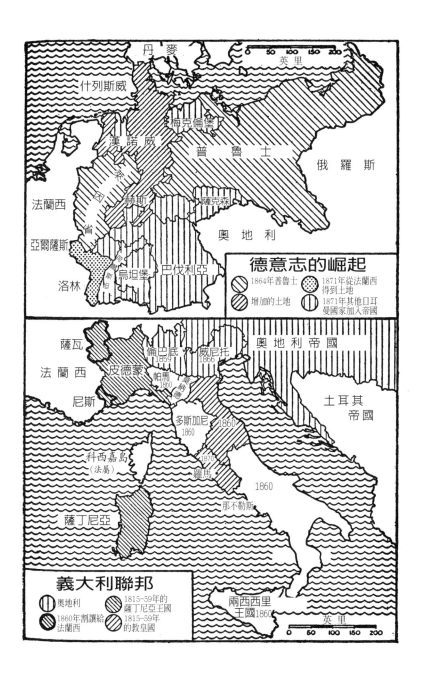

索賠償，而不必求助於戰爭。他玩弄這種雙面外交手段並未得逞。俄羅斯欠俾斯麥一分人情，著眼在未來的鬥爭而拒絕涉入此一紛爭。在這種環境中，帕默斯頓感到無計可施，只有敦促開會進行調停。在英國歷史上，這並不是它因缺乏實力做爲後盾而只知講狠話的唯一一次。帕默斯頓所說的話已經給予丹麥一種不實的安全感，使得他們堅持己見，但是他們的要求其實並不完全合理。在英法袖手旁觀之時，德意志人客氣所稱的「現實政治」（Reapolitik）就此創下了不詳的先例。「現實政治」意謂著不論何時只要可能得到具體的利益，便可以不理會國際事務中的道義標準。在這次的例子中，丹麥這很小的受害者並沒有被消滅，和平條件也並非苛刻而難以承受。當時與後來，俾斯麥都知道對被征服者努力表現某種寬宏大量自有其價値。

　　與丹麥作戰的結果，不久就要爲下一個更爲重要的行動提供藉口與時機。這個行動便是將奧地利自德意志邦聯除去，並設法讓普魯士來流治德意志邦聯。什列斯威與荷爾斯坦已成了普魯士與奧地利的共同管轄國（condominium）。俾斯麥玩弄著這種難以操縱的安排，並維持著煙幕，準備以後對付憤怒的，但是長期受苦的奧地利人。同時，他在其他地方尋求支持。他於一八六五年在拜亞里茲（Biarritz）拜訪拿破崙三世。這次會談的內容並沒有保存下任何確實的紀錄，但是俾斯麥也許重申了有段時間他一直對法蘭西駐普魯士大使所闡述的主題：如果法蘭西能放手讓普魯士對付奧地利，法蘭西就可期盼在擴張她自己的領土到「說法語的任何地方」時，獲得普魯士的支持。顯然這地方指的是比利時。而且，法蘭西可以在普魯士的行動之最後階段擔任調停，甚至可望在德意志南部得到土地做爲報酬。拿破崙三世未做任何承諾，但是並非不接受此計。俾斯麥便心滿意足地返國。他並沒有白紙黑字簽下任何的條約。

　　同樣重要的是義大利的友誼，因爲她也正在走向統一。像已經敘述過的加富爾與加里波第，已經將差不多整個半島置於薩瓦王室

的統治之下。但是威尼斯、的港（Trieste）與南提羅爾（the Southern Tyrol）仍舊在奧地利的手中。義大利人渴望恢復這些地區。一八六六年四月，國王維克多‧伊曼紐爾（King Vector Emmanuel）與普魯士簽訂密約，同意如果戰爭在三個月內爆發，義大利便攻擊奧地利。

舞台已經全然搭好了。法蘭西保持中立，俄羅斯表示善意，義大利是盟友。英國在這事情上幾乎無足輕重，但是在任何情形中她都支持義大利的解放運動，與奧地利不睦也已經有若干年了。俾斯麥對奧地利與她在德意志邦聯中的盟友進行戰爭挑釁，精確地跟著依計畫發生了。

在戰爭爆發的十天之內，漢諾瓦‧赫斯（Hesse）與薩克森（Saxony）都被普魯士部隊佔領。漢諾瓦的國王，喬治三世（George III）的孫子漢諾威國王逃往英國。他的國家被普魯士併吞。曾於一七一四年給予英國新教王朝之古代選帝侯領地（Electorate）漢諾威王國就這樣子消失了。漢諾威王國的資金後來都明智地用在德意志其他各邦的統治階級，以減輕他們對於普魯士的憎恨。普魯士的主力部隊接著向南行軍進入波希米亞（Bohemia），同時俾斯麥的特務在奧地利部隊後方煽動匈牙利人。在一個星期的調動之後，普魯士的參謀人員已經巧妙的運用鐵路做為他們部隊戰略集結的輔助，於是雙方在沙多瓦（Sadowa）展開決戰。雙方都有二十萬以上的人參加交戰。普魯士人使用新式的、後膛裝彈的來復槍，它的射擊之快速無庸置疑。奧地利人設法克服他們的武器劣勢弱點，便採取近戰方式，相信他們在拼刺刀肉搏戰方面佔優勢。這是許多民族共同有的自尊心，但證明是毫無根據。毛奇與他的將領多年的努力有了成果。奧地利部隊被打得落花流水。

三個星期之後普魯士人已來到維也納城下。在俾斯麥毫不讓步的堅持下，這個首都免除了被佔領的屈辱，和平條件也再度表現得很寬容。俾斯麥已經在思考他下一步的行動，他重視與奧地利未來

的友誼。他說：「因此得勝便適時收手，不僅是慷慨大方的政策，而且也是最明智的政策。但是對於由它而獲益的勝利者而言，接受此種寬待者必須有所值才行。」奧地利在領土方面唯一的損失是將威尼斯割讓給義大利，而她終於掙脫了德意志的羈絆，她未來的野心不可避免地一定是轉向東南方向的斯拉夫人。因此，七週戰爭結束了。普魯士已經得到德意志境內五百萬居民與二萬五千平方英里的土地。歐洲大陸的權力均衡已經徹底改變。法蘭西已經有不寒而慄的預感。

拿破崙三世為他的保持中立而向普魯士索取若干報酬，這是被人看不起而稱之為討小費的政策，但是他並未如願。法蘭西要求得到德意志南部的領土，俾斯麥斷然予以拒絕，並且公布了他與拿破崙三世的來往照會，因此引起人們對法蘭西的猜疑，鞏固了他自己在德意志境內非普魯士控制區的地位。等到法蘭西認清她的危險則為時已晚。依俾斯麥步步為營的計畫看來，普法戰爭已近在眼前。法蘭西陸軍大臣阿道夫·尼埃爾元帥（Marshal Adolphe Niel），十萬火急準備改組法軍，而拿破崙三世則到處尋找未來鬥爭中的盟友。拿破崙三世的健康日下，做決策的能力日減，國會與報界又暴燥高傲，法蘭西便被輕率地驅使奔向她的厄運。

接下來的四年緊張日增，普法雙方逐步增加軍備，種種事件都觸及戰爭邊緣。對於英國的政治家而言情勢十分清楚。他們盡力調停，但對法蘭西或普魯士都沒有堅定的承諾，這樣的努力必然注定失敗。明顯的國家利益，或對任何一方的喜愛，都不足以左右英國的立場。拿破崙三世的野心在倫敦啓人疑竇；而俾斯麥，借用英國駐柏林大使的話，似乎已選擇「勒索政治」（politique de brigadage）之途。

這位德意志的首相再度成功地剝奪了他敵手的盟友。儘管法蘭西極力逢迎，奧地利不為所動。義大利沒有任何理由要反對一八六六年與她站在同一邊的普魯士盟友。法蘭西部隊仍舊為教皇鎮守羅馬，法蘭西的敗績會逼得他們撤退返國。俄羅斯在俾斯麥的慫恿

下，攫取她的利益，撕毀了約束她進出黑海的條約。俾斯麥對於英國不太在意。他以前曾說：「對我而言，英國算得了什麼？一個國家的重要性依它能置於戰場上的士兵人數而定。」然而他於一八七〇年將四年前顯然由法蘭西人提出的條約草案寄給《泰晤士報》（The Times）。法蘭西在這草案中設法以支持普魯士爲條件來得到比利時（Belgium）。但英國必須確保比利時不被侵犯，因此這件草案使她更無意支持法蘭西而從事干預。

　　俾斯麥在一八七〇年夏季施出了他的錘擊招數。西班牙的革命已經驅逐了波旁王朝，使西班牙的王位虛懸了差不多二年。西班牙的臨時政府設法由歐洲的王族中尋求適合的國王人選，最後選中了霍亨索倫-西格馬林根（Hohenzollern-Sigmaringen）的利奧波德王子（Prince Leopold）；他是普魯士國王威廉家族嫡系的成員。王子婉拒了這項提議。不過，在俾斯麥的建議之下，西班牙人重新提出他們的邀請，這一次它被接受了。法蘭西人的反應很激烈。議員在國會中激昂的演說，法蘭西駐普魯士大使也受到指示要求普魯士收回利奧波德王子的承諾。法蘭西外交大臣描敘此項安排「對法蘭西不利，擾亂了歐洲的勢力均衡，並且危及到法蘭西的利益與榮譽。」無疑地，他說的一定是指法蘭西將被包圍。威廉國王很有耐心，接受了這些抗議。他私下建議利奧波德王子撤消承諾，而王子在四十八小時之內就答應了。法蘭西報界欣喜若狂。法蘭西犯了大錯，指示她的大使強行要求普魯士保證不再重新提出這位人選。對於威廉國王而言，這種要求也太過分了。他彬彬有禮但又堅決地打發掉這位大使。在他正式獲知利奧波德王子宣布放棄繼承一事，立刻便函告法蘭西大使說他認爲這件事已經解決了。

　　對俾斯麥而言，威廉國王的外交作法使他很苦惱。他相信他工作的成果將付諸流水，他的國家將必蒙受屈辱。他備感沮喪，與毛奇及羅恩在柏林進餐，接到國王由埃姆斯（Ems）所發來的，描述最新普法交涉情形的電報。國王的電報表示，若俾斯麥認爲電報中所說的內容可行，便自行斟酌公布。俾斯麥抓住了這個機會，並未

篡改內容，但是縮短了電文，以便使人認為法蘭西人的要求已經被斷然駁回，他們的大使已經遭到峻拒。聚餐的三人十分明白這個公報——現在借用俾斯麥的話是「激起高盧公牛拼鬥的紅色破布」——使得衝突成為不可避免。三人都很滿意，餐會就散了。羅恩欣喜得大呼：「我們昔日的上帝依然存在，將不會讓我們在恥辱中滅亡。」在一個星期之內，法蘭西就對普魯士宣戰。大家都知道只要威廉國王不屈服，法蘭西內閣決定在任何情形下發動戰爭。法蘭西的軍事情報有缺陷，導致若干法蘭西領袖相信他們的軍事準備工作超越普魯士。在後來的四十天裡就會出現可怕的、相反的答案。

　　普魯士將百萬士卒一半放在戰場，並將同樣一半置入預備隊。二百年來曾經在歐洲事務中支持法蘭西的巴伐利亞（Bavaria），現在投入十五萬人與法蘭西並肩作戰。戰鬥的過程短暫而兇猛。法蘭西人以他們民族的闖勁與英勇來作戰，他們步兵的武器也完全達到他們敵人的水準。但是他們在新的戰爭邏輯、運輸、補給系統，更重要的是在參謀作業與訓練上都已過時，不及敵方。

　　一開始法蘭西便諸事不順。皇帝本人修訂的動員計畫，緩慢而又十分混亂。軍官們到處找尋不存在的單位，在亞爾薩斯（Alsace）的預備士卒都被送到庇里牛斯山脈（the Pyrenees）中的軍營去進行裝備，然後才到他們出發地點幾英里的範圍內加入部隊；許多士卒必須在幾週之後才能抵達他們的兵團，但這些兵團此時已經敗陣潰散或是正在撤退。

　　德意志人以三路大軍向前挺前，其中兩軍總數達三十五萬人，通過四方匯聚的路線朝法蘭西美次要塞移動；而普魯士王儲，率領二十二萬人向斯特拉斯堡（Strasbourg）進發。遠在各路大軍前方都有騎兵先行，使法軍摸不清敵人動向，而無法為他們自己的參謀部提供確實的情報。在空曠戰場上所發生的大多數戰役都是因為普魯士前鋒猛烈挺進而不期然地爆發的。他們的主力部隊組織卓越，能夠快速地利用這些戰果。八月四日，普魯士王儲在威森堡（Wissembourg）擊敗了由馬里・埃德姆・帕特里斯・德・麥克馬

洪元帥（Marshall Marie Edme Patrice de MacMahon）率領
的亞爾薩斯軍團，兩天之後在沃窩特（Wörth）激戰中，將法軍主
力驅逐向南邊的沙隆（Châlons）逃竄。同時，由法蘭西皇帝指揮
的萊茵河軍團被迫退往美次。拿破崙三世在這個要塞將他的指揮權
交給阿希爾‧巴贊元帥（Marshall Achille Bazaine），並且在沙
隆與麥克馬洪會合。

　到了八月中旬，德意志的一、二兩軍已經設法插入美次與巴黎之
間的地方。巴贊打了三場血戰，八月十三日在格洛夫洛特（Gravelotte）
一仗更是到達了高潮，德意志的騎兵在這一役損失慘重，但扭轉
了戰局。巴贊退往美次，在那裡仍有十八萬法蘭西陸軍精銳，不過
都坐視毛奇的計畫快速發展，說起來實在不光采。麥克馬洪與皇帝
雙雙率軍前往解救美次。普魯士王儲繞過了斯特拉斯堡，前來色當
（Sedan）附近與法軍交戰，逼他們撤退到比利時邊境這個古代有
防禦工事的城鎮。德意志的砲兵早已表現出顯著的優勢，有條不紊
地包圍著法軍陣地，由四面八方向它們開火。在現代戰爭下，色當
在防禦方面可說是無力適應。德意志人佔領了這個城鎮上方的高地
時，這個陣地便守不住了。拿破崙三世在拼命苦鬥之後親率十三萬
人投降。戰爭爆發僅僅六個星期，他就將他的佩劍交給了普魯士國
王。俾斯麥也在場。他們上一次的會晤是五年前於比亞利茲，當時
兩人同是外交人員。

　三個星期之後德意志人包圍了巴黎。幾天之後巴贊由於愚蠢、
厭戰、或更糟一點，像許多法蘭西人所相信的，不必要地棄守美次
要塞而請降。一八三六年，法蘭西法庭相信他是基於怯懦或叛國的
原因而有此舉，判他死刑，雖然這判決迄未執行。

　　　　　＊　　　　＊　　　　＊　　　　＊　　　　＊

　戰爭似乎過去了。法蘭西皇帝成了階下囚。皇后已逃往英國。
巴黎被圍城的部隊四面八方困住。「國防政府」（Government of
National Defence）仍在這首都堅守。儘管它的一位成員萊昂‧
甘比大（Leon Gambetta）奮勇乘汽球逃出城去，動員各行省從

事抵抗，在羅亞爾（Loire）與瑞士邊境的法蘭西部隊卻無法取得重大的戰果。一八七一年一月圍城結束，巴黎陷落。

停戰的談判在凡爾賽展開。這次俾斯麥拼命爭取價碼，爲他的每項讓步索取重大的回報。在當時看來，與法蘭西所訂的和約很嚴苛。普魯士人索取五十億法郎的黃金做爲賠償。一般咸信這筆錢若在三年內交清，足以使法蘭西經濟受累甚久。勝利的部隊在巴黎街頭遊行示威。亞爾薩斯與東洛林（Eastern Lorraine）割讓給了德意志。在法蘭西人心中埋下了的確屬於有仇不共戴天的種子。

條約最後的正式文本在數月之後才由雙方簽字。同時，法蘭西遭到了軍事敗績令部隊瓦解的可怕後果。革命分子於三月控制了巴黎，巴黎的衛戍部隊早已經因爲停戰條件而大幅裁減。最初這個採取公社（Commune）方式的運動，是由愛國動機激起的。革命分子眼見普魯士軍隊得意洋洋，呼籲感到羞辱的巴黎民眾起來繼續奮鬥。法蘭西臨時政府（the Provisional French Government）並不認眞地想粉平這種起義，所以失敗了，於是撤到了凡爾賽，由紅旗在巴黎飄揚。俾斯麥釋放了法蘭西戰俘，協助鎮壓這首都中現在已成爲全面軍事行動的亂局。

當麥克馬洪元帥率領政府部隊挺進前往鎮壓時，巴黎公社的特性改變了。它的支持者失掉了趕走普魯士入侵者的興趣，而成了日益兇惡的、嗜血的社會革命分子。他們槍決了包括巴黎大主教與許多教士在內的人質，焚燒巍然的、全國著名建築物。麥克馬洪的部隊必須奮戰通過一道道的障礙，在內戰的恐怖氣氛中接近巴黎的中心。大約戰鬥六星期之後，秩序恢復，死亡的人數成千上萬。估計單單在戰鬥進行中被處決的就有二萬五千人。這項行動沒有波及到法蘭西的其他城市，卻受到海外的共黨分子的歡呼。住在英國的卡爾・馬克思（Karl Marx）在這行動裡面看到他一直鼓吹了半生的階級鬥爭理論得到了證明。巴黎公社受到一七八九年與一八四八年的革命的直接影響，已在法蘭西政體上留下了至今仍然可見的痕跡。

　　＊　　　　＊　　　　＊　　　　＊　　　　＊

　　在停戰的那個月，德意志統一的巨大體系宣告完成。自秋天以來，德意志的外交人員就在凡爾賽工作。一八七一年一月十八日，普魯士威廉一世國王在鏡廳（the Hall of Mirrors）接受由其他的君主們所以呈上的「德國皇帝」（German Emperor）的稱號。關於稱號確切的文詞有若干爭議。俾斯麥常常都願意重實質而輕形式，已經決定了這個稱號，以免小國家對之望文生義。威廉離開鏡廳的時候，明顯地不理他的國運建築大師，因為他原本期望被封為「德意志皇帝」（Emperor of Germany）。

　　在沙多瓦戰役那一天，迪斯累利對他的選民演說，談論著置身於歐洲事務之外的好處。不論怎麼說，像後來一切事實顯示的，他的確擁有洞見。五年之後，英國仍可能保持美意、困惑的心情，遠遠旁觀這場鬥爭。在十九世紀的六十年代，英國王室海軍已經重新裝備十分強大、上面架設有膛砲的鐵甲艦，可發射砲彈而非霰彈。在海上，海軍使用木船與風帆的時代終於過去了。美國內戰的海上教訓已經被英國海軍學會了。但是在陸上，英國正規軍仍依歐洲大陸標準維持著微不足道的數量。十九世紀的戰爭持續的時間都不長，來不及表現出工業國家終於能夠辦到的軍事部署。

　　俾斯麥的畢生志業在凡爾賽達到了高潮。面對國內的每項阻礙，以及三場戰爭故意挑釁的代價，普魯士已可為德意志當家作主，使德意志成了歐洲大陸兩個最強大的國家之一。付出的代價很大。法蘭西很憤慨，決心報復，急於獲得幫助她的盟友。於維也納建立的「歐洲協調」（the Concert of Europe）的概念現在已經嚴重破裂，弊端重重。在隨後的歲月中，人們曾多方努力想將它恢復，有時只暫獲成功。但是漸漸地歐洲強權分成了兩大陣營，而英國成了個不自在的、未做何承諾的旁觀者。這種分裂終於成為不可跨越的鴻溝，惹起二十世紀的兩次大戰。英國遲遲才認清這情勢的改變。迪斯累利雖然誇張其詞，卻走在他時代的前面。當時他宣稱普魯士武力的勝利意謂著德意志的革命，他預測它是「較上一個世

紀法蘭西大革命還更大的政治事件。」武裝和平的紀元已經開始了。英國在格拉史東與迪斯累利的時代，完全一心一意地關注國內事務，以及愛爾蘭與帝國的問題。但是歐洲事務與殖民事務之間明顯互不相涉的日子正迅速地走向結束。不過，只要俾斯麥在領導德意志，他就會小心翼翼，不興端惹事，以免挑起英國的仇意。同時，殖民地的爭執日益使這個島國與法蘭西的關係步入黑暗。一直要到德皇威廉二世（Kaiser William II）將偉大的首相俾斯麥革職，並且全心奉行挑釁的政策時，英國才完全醒悟，瞭解到條頓人（德國人）的威脅。

【1】　編按：波美拉尼西（Promerania）為中北歐波羅的海沿岸一歷史性地區。

第十六章　格拉史東與迪斯累利

　　我們現在進入到英國歷史中一個長期的、繼往開來的、向前邁進的時期──格拉史東與迪斯累利擔任首相的時代。這兩位偉大的國會人士由一八六八年到一八八五年輪流治理這個國家。差不多有二十年之久沒有任何人對他們的領導地位提出嚴重的質疑。直到迪斯累利於一八八一年去世之前，政壇都是由他們兩人互爭高下。兩人都位於權勢的高峰，辯才無礙，口若懸河，在平民院的議事與辯論都成為眾人矚目的焦點。唇槍舌劍的衝刺與閃躲每每都在全國引起討論。他們兩人之間的歧見並未超過兩黨制度中的歧見，但是他們的性格與脾氣完全南轅北轍，使衝突益增光彩，並產生根生蒂固的對立。迪斯累利私下寫道：「後代將對那個毫無原則的狂人格拉史東做公正的論斷。他非同尋常，集嫉妒、報復心、偽善與迷信於一身，而且還自視高傲──不論是說教、祈禱、高談闊論或舞文弄墨，從來都無君子之風！」格拉史東對他的對手的評斷也很尖刻。他表示迪斯累利的主張「虛偽，但是這個人比他的主張更虛偽。……他使輿論喪失道德標準，帶著病態的貪欲討價還價，挑起人們的情緒、偏見與自私心理，以便維持他的影響力……他贊同王室不合憲政潮流而主張削弱王室權柄，不惜以任何代價博得民主聲望而使憲法有名無實」。他們就這樣對峙，在平民院互相叫陣：格拉史東聲音洪亮、眼如鷹隼、有打動他人情緒的力量，與迪斯累利的瀟灑丰姿及潤飾得體、隨機應變的雄辯形成了對比。

　　格拉史東於一八六八年當上首相，便注定是位小心翼翼、性格嚴謹的行政官，也終於成了個見解正確的自由黨改革者。但這僅是他天賦的一面而已。漸漸使他成為這個世紀最受爭議人物的，是他那喚起自己憤慨與選民義憤的才幹。在征討巴爾幹國家（the Balkans）與愛爾蘭的二次偉大運動中，他所提出最具影響力的訴求就是必須由良知與道德律來主導政治決策。這樣大聲疾呼、時常闡述的要求，在格拉史東的政策顯然與自由黨的利益相符時，會被

人指控為偽善。但是這指控不實；格拉史東的演說中透露著傳教士的精神。他寧可拆散他的黨也不願意違反他的良知。在他改而支持愛爾蘭地方自治不久之後，他對他的副手威廉·哈考特爵士（Sir William Harcourt）說：「即使沒有任何人支持，我也準備勇往直前。」這種態度無法適當地解決人事糾紛，而使自由黨分裂，但是為他在追隨者當中贏得了英國從未見過的崇高地位。

面對格拉史東，迪斯累利需要發揮他得天獨厚的全部勇氣與機智。許多托利黨人都不喜歡與不信任他從事改革的見解，但是他應用罕見的技巧掌握他的同僚。在政黨管理藝術方面，他從來都是高人一等。他所有的看法中都有幾分憤世嫉俗的意味，他的性格中沒有一絲道德上的熱忱。大部分的工人階級因現實利益而被教會、王室、帝國與貴族控制，而這些現實利益可以轉變成對政黨有利的優點。或者他看到的情形是如此。他從來沒有完全與英國人的生活方式同化，一直到老都保留著超然的態度，這使他從年輕時就可以對英國社會做出獨特的分析。也就是這種情形，使得他能夠診斷與評估所處時代中更深層的政治潮流。他雖然長期受到自己政黨的拖累，但還是領導它在選舉中獲勝，並且在一段期間裡得到了他常常期盼的權力。

格拉史東深信，迪斯累利已經為保守黨掌握住女王，並且毫無忌憚地運用他個人的魅力而危及憲法。沒有任何事物比這個認知更加使他們互相為敵。格拉史東成為首相的時候，艾伯特親王已於一八六一年過世，維多利亞正在服喪與半退隱。女王非常厭惡格拉史東將君主制度帶返公眾生活中的企圖和做法，其中最反感的是格拉史東計畫將她的長子立為愛爾蘭代理總督，儘管這是出於善意。格拉史東雖然還是尊敬女王，卻無法將任何溫情注入他與她的關係中。根據報導，她有次說他對她講話像在公眾場合開會一樣。迪斯累利並沒有犯同樣的錯誤。他宣稱：「英國憲法的原則並未排除君主個人的影響力；即便是有，人性的原則也會防止這樣的理論得以實現。」他經常寫信給女王，努力將她由因艾伯特去世而吞沒她的

孤獨與冷漠中拯救出來，並且迎合她想共同制定政策的心願。在一
八七七年五月東方危機到達高潮之際，他爲自己對討論內閣各種不
同意見的報告寫下下列的結語：「這政策是陛下的政策，將由首相
推出並且全力執行。」維多利亞發現這種恭維的話令人無法抗拒。
她抱怨格拉史東執政時從來都不對她做任何奏稟。如果他在一八八
〇年以後都向女王稟奏的話，她就可能會抱怨在野的保守黨了。從
那個時候起，她就對自由黨政府不友善；她不喜歡格拉史東，憎惡
他那個政黨中日益成長的激進主義。但是事實上沒有任何損害發
生；格拉史東小心翼翼，在政治議論中不談女王，因此公眾無人知
道他與女王不和。儘管他埋怨說「女王足可毀掉任何人」，但是還
是耐心地爲她效勞，雖然他並不那麼理解女王的心理。在任何情形
下，以人民選舉爲基礎的民選政府必然會逐漸削弱國王個人的權
勢。儘管維多利亞偶而有某些傾向，她仍舊是位立憲制度下的
君王。

＊　　　＊　　　＊　　　＊　　　＊

　　格拉史東常常說，一八六八年至一八七四年這期間他的內閣是
「歷來所建造的最好的治國工具之一」。內閣受到他無窮精力的驅
使，進行了過去長期被延擱的大批改革。這幾年是黃金年代，此時
自由主義仍是股積極進取、不受束縛的力量，個人主義的主張與自由
放任主義（laissez-faise）兩者正在尋找並摧毀十八世紀政體最後
的流風遺緒。政府機構、軍隊、大學與司法界全都遭到抨擊，擁有土
地的舊利益團體的權勢開始崩潰。詹姆斯‧穆勒（James Mill）[1]
曾經稱之爲「邪惡利益團體」的權力，由於政府公職逐漸且堅定地
開放給富有才智與勤奮之士而一點一點地萎縮。自由主義是原則，
自由放任政策是方法；政府不需要不當地擴大權力；中產階級終於
得到與他經濟權力相等的政治權力。格拉史東隨著時潮而當權；一
場選戰獲得的全面勝利以及一個隨時準備改革的國家爲他提供了機
會。自由黨在一個罕見的、力量平衡的時刻團結起來支持他。他的
政策顯然有許多弄權玩法的地方，但是激進派、溫和的自由黨人，

甚至輝格黨人都一致表示同意，像是未來幾十年的教育政策。他以愛爾蘭做為起點。女王的詔令送達他在黑瓦登（Hawarden）的鄉間府邸時，他說「我的使命是要平定愛爾蘭」，並且不顧強烈的反對，也不理自己早期捍衛財產與國教信念的原則，於一八六九年廢除了愛爾蘭的新教教會（the Profestant Chruch of Ireland）。次年頒布「土地法」，企圖保護佃農不會遭受不公平驅逐而失去所租的土地。但是平定愛爾蘭並不是件易事。

在英國，政府發現並非沒有工作可做。在一八六一年選舉改革（the Electoral Reform）之後，升任財政大臣的羅伯特・洛（Robert Lowe）就曾說過「我們必須教育我們的主人。」選民應當知道讀與寫，政府也已經替他們開放了追求更多知識之路。因此選舉權的擴大以及自由黨的支持者普遍明白教育的好處，導致發起建立全國初等學校體制的運動。威廉・愛德華・福斯特（William Edward Forster）所提的「教育法」（Education Act）在一八七○年通過之後完成了這件事；雖然這個法像未來幾十年的所有教育措施一樣，被派系成見與紛爭弄得不清不楚。同時，國內政府機構方面攀親帶故的恩寵作風也終於杜絕。因此，此後只有透過極為強調智識造詣的考試才有可能進入新的行政階級。能力──而非財富或家族關係──現在成了晉升的青雲梯。次年，牛津大學與劍橋大學都廢除了所有的宗教宣誓手續。所有的大學都接納天主教徒、猶太教徒、反對國教者（dissenter）以及不信教的年輕人。司法體系既古老又錯綜複雜，長久以來是訴訟當事人的夢魘與律師的聚食場，現在都藉著法院與衡平法法院（equity）的合併而簡化及現代化了。「司法條例」（the Judicature Act）顯示極其需要的改革之冗長過程到達了最後階段。多少世紀以來訴訟當事人時常都必須為同一件事同時在兩個法院打官司。現在設立了唯一的最高法院，轄有適當的幾個分院，上訴的程序與方法都已弄得整齊畫一。由愛德華一世（Edward I）統治時代遺留下來的官職在全面改革中清除淨盡，一切的行政亦隨之變得健全，或許格拉史東感到最窩心的是

政府厲行撙節與降低賦稅的政策。

　　在克里米亞戰爭中遭到的挫辱已使得人民明白，偉大的威靈頓公爵之種種作為在無能者的手中全都無用。普魯士在法蘭西獲得勝利，使軍政人士都感到震驚。陸軍部的改革已經曠費時日。它們由格拉史東的政務大臣，軍隊改革的幹才愛德華‧卡德偉爾（Edward Cardwell）完成。總指揮劍橋公爵（the Duck of Cambridge）反對任何改革；女王相當勉強地簽署樞密令（Order in Council），將他置於政務大臣之下，算是實現了改革的初步措施。笞刑已經廢除。「兵役法」（the Enlistment Act）縮短了服役期，將可有效率地創造更多的後備軍人。一八七一年卡德偉爾再採進一步的措施，與軍方狠鬥之後，禁止了花錢購買委任令的做法。步兵都重新裝備，配以馬提尼-亨利步槍（Martini-Henry）[2]，兵團體系完全以郡為基礎而加以改編。陸軍部也大事整頓，不過尚未設立總參謀部（General Staff）。

　　所有這些步驟都在六年輝煌、多事的歲月中完成了。然後，就像英國歷史中常見的舊態復萌，鐘擺又盪回來了。重大改革惹惱了大利益團體。國教徒受到幾項措施的打擊；非國教徒（Noncomformist）發現「教育法」幾乎沒有任何讓他們感到高興之處。軍隊與宮廷都痛恨卡德偉爾窮追猛打的改革措施。「投票法」（Ballot Act）容許工人階級可以祕密與不受恫嚇地行使新贏得的投票權，此外並無吸引他們的任何之物。用上一千五百萬美元解決了與美國關於「阿拉巴馬號」的爭執雖然很明智，但是長期在帕默斯頓主政下節衣縮食的人民對此舉並不領情。他們開始猜疑格拉史東對於捍衛英國的利益並不熱心。自由黨禁酒派（the Temperance wing）所提的「販酒特許法案」（Licensing Bill）沒有獲得通過，疏遠了酒業利益團體，使釀酒業者與保守黨結盟。格拉史東不久就抱怨，說他已在「琴酒與啤酒的洪流中」被沖下權力的台階。迪斯累利的演說能力現在發揮到了極致，他如此描述格拉史東內閣：「女王陛下的這些新大臣渡其政治生涯，就好像是受到某

種有害藥物影響的一群人。他們對於愛爾蘭的掠奪現象與無政府狀態未感到厭膩，反而開始抨擊這個國家中的每種制度與每個利益團體，每個階級與行業。……隨著時間的進展，人們並不難察覺政府正恣意亂來，而並未發奮圖強。不合人情的刺激正在退去。激烈發作結束之後，人便癱了下來。有些人心情抑鬱，但他們傑出的首領不是出言威脅便是唉聲嘆氣。我坐在國務大臣席位(the Treasury Bench)對面，大臣們都使我想起了南美洲海岸地區並非不常見的一般海景。你看到的是一些岩漿噴射已盡的火山，蒼白的山頂見不到一絲火苗幌動。但是這情況仍舊很危險。不時發生地震，陣陣海嘯的隆隆聲也很可怕。」

然而，格拉史東主政的第一任政府在英國歷史中地位很高；不過當國會於一八七四年解散的時候，自由黨幾乎沒有多少新的理想需要詳細解釋。格拉史東爲選舉奮戰，提議廢除當時的所得稅(一英鎊付三便士)，卻因未能完成這個目標而終身都感到遺憾。但是全國現在都反對他，因此他輸了而未當選，遂開始過半退隱的生活，並相信自由黨倡導的偉大改革工作已經完成。他大多數的輝格黨朋友都同意此說。激進派則另有想法，但他們全都錯了。這位「年邁的大人物」（the Grand Old Man）不久就要在暴風雨中重返政壇。這場暴風雨將會撕裂與粉碎英國公眾生活中的黨派忠誠與傳統，其方式遠較他們當中任何人想到的都要徹底。

　　＊　　　　　＊　　　　　＊　　　　　＊　　　　　＊

在格拉史東一心一意、好整以暇在黑瓦登伐樹，撰寫文章論述荷馬之時，他的強敵迪斯累利抓住了機會奪權。他已經覬覦最高權位很久了。二十五年來他都是保守黨在平民院的領袖，現在他已經年逾七旬。他的體力從來都不夠強健，晚年因爲喪妻而成了鰥夫，還受到痛風與其他病痛的折磨。「權勢對我而言，來得爲時已晚。……有些日子，在我醒來的時候，我覺得我可以改朝換代；但是這些都已經過去了。」但是，他面對的問題從來就不單純。除了一八四一年至一八四六年皮爾內閣以托利黨的災難做爲結束的這段

時期，將近半個世紀托利黨多多少少都是在野黨。它被貼上反動黨派的標籤，它的成員被譏笑為埃爾頓‧西德茅斯與其他堅持己見、老托利黨人的繼承人，它現在必須面對追求民主的選民。對他們而言，托利黨的這位領袖曾經支持擴大選舉權，但它簡直是「輕舉妄動」。不過迪斯累利信心滿滿。他仍舊忠於他在一代以前發起的「年輕英國運動」（the Young England movement）之精神，從來不相信英國的工人是激進派或打算破壞既有秩序的人。他清楚地看出，雖然許多的新選民受到有關傳統、持續性、井然有序社會發展的吸引，這樣的情緒在他自己保守黨「坐在平民院後排的議員」（back-benchers）消極的作為影響下，永遠都不會成熟得可做為有利選舉的優勢。他不僅需要爭取選民，還必須改造他自己的政黨。

　　早在格拉史東下台之前，迪斯累利的競選活動就開始了。他一心一意提倡社會改革與新帝國這兩個概念，他的這種鉗形攻擊傷到了格拉史東的要害。帝國從來就不曾喚起格拉史東的興趣；他雖然慷慨陳詞爭取工人階級的政治權利，但幾乎毫不顧及他們物質方面的要求。在另一方面，迪斯累利宣稱「大臣首先要考量的是人民的健康」。他在執政後的第一次國會開議期間，著手履行他自己的誓言。自由黨人視此為「陰溝污水政策」（policy of sewege）而一笑置之。他幸而有很多同僚，其中內政大臣（Home Secretary）理查德‧克羅斯（Richard Cross）才能出眾。「工會法」（Trade Union Act）給予工會幾乎完完全全的行動自由，「工匠住宅法」（Artisan's Dwelling Act）是處理住宅問題的第一項措施，「食品暨藥品銷售法」（Sale of Food and Drugs Act）與「公共衛生法」（Public Health Act）最後在健全的基礎上建立了衛生法規。迪斯累利成功地說服很多保守黨人，選民的真正需求包括更健康的生活條件、更好的家園以及在工業世界集會結社的自由，而且保守黨十分能夠提供這一切。礦工領袖亞歷山大‧麥克唐納（Alexander Mac Donald）宣布「保守黨在五年中為工人階級做

的事，比自由黨在五十年中做的還要多。」格拉史東的政府曾爲這些偉大的發展提供了基礎，但是迪斯累利在推行社會福利方面首先邁出了大步。

保守黨新方案的第二部分——擴張帝國的領土——也在迪斯累利掌權之前就發動了。格拉史東在所有軍事事務上熱中於撙節開支，在歐洲謹言愼行，對帝國的榮枯並不關心，而使對於大英帝國的光榮日益關切的公衆感到不快。迪斯累利的呼籲完全符合新潮流，他談到了殖民地時說：「依我之見，若允許殖民地自治，就應當將它做爲鞏固帝國的大政策的一部分。也應當實施帝國關稅制度，保證英國人民享受君主（即他們受託人）的無主土地，以及應當制定軍事法規精確地界定保護殖民地的手段與責任，而且如果有必要，這個國家將要求殖民地本身給予幫助。它應當，更進一步，由倫敦大都會創立某種代表性的委員會（representative council），使得殖民地與宗主國政府保持經常持續的關係。不過，所有這些辦法都刪除掉了，因爲那些建議採取刪除之策的人——我相信他們的信念很眞誠——都視英國的殖民地，甚至我們與印度的關聯，是這個國家的負擔。他們都只看每件事情的財政面，而完全不理會使這個國家之所以偉大的道德因素與政治考量，也忽略了使人類與動物有別的那種影響力。

「然而，在自由黨獨領風騷的主政期間，這種要瓦解大英帝國的企圖結果如何呢？它已經完全地失敗了。但是它是如何失敗的呢？因爲殖民地支持宗主國。它們決定不容大英帝國被人摧毀。依我之見，在這個國家，任何大臣若忽略任何機會，不盡力重建我們的殖民帝國，對於可能成爲這塊土地珍貴實力暨快樂的源泉之殖民地的支持態度也不做出響應，他便是未善盡職責。」

起初迪斯累利事業輝煌。蘇彝士運河（the Suez Canal）已經開放六年了，改變了大不列顛的戰略地位。好望角（the Cape of Good Hope）不再是通往印度及遠東路線的樞紐。奇怪的是外交部遲遲才明白這明顯的事實，已經不只一次地錯過了控制這水道的

機會。迪斯累利於一八七五年代表英國政府，用四百萬英鎊買下了
土耳其駐埃及總督（satrap）凱代夫·伊斯梅爾（Khedive Ismail）
在這運河中所佔的股分。這位土耳其的總督破產，樂意將它賣了；
他所持股票幾乎是股票總數的一半。通往印度之路受到了保護，對
英國海上霸權可能的威脅被解除了；而對於未來至為重要的是，英
國無可避免地被捲入了埃及的政治。次年維多利亞女王鳳心大悅，
被擁立為印度女皇（the Empress of India）。格拉史東，或者，
帝國主義者的下一代，從來都不會想到這樣一招。但是迪斯累利以
東方的、幾乎神祕的方式來擴展帝國，他強調帝國象徵，並且相信
展示帝國外貌的重要性，在在都使他的政策散發出充滿想像力的色
彩，而他的繼任者從來都未必能做到這點。他的目的是要將他一度
譴責為「套在我們頸上的磨石」的殖民地像鑽石一樣地發光。不過
歐洲出現了新的風暴，分散了英國對這耀眼遠景的注意。

　　　　＊　　　　＊　　　　＊　　　　＊　　　　＊

　　一八七六年，東方問題又重新爆發。克里米亞戰爭已經因英國
軍官處置不當誤了大事，在談和時外交人員的作為也未見得更高
明。大多數的巴爾幹國家仍舊受到土耳其的統治；想改進鄂圖曼帝
國在基督教省分中的作為，都因為蘇丹（Sultan）的頑拗以及這項
任務的艱巨而功敗垂成。斯拉夫人、羅馬尼亞人與希臘人因為憎惡
土耳其人而團結在一起。起義抗暴幾乎不能帶來永久成功的希望，
他們長久都指望俄羅斯的沙皇能做他們的解放者。英國政府此刻可
真是處於兩難之境。坎寧在很小的希臘王國做過示範，但英國尚未
認真地考慮建立獨立的巴爾幹國家的可能性。支持土耳其的權勢，
或容許俄羅斯的影響力穿過巴爾幹國家並且取道君士坦丁堡而進入
地中海，都不失為上策。威脅存在已久，而現在發生的起義抗暴
使迪斯累利遭逢到大不列顛自拿破崙戰爭以來最艱難與最危險的
情況。

　　波斯尼亞（Bosnia）與黑瑟哥維那（Herzegovian）爆發了起
義。四十年後，一位刺客的子彈在那裡掀起了第一次世界大戰。德

意志、奧地利與俄羅斯，團結成為三皇聯盟（the League of Three Emperors），提議應當威逼土耳其進行改革。迪斯累利與外交大臣德比勛爵（Lord Derby）堅拒這些計畫，力稱「其結果必定是土耳其的瓦解」。英國為了強調對土耳其的支持，派了一支艦隊前往達達尼爾海峽。但是這些外交上的運作不久就被土耳其在保加利亞（Bulgaria）所犯殘暴罪行的可怕消息破壞了。迪斯累利派在君士坦丁堡的大使崇拜土耳其人。他的報告不詳實而使迪斯累利受累，未能探知輿論的波瀾起伏。七月，他在國會對質詢做答辯時，竟然懷疑是否「一個東方民族已經在大規模實施酷刑。我相信這些人很少使用酷刑，但是往往都以更加快速的方式終結他們與罪犯的關聯」。這種挖苦的語調有如煽風點火，將格拉史東心底悶燒的深厚道德情操變成了兇猛狂暴的行動。

格拉史東在著名的小冊子《保加利亞暴行與東方問題》（The Bulgarian Horrors and the Question of the East）中，猛批土耳其人與迪斯累利的政府。「讓土耳其人以唯一可能的方式，亦即他們自己的方式，帶走他們的胡作非為。他們的警察（Zaptieh）與他們的穆迪厄（Mudir）[3]、他們的軍官（Bimbashi）與副總督（Yuzbachi）、他們的總督（Kiamakams）與他們的高級文武大臣（Pasha），我希望他們全部帶著細軟行囊，離開他們使其荒無人煙、遭到褻瀆的行省。這種徹底的清除，這種最幸福的解放，才使我們能告慰那些死亡枕藉的人，以及能補償已婚婦女、少女與兒童的貞潔所受到的侮辱。……歐洲的監牢中的罪犯，南海群島（the South Sea Islands）上的食人族，在聽到這些暴行因查明得太遲而尚未加以懲罰時，無不怒髮沖冠。製造這些暴行的一切邪惡與兇猛情緒，可能在另一次更加要命的暴行中，由浸血而發惡臭的土壤，在被每種可能想像的罪行與醜事所污染之空氣中再度萌芽。……從來沒有任何政府犯下這樣的罪；也沒有任何政府證明它本身罪愆深重而無可救藥，或者同樣地對改革有心無力。」這兩位偉人這樣猛烈互批，結果關係變得十分緊張，比康斯費爾德勛爵

（Lord Beaconsfield）[4] 便公開地表示格拉史東較保加利亞任何
暴行還要惡劣。

這年年底列強在君士坦丁堡召開會議，會中英國的代表沙利茲
伯里勛爵（Lord Salisbury）首次展現他的外交才能。沙利茲伯
里是伊莉莎白女王偉大的臣僕威廉‧塞西爾（William Cecil），
以及詹姆斯一世（James I）大臣羅伯特‧塞西爾的直系後裔，他
用的是前者的名字。二十多年來，他在國會兩院都苛責他的首長。
他僅在百般內省之後才加入迪斯累利的政府。但是在任上，這兩人
漸漸地志趣相投。沙利茲伯里譏諷性的廣博常識正好補充迪斯累利
犀利的眼光。沙利茲伯里做過印度的政務大臣，後來在外交部任
職，已建立自己的地位，注定成爲托利黨下一位領袖。他在君士坦
丁堡已經爲土耳其擬就了改革方案；但是土耳其人，部分認爲沙利
茲伯里對改革的熱心並未完全反映出他首相的及英國內閣的看法，
因此摒棄了那個方案。代表們各自返回他們的首都，歐洲就等著俄
羅斯與土耳其之間爆發戰爭。這場戰爭於一八七七年夏天爆發，英
國舉國的心情很快地改變了。格拉史東當初對土耳其人猛批頗得人
心，現在人們批評說他親俄。儘管土耳其人英勇抵抗，在保加利亞
的普列夫納（Plevna）之戰役更是壯烈，俄羅斯的大軍仍重重疊疊
逐月向著達達尼爾海峽推退，英國人的情緒日形高漲。終於，在一
八七八年一月，俄軍兵臨君士坦丁堡城下。英國輿論到達了沸點，
這個時刻雜耍劇場流行的歌曲唱著：

> 我們並不想戰鬥，但是天哪如我們想戰
> 我們已有船艦，我們已有人馬，我們也有錢！
> 我們以前鬥過這隻熊，我們身爲眞正不列顚人
> 俄羅斯人別想將君士坦丁堡占領。

在經過相當長時間的搪塞之後，英國的鐵甲艦隊於二月駛入了
金角灣（the Golden Horn）。它們停在馬摩拉海（the Sea of

Marmora)與俄羅斯部隊對峙,摩拳擦掌,但停戰達六個月之久,有如俾斯麥說的,活像鯨魚與大象對壘。

　　土耳其與俄羅斯於三月簽訂了聖斯特法諾條約(the Treaty of San Stefano)。奧地利外交大臣朱尼厄斯‧安德拉西伯爵(Count of Julius Andrassy)氣急了,稱這條約是「正統的斯拉夫布道」。它使俄羅斯實際控制住巴爾幹半島國家,而顯然不爲其他強權接受。戰爭似乎可能再度發生,德比勛爵反對做任何軍事準備,因此辭職。他在外交部的職位由沙利茲伯里取代,後者立即著手召開列強會議。他們於六月及七月召開柏林會議(the Congress of Berlin)進行商議。會務由安德拉西、比康斯費爾德、俾斯麥與俄羅斯大臣戈特查可夫親王(Prince Gortchakov)把持。這個將外交才幹合在一起的四人組很難有人能與之匹敵。會議結果是俄羅斯放棄很多她由聖斯特法諾條約中短暫得到的利益。她留住羅馬尼亞的比薩拉比亞,而將她的領土延伸到了多瑙河的各個河口;但是她曾經計畫予以霸佔的、面積甚大的保加利亞則分裂成三部分,只有一部分實際獲得獨立。其餘的部分歸還土耳其蘇丹。奧匈帝國──我們現在必須稱之爲哈布斯堡帝國──獲得補償而有權佔領波斯尼亞-黑瑟哥維那。藉另外的英土協定,大不列顛得到了塞浦路斯(Cyprus),並保證在土耳其亞洲部分(Turkey-in-Asia)領土的完整;而爲了回報,土耳其蘇丹也矢言進行適當的改革。比康斯費爾德由柏林返國,力稱他帶來了「很體面的和平」。他的確避開了戰爭;俄羅斯的野心暫時在巴爾幹半島國家受到封鎖,便將她的目光由歐洲轉到遠東。在柏林會議中所做的種種安排都大受批評,說是爲一九一四年的戰爭鋪好了路,但是當時擺在各國面前的東方問題實際上無法解決。任何的解決辦法至多不過是暫時性的,柏林會議事實上還爲歐洲帶來了三十六年的和平。

　　接下來的幾個星期中,比康斯費爾比的政治生涯如日中天。但是命運不久便停止對他展露笑顏。英國在南非與阿富汗的急進政策在一八七九年導致祖魯人(the Zulu)在伊山赫瓦拉(Isandhlwana)

殲滅一營英國部隊，以及公使館人員在喀布爾遭到屠殺。這些次要的災難雖然遭到即時的報復，卻爲格拉史東針對政府所進行的激烈抨擊提供了新的重點，而他的抨擊於一八七九年的秋天隨著「中洛錫安競選運動」（the Midlothian Campaign）到達了高潮。格拉史東譴責「有力的，也就是說狹隘的、浮燥的、恫嚇的與任性的外交政策，投這個社會的自私與自尊之所好」。他力主英國應當遵循崇高道德與正義之途，而擺脫自私的牽扯。英國的目標應當是使受屈迫的人民實行自治以及提倡真正的「歐洲協調」。他經常談論的主題，是國家的政策需要遵守道德律。他在達奇斯（Dalkeith）說：「記住，在冬天大雪紛飛中阿富汗山林裡的聖潔生活，就像你們自己的聖潔生活一樣，在上帝的眼中是不可以被侵犯的。」這種訴諸道義的想法激怒了保守黨人，他們強調捍衛與推展英國在任何地方的利益與責任之重要性。他們還說，比康斯費爾德的政策已經進一步提升了國家的權勢與威望。

　　但是格拉史東演說的力量使得筋疲力盡的比康斯費喬德內閣難以承受。而且，他們任期的最後歲月湊巧開始經濟蕭條，它對於工業的影響很嚴重，但對於農業更具毀滅性。比康斯費爾德於一八八〇年三月解散內閣時，選舉的結果已經成定局。維多利亞女王被逼第二度接受一個人做首相。她在給私人秘書亨利・龐森比爵士（Sir Henry Ponsonby）的信中，描寫這個人是「半瘋的禍首，不久就會毀掉一切」。

*　　　*　　　*　　　*　　　*

　　迪斯累利與格拉史東兩人的決鬥佔據著政治舞台的中央，同時影響深遠的運動正在議會政治的台面下醞釀成形。一八六七年的「革新法」（Refurm Act），給予實際上市鎮每名成年男性選舉權，卻使在一八三二年有所修改的十八世紀的政體壽終正寢。大批選民的興起，需要實行新的政治。光憑人數便使得大城市中政黨的舊措施變得過時無效。非要採取兩種措施不可：一是黨派勸導選民去投票的政策，二是需要有效率的組織而確使他們去投票。在這兩位領

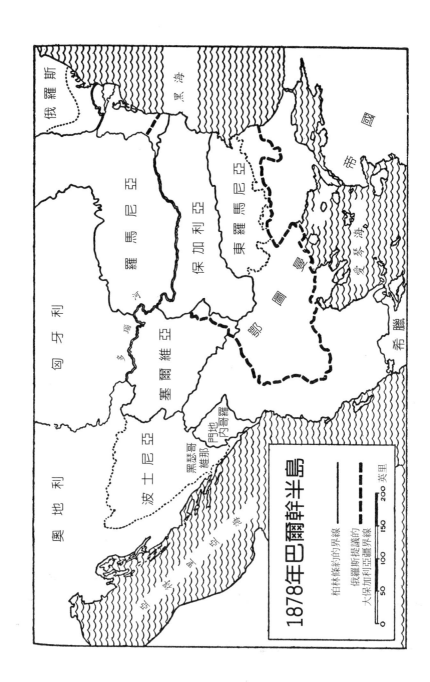

1878年巴爾幹半島

—— 柏林條約的界線
- - - 俄羅斯提議的
大保加利亞疆界線

0 50 100 150 200 英里

導人物中，格拉史東遲遲才看出新時代的涵意。這位偉大的群眾煽動家對於政黨每日普通的事務感到不耐。在另一方面，迪斯累利則制定了政策，也成立了組織。十二年前他就指派約翰・戈斯特（John Gorst）做黨幹事（Party manager）。在戈斯特的指導下，保守黨已完全脫胎換骨。設立了中央黨部（the Central Office），也成立了納入全國聯盟（National Union）的地方協會網狀組織。這種改變十分平順，雖然在一八八〇年代早期將會有風暴，迪斯累利創造的體制至今仍舊大都存在。

　　在自由黨的陣營中，情況則非常不同。格拉史東的冷靜與輝格黨人的敵視，阻止了自由黨建立中央黨組織。衝擊與動力都不是來自中央，而是來自各行政區（province）。一八七三年約瑟夫・張伯倫（Joseph Chamberlain）成為伯明罕（Birmingham）的市長。由他最能幹的一位政治顧問法蘭西斯・施奈杜斯特（Francis Schnadhorst）的幫助，他設立了黨機器；它雖然是以人民的參與為基礎，他的敵人很快就譴責它是個「競選指導委員會」（caucus）。「都市社會主義」的政策以建立公共設施、清理貧民窟及發展其他民間福利設施，為伯明罕帶來很大的利益。這個運動散布到其他的城鎮與城市，並且誕生了一個全國自由黨聯盟（National Liberal Federation）。它的倡始者的目的是使這聯盟成為自由黨運動的議會，制定激進派的方案，最後並由它自由陣營中挑出來的新派領導者取代輝格黨人。這是個新的現象。改革運動不像憲章運動及反穀物法同盟（the Anti-Corn Law League），不再需要靠偏激人士進行運作。激進主義現在已強大得足以爭取控制權。這種改變大受黨派在社會相反兩極集聚群力（clustering）的幫助；而這是格拉史東在他競選運動過程中認清的，到一八八〇年就早已進行的過程。他宣稱：「我很遺憾的說我們無法寄希望於貴族政治。我們無法寄希望於所謂地主利益團體。我們無法寄希望於英國或蘇格蘭的國教神職人員。……我們無法寄希望於國家的財富，也不能寄希望於國家的地位。……主要是因為這些權勢都與我

們作對。……我們必須將他們歸到我們的死敵行列。」

在選舉時張伯倫與他的追隨者提出了輝格黨無法接受的改革方案，格拉史東對此更是難以接受。他們的成功曝露出，也宣布了新的選舉權在黨派體制的結構中造成的巨變。

   ＊   ＊   ＊   ＊   ＊

格拉史東與迪斯累利都曾經盡力施為，縮小貴族統治與民主制度之間的鴻溝。他們都相信政府應當主動，在一八六八年與一八七六年之間這些年的《法令全書》（the Satue Books）載有許多的改革措施。選舉漸漸變成了對當時政府完成的工作所做的評斷，以及對於兩黨為未來所做承諾的評估。到了一八八〇年選舉都競相使用手段，但它們與今日的技術鮮有差異。格拉史東的「中洛錫安競選運動」，是位有潛力的首相首次向民眾做的廣泛呼籲，表明了這項改變。他由火車車廂窗口發表關於外交政策演說的舉動，著實讓女王感到震驚，但是她的抗議只不過是對已經逝去的時代發出的回聲。這種做法將成為「人民的威廉」的方式。

比康斯費爾德伯爵於一年後去世。他幾乎匹馬單槍所從事的偉大任務，本來是要領導保守黨由一八四六年後那個時期走出失望的陰霾，說服它要面對不可避免的民主政治，以及賦予它得以應付新狀況的政策。他的成功足以說明他能在與黨派有關的所有事宜中展現長才。他使保守黨成了民主政治中的強大力量。像「鐘擺來回往來而交替主政」的大規模、兩黨體制，是由他執政而開始的。成千上萬的工人投票給保守黨，保守黨的民主政治成了治國的重大因素。迄今勢將吞沒過去的選舉權已得到延伸，帶著民主政治自行向前邁進。輝格黨由政壇上消失了，而托利黨儘管遲遲才明白這一點，卻重獲生機，重獲力量，前途大有可為。這也就是迪斯累利的功績，而他的名字將因此受到適當的尊敬。

【1】　譯注：英國哲學家、歷史學家和經濟學家，主要著作有《政治經濟學原理》等。

【2】　譯注：後膛裝彈的四十五口徑步槍，於一八七一年被英國採用為標準軍中武器，之所以如此命名乃因瑞士發明家馬提尼（Friedrich von Martini）設計槍膛機件，亨利（B. T. Henry）設計槍管。

【3】　譯注：地方長官或村長。

【4】　譯注：迪斯累利現在的封號。

第十七章　美國的「重建」

　　在大西洋的對岸，北軍的勝利已經保住了美國的統一。但是現在必須面對龐雜的問題。最急迫的問題是使被擊敗的邦聯恢復秩序與繁榮。沿著薛爾曼行軍的路線，以及在維吉尼亞的谷地中，南方大片地區都遭到了蹂躪。亞特蘭大、哥倫比亞（Columbia）、查理斯敦、里奇蒙與其他城市都遭到了砲擊而飽受損害。南方的生活已經都停頓下來。由於北方的封鎖而無市場，農作已經落到停滯不前的地步，儘管南方的婦女與忠實的奴隸不辭辛苦奮力耕種也無以為功。封鎖也引起許多日用品的嚴重短缺，邦聯內部運輸中斷也使所有人備嘗饑餓之苦。南方通貨膨脹，銀行信貸體系已經完全崩潰。邦聯的紙幣與證券現在不值一文。整個南方都淪入貧窮。邦聯衣衫襤褸、饑餓不堪的士兵在阿波馬托克斯縣府所在地戰敗繳械投降後，返回家園時一路上見到的都是荒涼、殘破的景象。

　　重建成了人民的呼聲。但是重建南方的主要困難是黑人的前途問題。儘管林肯於一八六三年所做的宣言名義上釋放了反叛各州的奴隸，但他們之中數以百萬計的人曾在整個戰爭期間繼續忠心地為他們的主人幹活。戰爭結束後，他們之中許多人都相信解放（Emancipation）意謂著他們不需要再勞動了。他們紛紛前往距離最近的城市或軍營，使得種植園失去了勞力，並帶給聯邦當局頭痛震驚的難題。要處理黑人問題另有一個原因，因為他們在聯邦的某些地區依法仍舊是奴隸。林肯的宣言僅廢除了邦聯控制下那些地區的奴隸制度，它既不曾應用到被聯邦佔領的邦聯部分，也未曾應用到仍維持對聯邦忠誠的四個蓄奴州。這些州當中只有馬里蘭與密蘇里已將奴隸制度定為非法。還需要採取進一步的行動，特別是因為在許多地方仍有人對林肯的宣言以及國會於一八六二年所通過廢除西部準州地區中奴隸制度的法律是否符合憲法表示懷疑。因此有人提出了「第十三條憲法修正案」（the Thirteenth Constitutional Amendment），禁止在美國司法裁判權所轄的任何地區中實施奴

隸制度。

　　但是，這裡有個因素使事情變得很複雜。美國憲法規定，任何修正案除非得到所有各州總數的四分之三的批准，否則無效。由於聯邦現在包含三十六個州，如果「第十三條修正案」要能夠生效，那麼前邦聯十一個州中至少有若干州必須批准它才行。曾經由聯邦脫離的那些州的立場必須加以界定。如果它們事實上曾經離開了聯邦，它們應當以與征服者平等的地位回返聯邦嗎？如果應該的話，是依什麼條件呢？

　　戰爭仍在進行的時候，林肯已經將邦聯各州的法定地位視作「有害的抽象問題」而棄之不理。他只關心將它們恢復到它們「與聯邦適當的實際關係」。他已於一八六三年十二月擬定了一個重新納入它們的計畫。除了少數的人例外，對於所有擁護邦聯者，只要宣誓對聯邦效忠便可以得到赦免。預備廢除奴隸的任何州百分之十的選民若做這樣的宣誓，剩下來的事就只有建立州政府了。林肯的「百分之十計畫」從來就沒有實現。已經落入聯邦部隊控制的邦聯轄下的三個州於一八六四年重建政府，但是國會拒絕為它們派往華盛頓的參議員與眾議員安排席位。

　　　＊　　　　　＊　　　　　＊　　　　　＊　　　　　＊

　　國會相信重建是它的職務，而不是總統的責任。霸佔國會的共和黨激進派（Radical Republicans）不願意為南方輸誠回歸聯邦之途鋪路。他們想採行嚴苛、具報復性的政策，特別想立即使黑人擁有選舉權。激進派懷報復心自有各種不同的原因，其中最值得讚許的是對於黑人福祉所表達的人性關懷。但是，只有少數人有這樣的想法。像扎卡賴亞·錢德勒（Zachariah Chandler）與撒迪厄斯·斯蒂芬斯（Thaddeus Stevens）這種激進派領袖都懷著比較卑鄙的動機。這些沒有原則的人愛黑人的程度，趕不上他們恨黑人的主人之程度。他們都想羞辱他們一直不喜歡的南方驕傲貴族，想將內戰全然歸咎給他們。激進派還有另一個更重要的原因。激進派看出，如果黑人得到選舉權，他們就能夠粉碎南方種植園主的權

勢,並且保住北方商業利益團體自一八六一年來贏得的控制聯邦政府的優勢。激進派相信,容許南方各州與北方民主黨結盟,恢復它們以前在國家事務中的發言權,將會不合適並且荒謬。它也會危及北方資本家已在戰爭期間為他們自己掙得的,關於關稅、銀行信貸事務與公有土地的許多法律。為了要保衛這些法律,激進派便發出授予黑人選舉權的呼聲,想要利用它來使他們自己的黨保持權力。

即使林肯繼續擔任總統,他也會遭到自己黨內的大力反對。他於一八六五年四月在白宮所做的經典演說中,勾勒出來的寬大政策,幾天後被射殺他的那枚子彈破壞殆盡。新總統為來自田納西的安德魯・約翰遜,他雖然對於重建問題與林肯有同樣的見解,但顯然欠缺政治天賦。不過,由林肯去世直到這年年底,國會休會,約翰遜此時能夠將與林肯的重建計畫極其相似的計畫付諸實施。南方各州由忠於國家的選民所選出的議會,只要是願意廢除「脫離聯邦法令」(the Ordinances of Secession)、拒付邦聯所欠的戰爭債務以及廢除奴隸制度的話,就有資格藉重新加入聯邦。借用格蘭特將軍的話,南方渴望「盡快恢復在聯邦內的自治地位」,很快就表示遵從。南方人於是便著手建立州議會與選定官員,選出前往華盛頓的參議員與眾議員,並且批准「第十三條修正案」。此修正案於一八六五年十二月生效。

國會於同一個月重新召開,但拒絕為選出來的南方眾議員安排席位。國會不睬約翰遜的計畫,逕自將它本身的政策付諸實施。它的第一步是設立一個重建事務聯合委員會(Joint Committee on Reconstruction),負責蒐集關於南方情況情報的任務。一八六六年初,在激進派控制下的這個委員會報告說,為了保護解放了的黑人,一定要採取大刀闊斧的措施。國會立即採取行動,首先頒布「自由民管理局法案」(Freeman's Bureau Bill),延長早先所設幫助黑人成為自由民的機構之活動期限,並大幅延伸它的權力。國會接下來通過了「民權法案」(Civil Rights Bill),將公民權授予黑人,並且准許他們在法律之前受到平等的待遇。約翰遜認為這

兩項措施都違憲，侵害到各州的權利而予以否決。但是國會不理約翰遜的否決而重新通過「民權法案」，使它成為法律。激進派同時打算加倍確保他們的目標，將「民權法案」的條款編入「第十四條修正案」（the Fourteenth Amendment）。

　　約翰遜與激進派的不合現在公開化了，而且很激烈，一八六六年的國會選舉目擊到他們之間兇猛的鬥爭。激進派對選民表達他們的立場時顯得比較精明。他們直指新奧爾良的嚴重種族暴動是南方苛待黑人的證明，並譴責最近制定的「黑人規範」（Black Codes）是有意重新使黑人成為奴隸的證明。激進派領袖較約翰遜更加獲得北方選民的信服，約翰遜在旅行演說中有失尊嚴地爆發情緒，使他失掉了很多支持者。結果是激進派在國會兩院都獲得三分之二的多數，徹底得到勝利。現在他們要走的路非常清楚，就是要完成他們自己的重建計畫，因為他們已強大得足以使總統的否決權無效。他們於一八六七年通過了一連串嚴厲的、具有報復性的「重建法案」（Reconstruction Acts）。南方被畫分成五個軍區，各區都由一位聯邦的少將管轄。以前的邦聯將接受克倫威爾一度在英國實行的那種軍管。為了要獲准重新進入聯邦，南方各州現在一定得批准「第十四條修正案」，以及制定為黑人提供選舉權的州憲法──而事實上北方只有少之又少的州已經給予黑人選舉權。

　　激進派的領袖對這些成功並未感到滿足，於是設法藉彈劾使總統去職。這會十分合他們的意；原因是根據當時的法律，約翰遜下台，參議院議長（President of the Senate）將接替其位，而議長本人就是激進派的一位領導人。根據憲法，總統可以依判定犯了叛國罪、接受賄賂或其他重罪與行為失檢而去職。然而約翰遜反對激進派的政策時卻從來沒有逾越憲法，他的敵人在羅織罪名進行指控時將遇到若干困難。激進派費力找尋叛國或可能貪瀆的證據而未能得逞，遂提出彈劾他的藉口，指約翰遜於一八六一年八月要撤換他的陸軍部長埃德溫・麥克馬斯特・斯坦頓。這位肆無忌憚的政客老早就該革職。他習慣將內閣的祕密傳給激進派的領袖，同時宣稱對

總統絕對忠實。但是約翰遜要求他辭職時，斯坦頓拒絕。有幾個月他繼續管理陸軍部的事務，賴在這個部裡不走。斯坦頓為他的行徑辯護，引用「任期法」（the Tenure of Office Act）——這是激進派為削減總統的權力而做的部分努力，最近為壓倒約翰遜的否決權而採行的措施。這條法律曾經宣布，未得到參議院的同意，不得將任何內閣官員免職。未爭取參議院的同意便是可以處罰的大罪。

因此一八六八年三月，激進派的領袖說服眾議院通過參議院要彈劾約翰遜的十一條罪狀。對他唯一的指控是據稱他違反了「任期法」。然而這項措施是否符合憲法則頗有疑問，而違反它之所以成為罪行純係激進派口頭之辭。儘管他們的立場可議，卻差一點就成功了。他們終究未能在參議院獲得可用來將總統定罪的三分之二票數。共和黨的七位參議員，力抗長期的巨大壓力，拒絕濫用彈劾手段以遂黨派的卑鄙目的。他們投票認為約翰遜無罪。

於是藉著這毫釐之差，美國憲法的一項主要原則——即三權分立原則——得以保住。如果彈劾成功的話，美國憲政發展的整個過程就早已改變，權力會單獨集中於政府立法機構，沒有任何總統能在面對國會多數反對時確信可以繼續任職。然而激進派在約翰遜任期剩下的這段時間，強大得足以不理會他的意願。共和黨在一八六八年總統選舉中再度獲勝，將尤利塞斯·辛浦森·格蘭特將軍送入了白宮。激進派現在可說是得意非凡，因為這位得勝的聯邦指揮官無法勝任總統職務，因而成了他們的工具。

南方的政治重建工作嚴遵一八六七年的立法結果來進行。選舉在聯邦軍事指揮官的監督下舉行，黑人也首次參加投票。差不多有一百萬名黑人在投票名冊上登記。同時，南方有十多萬的白人由於參加過叛亂而被取消了選舉權。黑人選民在五個州裡佔多數。然而黑人僅僅是不守原則的白人領袖的冤大頭罷了。這些人包括北方的冒險家，即為人所知的「（尋找私利的）投機政客」（carpet-beggar），他們到南方的主要目的是為他們自己謀財圖利，以及鼓動黑人投票給共和黨；再不然就是南方的「無賴」（scalawag），

他們為了官職，準備與大多數南方白人憎惡的政權合作。在一八六八年到一八七一年期間，「投機政客」與「無賴」組成的政府由黑人選票與聯邦刺刀所支持，在所有南方各州設立起來。激進派認為這些州已經順從要求條件時，就准它們重回聯邦。

激進派的統治帶給南方的是營私舞弊、浪費奢侈，以及使人感到羞辱的種族政策。這種統治只能靠徹底使用聯邦權力予以維持。為了替「投機政客」政府撐腰，國會通過了「第十五條修正案」（the Fifteenth Amendment），規定不得基於「種族、膚色或以前做奴為婢的情況」而不讓任何公民有選舉權。一連串的法律將議會選舉置於聯邦的管理之下，並且授權動用軍力鎮壓南方各州的暴動。這些措施都是由於南方北人拼命藉合法的方法，或是由於三K黨（the Ku Klux Klan）之類的祕密會社威脅黑人選民，想推翻「投機政客」政府與恢復白人至上地位而促成的。鎮壓活動一度達到了它的目的，但是漸漸地各州優勢都被白人選民重新奪回。他們能夠成功部分是由於南方的頑抗，部分是由於北方人情緒的改變。到了一八七〇年代初期，大部分北方人已經清楚曉得黑人在政治方面的缺點，也對各州「投機政客」政府的貪瀆感到憤慨。北方的商人想結束對貿易不利的不安定情況。最重要的是，北方人對於用武力支持腐敗的少數黨政府已感到厭倦。他們開始不支持激進派的方案。

到了一八七五年，共和黨的激進派截至此時已失去了對各地區的控制，以致於只有南卡羅萊納、佛羅里達與路易斯安那仍然在「投機政客」的手中。次年，為這些州控制它們本身事務的路打開了。在一八七六年總統選舉之後，這三個州為了選舉結果是否有效的問題起了爭執。這個問題極端重要，因為息息相關的十九張選票就足以決定總統競選的成效。民主黨的候選人塞繆爾・瓊斯・蒂爾登（Samuel Jones Tilden）已獲得一百八十四張選票，或者說距離成為多數黨只差一票。共和黨的候選人拉瑟福德・伯查德・海斯（Rutherford Birchard Hayes）因此需要所有有爭議的十九票。當這項爭執提交給眾議院處理時，顯然會中共和黨多數議員決定支持

海斯。因此，爲了安撫民主黨人的情緒，特別是安撫南方人的情緒，海斯的支持者承諾，表示海斯一就職，會馬上將聯邦部隊撤出南方。由於此種讓步，南方人放棄了他們反對海斯的立場。一八七七年四月，海斯就任總統的一個月之後，也就是羅伯特・李在阿坡馬托克斯縣政府戰役投降的十二年之後，聯邦最後的一批衛戍部隊離開了南方。留下來的「投機政客」政府立即瓦解，各地都恢復了白人至上的地位，激進派控制的重建（Radical Reconstruction）時期壽終正寢。

此種情形也並非完全是壞事，因爲「投機政客」政府的議會推動了許多原被拖延甚久的改革，並且完成了若干修橋築路的善舉。但是整體而言，它是個可恥的、有損名譽的插曲。依一位美國史家的評斷，「黑人與投機政客組成的政府都位於任何英語國度爲人所知的最糟政府之列」。重建時期在南方遺留下來的辛酸與仇視，遠超過四年內戰產生的怨恨。南方的白人視共和黨是爲黑人統治撐腰的政黨，所以隨後五十年差不多都會投票給支持民主黨的人。黑人本身也幾乎未從重建得到什麼持久的好處，他們地位的提升僅是自私自利、憤世嫉俗的人翻雲覆雨的結果而已，現在他們卻摔了下來，前途茫茫難以預估。

＊　　　　＊　　　　＊　　　　＊　　　　＊

由重建時期結束到這個世紀的最後十年，美國的政治可說毫無趣味可言。人民對於內戰的記憶猶新，在南方尤其如此，由內戰喚起的憤慨仍舊能夠死灰復燃。怒火的確時起，尤其是被共和黨挑起。共和黨在競選的時候採用「揮舞染血的襯衫」的口號，譴責民主黨對手爲叛徒及叛國者。然而戰爭的問題已然不存在，並且無法找到替代的名目。沒有出現使黨派不和的重大問題，沒有人制定新的政策，《法令全書》中也沒有什麼值得史家注意的措施。這個時代的政治人物也比不上他們參與的事件更令人感到興奮。若干品格傑出、但才智平庸的人相繼當上了總統。他們在行政方面的主要長處是不貪瀆；這種風氣曾經使格蘭特將軍兩次任期都不幸爲之蒙

差。除了少數的例外，國會也多的是一位史家所稱的「可憐的死板傢伙」。

　　然而，如果這個時期的政治沒有什麼意義，它的經濟發展卻至為重要。在內戰之後整整一代的時間內，經濟變遷的步伐加快，出現了現代美國的主要輪廓。由一八六○年到一九○○年期間，人口由三千一百萬人猛增到七千六百萬人。這種增加，部分是由於歐洲移民大舉湧入，他們在四十年的總數就達到了一千五百萬人。城市都在快速成長。豐富礦藏的發現與開採，使新工業大為勃興。有人說：「美國歷史中其他的世代，均未曾目擊如此快速或如此革命性的變遷，將林肯與李將軍的農村共和國脫胎換骨變成了威廉‧麥金利（William McKinley）[1] 與老羅斯福（Theodore Roosevelt）的工業都市帝國。」

　　經濟變遷不僅改變了已成為大工業中心的區域，而且改變了全國。甚至南方也在進行大變革。在南方，由於戰爭造成社會瓦解與奴隸制度廢除，農業變遷自然不可避免。差不多所有的大種植園主，由於內戰而淪入貧窮，又受到重建時期稅賦的打擊，都被迫將他們的種植園分批出售，價格時常都低得令人無法置信。數以千計的小農因此能夠擴大他們的地產。甚至於數目更多的南方白人首次變成了地主。往昔廣大的種植園都消失了，由無數的小農莊代替，大都種植像戰前一樣的穀物。不過，黑人仍像過去蓄奴的時期一樣，繼續提供種植棉花的大批勞力。因為他們缺乏資金，黑人幾乎無人能購置農莊或租賃土地。一種新式的佃耕（tenantry），即為人所知的「收益分成」（Share-cropping），就應運而生。農莊主人供給土地與設備；黑人——以後還有沒有土地的白人——付出勞力，用來交換他們生產的收成中的三分之一。南方的農業靠著這些方式慢慢地復甦了。差不多二十年之後，邦聯各州的棉花收成才達到一八六○年的水平；從那個時候起擴展便很迅速。到了一九○○年，產量已比戰前增加了一倍以上。

　　這個時期，南方大規模工業才剛開始。南方的紡織工業在一八

六○年以前規模都非常之小，設法及時恢復，然後再行擴展。到了這個世紀結束時，原料就在眼前，同時廉價勞力不缺，南方因此擁有差不多二百萬個紡錘，敢挑戰新英國在國內市場的地位。同時，北卡羅萊納與維吉尼亞的煙草業欣欣向榮；田納西與阿拉巴馬發現煤礦與鐵礦，導致南方鋼鐵工業的興起。然而南方主要依然靠農業，它的工業成長與北方相比頗不足道。

內戰已經給予北方的生產很大的衝擊。聯邦部隊在戰爭期間曾經需要大量的武裝與裝備、衣服與鞋具。受到政府訂單的鼓勵，北方的製造廠遂從事大規模的生產。而且，因為南方的代表沒有出席，國會通過了北方工業家與金融家所要求的貿易保護措施，將其制定成法律。但是這種協助只不過是加速了美國工業革命的來臨。美國過去和現在，在礦產方面都特別富足。她擁有世界上所知三分之二的煤礦、龐大數量的高級鐵礦石、同樣豐富的石油資源以及在西部發現的巨大金、銀、銅寶藏。美國人透過他們的發明能力與改進他人發明的性向，掌握著將他們的原料變成商品的力量。而且，他們還添上供應工廠與配銷它們產品的龐大鐵路與運河運輸系統。美國還可以期望得到歐州的資金與勞力。她的工業資金大部分都來自英國、荷蘭與德意志的投資人。她用來發展自己國力的臂力與頭腦，大部分也是由來自歐洲的大批移民供應的。

美國工業得天獨厚，所以突飛猛進。每隔十年匹茲堡（Pittsburgh）地區的鐵廠與鋼廠，俄亥俄、賓夕凡尼亞兩州的煉油廠之產量都達到新的水準；而明尼亞波里（Minneapolis）與聖保羅（St Paul）的麵粉廠、芝加哥與辛辛那提的屠宰場、新英國的成衣、靴鞋工廠，以及密爾瓦基（Milwankee）與聖路易的釀酒廠，也都日新月異。此處只列舉最大的企業權充代表。在這些領域，各行中都有了不起的工業鉅子崛起，其中聲勢最大的是石油方面的約翰·戴維森·洛克斐勒（John Davison rockfeller）與鋼鐵方面的安德魯·卡內基（Andrew Carnegie）。這些人具有充沛的精力，不知疲累，同時手腕過人，無情地對付競爭者，建立起經濟帝國，囊括了

巨大財富，控制了社會生活，其影響力令人不敢輕視。的確，卡內基與洛克斐勒，加上金融方面的約翰・皮爾龐特・摩根（John Pierpont Morgan）與鐵路方面的科內利厄斯・范德比爾德（Cornelius Vanderbilt）及愛德華・亨利・哈里曼（Edward Henry Harriman），都成了這個時代的代表人物，與政壇上令人索然無趣的演員形成了鮮明的對比。雖然他們辦企業時是否具有道德情懷一事時常受到質疑，但這些人使工業脫離混亂而有秩序，以致於貧苦之家都能享受大規模生產產生的好處。到了一九〇〇年，由於他們奮發努力，美國工業集中在許多巨型企業手裡；這些企業實際上是它們各自選擇的領域中之壟斷者。這種情勢不久就要受到聯邦當局的挑戰。美國現在已經停止依靠歐洲的製造商；美國甚至正以其本身的製品入侵歐洲。美國就這樣通過了一個鍍金年代；至少在歐洲人的眼中，百萬富翁似乎是這個時代的典型代表。然而就在同時，它是個因工業發展而帶來嚴重問題的動盪不安時代。大城市貧窮現象舉目皆是，在新來的移民當中尤其如此。劇烈的、突如其來的金融恐慌，造成經濟損失與破產。工人時常罷工，並演變成暴力行為。勞工開始自行組織工會，要以強硬手段與工業家對抗。這些發展將會導致二十世紀初葉充滿工人抗議與改革活動。大規模工業帶來的利益都巨大而持久，但是它們的發展所衍生的弊病僅能漸漸地予以矯正。所有這一切都表示未來一定富有生氣，充滿衝勁，但也不免有很多是非。

【1】　譯注：美國第二十五任總統。

第十八章　世界強權美國

　　美國正在成長，要成為世界上先進工業強國的同時，她的人民正忙著完成對這片大陸的屯墾定居。南北戰爭之初，由大西洋海岸地區向西拓展的活動已經進行了兩個半世紀，拓居地的邊界已經大致到達穿過內布拉斯加（Nebraska）、堪薩斯、俄克拉荷馬（Oklahoma）與德克薩斯這幾州的西經九十七度。在這個邊界與太平洋海岸地區的城鎮及城市之間，橫臥著千里荒野。這兒就是大平原，大約有百萬平方英里方圓，除了許多印第安人部落出沒其間，以及他們賴以維生的成群結隊的野牛在這裡遊蕩，便幾乎別無其他。大平原上雨量稀少，又缺乏木林，使得它們似乎不適合農作，也從來不可能有人居住。然而在不到一代的時間，這個廣大地區的許多地方都有白人定居，天然的邊界也消失了。密西西比河以西的人口，在三十年後由一八六〇年的五百萬左右增加到差不多一千八百萬人，同時美國也由三十三個州增加到四十四個州。到了一八九〇年僅還有四個州仍待由西部切割出來。這幾個州是猶他（Utah）、俄克拉荷馬、新墨西哥（New Mexico）、與亞利桑那（Arisona），全都於一九一二年加入聯邦，此時這個國家的政治形態已經完善。

　　白人在大平原拓居首先是由於發現重金屬而促成的。一八五九年在洛磯山脈（the Rockies）東面坡上的皮克峰（Pike's Peak）發現了金礦，挖礦的人開始蜂擁進入科羅拉多（Colorado）。當新的金、銀、銅礦藏被發現時，便掀起了往內華達（Nevada）、亞利桑那、愛達荷（Idaho）與蒙塔那（Montana），以及最後到南達科塔（South Dakota）的黑丘陵（the Black Hills）的熱潮。這些為尋找財富而突然興起的遷移並沒有常常創造出持久的拓居地，因為許多的興隆景象都很短命。當貴重的礦沙變得很少的時候，挖礦營地的整個人口便移往他處，只留下標明他們「採礦」地點的鬼鎮。不過，由於加速西部的政治組織與鼓勵興建鐵路，金銀

礦的發現才對於開發大平原做出很多的貢獻。

　　的確是鐵路，而非其他任何因素，使大平原對拓居者門戶大開。這是美國鐵路建設的偉大時代。在內戰結束的時候，美國已擁有大約三萬五千英里的鐵路，但是不到十年，這個數字已增加一倍，到了一八九〇年又增加了一倍。最驚人的功績是建造許多橫越大陸的鐵路。橫越大陸的第一條鐵路是於一八六九年五月完成的，當時由愛荷華向西伸展的聯合太平洋鐵路公司（the Union Pacific）的鐵路，與由加利福尼亞向東伸展的中央太平洋鐵路公司（the Central Paific）的鐵路，在猶他州連結了起來。這個計畫是由國會資助這兩家擁有數以百萬計英畝公地的公司而完成，這個方法也用在其他地區。到了十九世紀末，又增添了三個橫越大陸的路線，國家還修建了其他重要路線，促進荒野的開發。許多鐵路公司都直接參與使人民在西部住下去的工作；因為它們明白除非鐵路兩側的地區都有人定居，否則它們的鐵路幾乎就無法賺錢。因此它們在東部各州與歐洲都廣做推廣西部的宣傳運動。因為交通費用低廉，土地可以靠信貸取得，數以千計的屯墾者便受到引誘到大平原去尋找新的家園。

　　因為各州政府早已由聯邦當局授權得到了大片的公用地。向西部去的移民也可以用非常低的價錢向州政府購買土地。他們甚至於能夠憑藉「宅地法」（the Homestead Act）[1] 免費獲得土地。所有的白人成年男性在那裡從事定居，便可獲得由此法給予四分之一平方英里（一百六十英畝）的公地。雖然這個法中的漏洞讓土地投機者從中獲利，這個措施卻使得在一八九〇年估計超過一百萬的拓居者為他們自己獲得大部分在密西西比河以西的免費農莊。

　　西部的拓居活動只有在弄走印第安人這個障礙時才能夠舉行。到內戰的時候，印第安人已經不得不面對白人向前挺進時撤離而橫越到大陸西半部。現在紅人已經被趕出了他們最後的藏身之所，他們的故事再添上悲劇性的一章。由於文明的猛進對於他們的狩獵地以及確實對他們的生存所施予的威脅，驅使得大平原的遊牧部落

下定決心，以野蠻方式抵抗入侵者。由北方的蘇族（the Sioux）
及克勞族（the Crows），到南方的科曼切族（the Comanch）及
阿帕契族（the Apache），這些好戰的部落人民都是技藝超群的
騎士與大無畏的戰士。他們的弓箭比起聯邦部隊起初裝備的槍口裝
彈來復槍有效得太多。然而他們最後的失敗無可避免。溫徹斯特連
發步槍（Winchester repeat rifle）與科爾特左輪槍（Colt revolver）
給予已在組織、人數及戰略上佔優勢的白人更佔優勢的武器。但是
致命的一擊，主要是由東部皮革製造商雇用的職業獵人整批地屠殺
野牛。到了十九世紀七十年代早期，為了牠們的皮，每年都有兩、
三百萬頭野牛被射殺。十年後一個尋找標本的博物館考察隊在西部
只能找到二百頭野牛。大平原的印第安人不僅為了食物，而且由衣
物到燃料的很多生活必需品，一向都依靠野牛。當野牛實際要被消
滅了，遊牧生活便不可能存在了。印第安人只好順從政府的計畫，
被趕入了保留區（reservation）。

　　要使農業有所收穫，在半乾旱的西部還得找尋方法。挖礦者離
開之後起初並不是由農夫取代，而是由牧場主（rancher）取代。
牧場主在內戰之後的二十年時間，利用大平原做為他的牛由德克薩
斯至中西部（the Middle West）長途路程中的牧地。雖然這種長
途旅行涉及通過敵視的印第安人居住的地盤，他們時常造成牛群狂
奔，不過大批的牛群每年仍由牧人領著由西南部的牧場前往堪薩斯
與內布拉斯加的販牛中心。雖然，為了市場而養肥了之後，牛就被
運往堪薩斯城（Kansas City）或芝加哥的畜欄與罐頭食品工廠。
但是農夫仍對大平原退縮不前。在這一望無際的草地，幾乎沒有什
麼樹木，沒有供蓋房子、穀倉與籬笆的木材。而更加嚴重的是，西
經九十八度與洛磯山脈之間地區的年降雨量通常都較農業所需要的
最小二十英寸為低。

　　科學現在插足進來了。一種叫做「乾地農耕」的技術發展出來
了。深耕可使土壤足以讓水分往上移動，而經常把掘則土壤鬆散可
防止水分蒸發。由俄羅斯引進了新的麥種，它們可以抵抗乾旱以及

大平原上當時常見的麥子銹斑病。眞正使得農耕成爲可能的是大
規模的工業。範圍極廣的機械農具、收割機、收穫機、脫穀機以及
改進的各種耕具，使得西部農人能夠耕種面積夠大的土地，以抵銷
每英畝的低產量。而且，鐵路網的發明雖然結束了牛群長途運送的
跋涉，卻解決了建造籬笆的問題。

在這個世紀的最後二十五年期間，大批大批遷徙的農民正湧入
大平原。到了一八九〇年，「邊境」——正式意謂著每平方英里居
住二人以上六人以下之區域——已經消失了。人口調查的督察解釋
說，以前無人拓居的地區現在已經「由隔離的拓居團體弄得四分五
裂，以致於無邊界線可言」。差不多三個世紀以前由維吉尼亞的詹
姆斯鎮（James town）開始的殖民活動現已告終結。迄今邊疆一
直是美國的安全閥。萬丈雄心與大膽、好動的精神都曾經經由它表
現出來。現在這安全閥關起來了，美國蓬勃成長所產生的問題與壓
力便馬上變得嚴重起來。

＊　　　　＊　　　　＊　　　　＊　　　　＊

自從重建時期結束便行沈睡之後，美國的政治突然醒了過來。
使它醒來的鬧鐘是民粹運動（Populism）。這個運動源於農民之
間根深蒂固的不滿，快速地往前發展。一八六九年到當時已與民主
黨合併的民粹黨黨員在選舉上做了至大的努力，這個運動到達了高
潮。那一年的總統競選活動是美國歷史中最激烈，也最壯觀的一
次。它的爭論集中在一個問題上，也就是，是否應當同時有金本位
與銀本位的通貨，或者說單金屬本位制（monometallism）對複本
位制（bimetallism）的選擇。這場爲人所知的「本位制之戰」（the
Battle of Standards）的競爭，是農耕利益團體急於想從金融家與
工業家手中奪回對聯邦政府的控制，而後兩者自內戰以來就已經飽
享這種好處。

農業，像美國生活中所有其他枝節，自南北戰爭以來已有很大
的成長。在四十年內，農莊的數目與耕種的畝數都增加了大約兩
倍。麥、玉米、棉花與其他商品的生產以同樣的比例成長。但是農

夫的生活變得更加困難。由於生產增加，農莊作物的價格不斷地下降。同時農莊的成本升高，許多農人處境艱難。許多人不得不變成佃農，抵押地產情形倍增。

這種經濟衰退有許多個原因。在某些地區，特別是舊南方與中西部，都因為浪費的耕種方法，以致於土壤肥力耗盡。其他地方，像是在大平原，農民都面臨特別的天然災害。然而，也有其他農民常常都必須忍受的困難以及他的困境，則另有其他原因。儘管人口增加，城市成長、對食物的需求量龐大，他還是常常生產過剩。加拿大、南美、澳大利亞，全都同樣體驗到農業興隆，而在世界市場與美國農民自由競爭。然而美國農民必須在實行保護政策的國內市場購買他的設備與生活必需品。聯邦政府的關稅政策、與壟斷企業及托拉斯（trust）的強大力量，使得他所需製造品的價格因為人為因素而變得奇高。他不僅遭到製造商的剝削，也遭到鐵路公司的剝削。西部農民只能依靠一條鐵路將他的農產品載往市場，被弄得要補償鐵路公司相對無法載運工業品而蒙受的損失。農產品的運費高得嚇人，以致於有段時間將穀物當作燃料燒掉比賣掉還要來得便宜。鐵路公司的這種情形與其他做法都引起強烈的痛恨。最後，貸款的高利率對於許多背負債務的農民階級，造成很重的壓力，使他們不堪負擔。需要越來越多的農產品才能夠償還同一筆貸款。西部的銀行業設施不足，這逼得農民向東部金融家貸款，他們的利息由百分之八至二十不等。聯邦政府採行通貨緊縮的財政政策，使農民更為不滿。在一個經濟擴展空前迅速的時代，聯邦政府為了要答應企業利益集團想實行健全貨幣政策的需求，遂決定緊縮通貨，因此停止鑄造銀幣，並且收回在南北戰爭期間發行的某些「綠背」紙幣。

聯邦政府如此經常地忽視農民與他們的眷屬，這種做法令人感到非常驚訝，因為他們仍舊佔全國幾乎半數的人口。但是他們自己在政治上並不團結；由於南北戰爭的偏見未除，西部人與南方人之間仍有鴻溝。南方是紮實的民主黨，西部一般都是共和黨。在能將

農業問題與其他政治問題隔開之前，農民想要勸聯邦政府多少注意他們的需要幾乎是毫無希望。他們只有像「大企業」或工人所爲，成立他們自己的組織，才能拯救他們自己，不受更強大經濟集團的剝削。

因此，全國性的農民組織開始成長。這些組織中的第一個結社，是一八六七年成立的「農業保護者協會」（the Patrons of Husbandry）或更加有名的「格蘭其運動」（the Grange）。若干年來會員都不多，但是在一八七三年經濟蕭條之後這個運動便風起雲湧。兩年之後差不多已經在每個州都成立了「格蘭其運動」，有兩萬個地方分會（lodge）與八十萬名會員。此時，此一運動不再像它首次所持立場，不再保持純粹的社會組織性質。許多州的格蘭其運動爲了行銷他們的農產品與購買製造品，而經營合作企業。希望藉著合作的酪農廠、大穀倉、倉庫、貸款機構、甚至工廠，切除中間商的盈利。格蘭其運動在許多州發展出政治的旁支組織，在密西西比河上游流域出現了許多名稱不同的農民黨（Farmer's Parties）。所有這些似乎距離上層政治的領域甚遠，但是美國是第一個在她的國內事務中公開地表現出，重大國家決策必須在小的地方主張上講求協調和的國家。在格蘭其組織已控制許多州的議會時，便通過了抑制鐵路公司不當做法的法律。但是這些所謂的格蘭其法律（Granger Laws）並不是非常有效力。制定鐵路公司無法規避的規範實際上是不可能的。因爲司法界同情鐵路公司，要執法使鐵路公司就範很困難。八十年代中最高法院一連串的決定都嚴重地限制住各州的規範權力。

格蘭其組織在一八七○年代末期，農作情況改進之際迅速地步入衰退。因此農民首次團結一致行動的嘗試結果是失敗了。不久形勢重新惡化，爲人所知的新農莊組織——農民聯盟（the Farmers' Alliance）——開始在西北部與南方出現。農民聯盟像格蘭其組織一樣，進行了許多同樣的社會與經濟活動，而且大都師法格蘭其組織的作爲。但是，農民聯盟不像格蘭其組織，它一開始便採行政治

方案，呼籲減輕關稅，放鬆通貨，與更嚴加規範鐵路公司。這個運動對政治方面的要求變得日益鮮明，一直到最後民粹運動終於誕生為止。

民粹運動於一八八七年農業嚴重萎縮時開始爆發，此後越來越強烈。嚴重的旱災引起普遍的歉收。結果農民贖回抵押品的權利被整批地取消了，一大部分農民破產。現在農民顯然無法期望兩大政黨對他們施以任何援手，農民聯盟運動因此便向四面八方發展，自行變成了民粹運動。

儘管它的起源以及它大部分的支持者都是不滿的農民，民粹黨（the Populist Party）卻包括許多其他團體。為人所知的，奮鬥中的工會組織「勞工騎士團」（the Knights of Labour），像「綠背黨」（Greenback Party）與工聯黨（Union Labor Party）的短命政治組織，以及一群由主張婦女參政者（suffragists）、主張單一稅者（single-taxer）的狂熱分子，全都參加了進來。這些團體為這運動帶來了許多古怪人物，但是農民自己為民粹運動提供了許多富有個性的、特立獨行的人物，其中有南卡羅萊納的「乾草義」班傑明·瑞安·蒂爾曼（「Pitchfork」Benjamin Ryan Tillman）、享有「不穿襪子的蘇格拉底」綽號的傑瑞·辛浦森（Jerry Simpson）、對大平原農民建議「少種玉米，多植地獄」的瑪麗·艾倫·利斯（Mary Ellen Lease）。民粹反叛運動的領袖都是美國政治迄今還不曾遇到過的那種人。

民粹黨於一八九○年州選舉中贏得勢如破竹的勝利之後，在兩年後的總統選舉中獲得成功的希望很濃。他們的候選人是詹姆斯·貝爾德·韋佛（James Baird Weaver），現在已解散的綠背黨之前任黨魁。但是，許多農民仍不顧所有的艱難困苦，不願意放棄他們傳統上對政黨的忠誠。雖然韋佛得到了一百萬票，民主黨的候選人格羅弗·克利夫蘭（Grover Cleveland）以些微多數險勝他共和黨的對手班傑明·哈里森（Benjamin Harrison）而成功當選。

克利夫蘭已經在一八八九年做過總統。他的第二任一開始，經

濟災難馬上便降臨。金融恐慌導致企業紛紛倒閉，大城市眾多人士失業。罷工層出不窮，農產品價格進一步下跌。克利夫蘭無法找到結束經濟蕭條的對策，他的支持者當中彌漫著不滿。他們許多人都不同意他的關稅政策，以及他動用聯邦部隊平定一八九四年於芝加哥舉行的，已使得全國半數鐵路無法動彈的普爾曼鐵路公司（Pullman）大罷工。但是是他拒絕遵循通貨膨脹政策，更將失望的民主黨人驅逐入了民粹黨的行列。在主張通貨膨脹者的眼中，總統的過錯是他使用他本身職權，強行廢止一八九○年的「銀購法」（the Silver Purchase Act）。該法規定將鑄造的銀幣數量增加一倍，而藉此增加流通幣量與提高農莊產品價格。根據主張金銀複本位制者（bimetalists）的意見，它無法達成所展示的這兩個目標，以致於這個法並未能充分執行，唯一的補救之道是自由地、無限制地鑄造銀幣。在另一方面，克利夫蘭相信此法已經引起了一八九三年的恐慌，因此必須實行金本位。

在此之前，自由鑄造銀幣的問題已經辯論了若干年，但是廢止「銀購法」使它重新受人注目。在一八九三年到一八九六年，它漸漸地使所有其他問題變成了小巫見大巫。一如我們所見，農民長久以來都贊成實行通貨膨脹政策，認為它是治療農莊產品價格低廉的良方。他們之中有若干人早先與綠背黨情投意合，因為這個黨曾經承諾靠印更多的紙幣來促成通貨膨脹。現在平均地權論者（agrarian）希望使白銀再度成為通貨，並且將礦區能生產的這種金屬全部鑄成貨幣，來恢復繁榮。對於商業利益團體而言，這必然是走向破產之途。他們指出，因為引起通貨膨脹容易而抑制它則至為困難。對他們而言，金本位對安定而言似乎是不可或缺。因此下一次總統選舉便為通貨膨脹的問題展開鬥爭。

民粹黨是否會提他們自己的候選人或與民主黨聯手提出候選人，起初引起人們的猜測。但是一八九六年七月，民主黨於芝加哥舉行的代表大會做出了決定。由於主張通貨膨脹的人控制著民主黨，代表大會遂採納了自由鑄造銀幣的政綱，並且提名內布拉斯加

州的威兼‧詹寧斯‧布賴恩（William Jennings Bryan）做他們的候選人。布賴恩對代表大會所做的「金十字架」（Cross of Gold）演說，對於金本位支持者提出激昂抨擊。這項演說將成為美國演說術的一個最著名的範例。民粹黨人對這樣的候選人與這樣的政綱都很滿意，遂支持布賴恩。雖然他們並沒有放棄他們另做競選宣傳活動的計畫，他們與民主黨人齊步前進對抗支持金本位的共和黨候選人威廉‧麥金萊（William J. McKinley）。布賴恩需要克服很可怕的不利之處。他自己的黨嚴重分裂，報界與商業及金融界都反對他。他很費力地從事競選宣傳活動，充分發揮他了不起的語言能力。然而他所有的努力都無效。麥金萊於整個競選期間都深居簡出，卻以多獲五十多萬張票而獲勝。

　　民粹黨將一切都押在布賴恩當選上面，他們發現他一旦失敗，他們自己便難以重建聲勢。雖然民粹運動一直過了很久才算是正式解散，它的壽終正寢可能是由這次選舉開始。它的追隨者要求的大部分措施都被二十世紀新的改革運動拾起，差不多全都獲得通過而成了法律。自由鑄造銀幣從來沒有實現，但是農民走另一條路而達到了他們的目標。因為在克倫代克河（the Klondike）與南美發現了新的礦藏，全世界黃金的供應量在十九世紀的末期陡升。貨幣的流通量也隨之增加。一九○○國會通過了「通貨法」（Currency Act），美國開始實行金本位，幾乎未遭到任何反對。要求自由鑄造銀幣的激烈爭論便整個被人忘記了。

　　　　＊　　　　＊　　　　＊　　　　＊　　　　＊

　　當布賴恩再度在總統競選中與麥金萊交鋒而不成功的時候，四年前在選民中喚起的激情完全都看不到了。經濟蕭條已經成為過去，而繁榮重現。國內事務無人理會，美國人的眼光注視著更遙遠的天邊；因為在這兩次總統選舉期間，美國已經開始在世界事務中扮演了與她實力等量齊觀的角色。

　　自從拿破崙下台以來，美國人民就已經一心一意地在這個大陸拓居，利用它的天然資源，以致於他們對外交事務幾乎沒有任何興

趣。現在，拓居的過程已經完成，經濟發展卓著成效，他們便尋找新的、可在其中奮鬥的領域。到了十九世紀九十年代的時候，帝國的觀念已經掌握住所有的工業強國。英國、法蘭西與德意志對於獲得新殖民地與新市場都特別積極。美國並非沒有看到這種歐洲的範例。因為這些以及其他原因，美國人便發展出一種強烈的自信精神，而首次在一八九五年與委內瑞拉及不列顛的邊界爭執中表現得至為明顯。

自從南北戰爭結束以來，英美關係明顯地一直都很冷淡。英國不顧格拉史東政府對於「阿拉巴馬號」糾紛的處理，在那個大衝突的時期支持南方，使美國人對它長懷怨恨。此外，為了在白令海（the Behring Sea）捕獵海豹、美國漁人在加拿大水域捕魚的權利，以及對一八五○年就提議中的巴拿馬運河（Panama Canal）所簽克萊頓-布爾沃條約（the Clayton-Bulwer Treaty）的闡釋，兩國時起爭吵。但是所有這些爭執與委內瑞拉邊界爭執相比都相形見絀。這個南美洲共和國與英屬圭亞那（British Guiana）之間的邊界長久以來都沒有確定。雖然美國經常提議調停，她的提議常常都被英國婉拒。一八九五的夏天，美國國務院中在照會又做了一次提議，克利夫蘭描述它是「二十英寸口徑大砲的照會」。此照會遣責英國違反了門羅主義，要求她明確簽復是否會接受仲裁。沙利茲伯里勛爵並未立即簽復，他等候美國人的情緒冷卻下來。他於十二月回覆，拒絕仲裁，並且告訴美國政府說她對於門羅主義的闡釋有瑕疵。克利夫蘭見到這種答覆，便致函國會，表示美國會自行做主界定她的邊界線，共且強迫爭議雙方接受她的決定。

有幾天美國似乎可能與英國發生戰爭，甚至迫在眉睫。但是在美國，不久後比較理智的情緒就取代了起先爆發的愛國熱忱。在英國，輿論對此爭端的反應比較不激烈。在這場危機到達頂點的時候，有消息傳到倫敦，謂南非保羅‧克魯格總統（President Paul Kruger）擊退了「詹姆森的侵襲」（the Jameson raid）[2]。這些令帝國困窘的事件，在倫敦分散了注意力。英國人的憤怒由美國轉

向了德意志。因為英國政府涉及歐洲與南非的事太深，所以無暇想到與美國相爭，遂同意由美國進行仲裁。英國對於圭亞那邊界的權利要求大都由法庭的裁定而得到滿足。英美關係從此穩定地改進，主要是英國對於她的孤立的危險有所驚覺。她對於德意志已擴展海軍日益感到驚惶，導致她做出友善的建議，而美國已完全準備好了對之有所回應[3]。

　　美國人意氣風發的自尊心不會長期受到抑制。它在古巴（Cuba）對西班牙統治者的反抗中表現了出來。自從這反抗於一八九五年開始以來，美國民情便同情起義者為爭取獨立而做的奮鬥。關於西班牙人殘暴不仁的傳言使人氣憤填膺。西班牙的韋勒將軍（General Weyler）將民眾成群驅入集中營，數以千計的人因疾病而死於營中，這項政策受到了嚴詞譴責。這些暴行，經紐約兩家敵對報紙渲染報導，添油加醋，導致人們要求美國干預。一八九八年人民要與西班牙作戰的呼聲響徹雲霄。美國的戰艦「緬因號」（Maine）於二月奉派前往古巴保護美國人民的生命與財產，結果在哈瓦那港（Harana）觸雷爆炸，它的船員大部分因此喪生。西班牙政府見得此事，急忙對美國讓步。麥金萊起初有意接受，但是民情憤慨遠非他能夠抵擋，於是在四月十一日對西班牙宣戰。

　　這場衝突僅僅持續了十星期，美國獲得一連串壓倒性的勝利。在古巴，一支美國的遠征軍，雖然抱怨陸軍部管理不善、戰場上統御無方，還是在一連串戰役中速戰速決致勝，使這個島上所有的西班牙部隊全都投降。在海上，海軍准將喬治‧杜威（Commodore George Dewey）五月一日在馬尼拉灣（Manila Bay）的交戰中打得西班牙的主力艦隊動彈不得。西班牙海軍的加勒比海艦隊在古巴的聖地牙哥港（Santiago）外被擊沈。西班牙於八月求和，於十二月在巴黎簽訂條約，古巴因此成為獨立國家。美國則得到了波多黎各（Puerto Rico）、關島（Guam）與菲律賓群島（the Philippines）。

　　所有這一切很有助於療治南北戰爭留下來的傷痛。愛國的浪潮

橫掃全國，北方人與南方人都對他們共同的國家的這些成就感到驕傲。南北雙方的年輕人都踴躍加入遠征軍，爲了攻打聖胡安丘（San Juan Hill）而並肩作戰。有名的邦聯騎兵主將約瑟夫‧惠勒（Joseph Wheeler）大聲疾呼，爲美國國旗一戰等於多活上十五年。這項壯舉也表現出美國人民現在完全知道自己身爲世界強權所擁有的實力。由一八九八年至一九○○年這段期間，他們不僅得到由西班牙奪來的領土，還得到了夏威夷、部分的薩摩亞群島，以及太平洋中空無人煙的威克島（Wake），更進一步加強了他們新的殖民地位。美國雖然尚未放棄孤立，但此後便比較不太專心注意國內事務，而開始在國際上扮演重要的角色。西班牙戰爭有助於促進美國與英國新生且更加溫暖的友誼關係；因爲在歐洲國家中，只有英國於衝突之際同情美國的立場。美國人對此頗爲感激。在十九世紀走向結束時，英美這兩個民族已在面對世界的問題中，爲更加密切的合作打下了基礎。我們現在必須越過大西洋，離開關於美國眩目未來的前瞻問題而回顧在西敏寺的英國黨派鬥爭。

【1】 譯注：美國一八六二年通過的法案，凡連續耕種公有地五年的農戶，只需繳納規定的證件費，即可獲得一百六十英畝公有地的所有權。

【2】 譯注：波耳戰爭前奏中的重大事件。一八九五年十二月二十九日，不列顛南非公司之行政人員斯托爾‧詹姆森（Dr. Storr Jameson），率領四百七十人由貝川那蘭（Bechuanaland）進入德蘭士瓦省，企圖前往約翰尼斯堡與非波耳人會合，推翻克魯格政府。但此舉失敗，詹姆森不久被捕。

【3】 我在此時正由訪問古巴之後經由美國歸來，至今仍栩栩如生記得注視英國海岸外的船隻，並且不知那艘會是運載我們到加拿大去的船。

第十九章　愛爾蘭的地方自治

　　格拉史東於一八八○年擔任第二任首相的時候，處境並不像他十二年前擔任此職時那樣安逸。當時，他的內閣堅定，黨內團結，他主持大局做了一連串偉大的改革。由於競選運動獲勝，他以一百三十七票的多數勝過了保守黨的對手，所以現在國家對他期望甚殷。但是，幾乎就在平民院開會的時候，議長便謂格拉史東有「一個難以驅使的團隊」。它就將證明果真如此。很少有屆政府在任期一開始就像這屆般帶著較高的希望；也沒有任何一屆政府在任期結束時比它更加令人失望。

　　主要的問題在於自由黨的組成情形。長久以來它都以各自不同派系意見提供的實力而感到自傲，但是它將馬上開始發現無法克服輝格黨與激進派及左派與右派之間的分歧。在格拉史東的第一屆政府中，幾乎不曾有任何不和現象。但是輝格黨的守舊派認為改革已進行得夠多，格拉史東自己頗為贊成此看法。他極不喜歡激進派的幹部委員會採取的方法，蔑視他們主張的社會暨經濟改革政策。他寫道：「他們得意的主意就是他們所謂的建設——那就是說，將個人的事務交給國家處理。」而且，他發現輝格黨人比約瑟夫・張伯倫（Joseph Chamberlain）這種激進派新人好得多，可引為同伴。像外交大臣格蘭維爾勛爵（Lord Grandville）這樣的人，許多年來都是他的朋友兼同僚。格拉史東從來沒有失掉他的信念，即自由黨事業的天生領袖都是數目很小、生活悠閒、富有文化教養的貴族階級。

　　當組閣時，他必須安撫這同一批輝格黨人。在他下野之際，哈廷頓侯爵（the Marquess of Hartington）在平民院領導著自由黨，對於格拉史東猛批迪斯累利的東方政策一向都甚為不悅。他與他的朋友都擔心格拉史東首相的心智與精力下次將會採取的方向。終於，激進派中只有張伯倫被延攬入內閣，然後被派給貿易管理委員會的主席（President of the Board of Trade）這個卑微職位。

這是格拉史東的第一個大錯。不僅是因為正值自由黨變得越來越激進，更是因為輝格黨內閣與時代格格不入，它的領袖將發現自己在當時政治的、帝國的及外交的主要問題上，最重要的是在愛爾蘭的問題上，與自己的同僚發生直接的衝撞與衝突。一個有如此嚴重分歧的內閣決不可能成為有效的治國工具。格拉史東的傳記作者約翰‧莫利（John Morley）寫道，這個內閣不僅是個聯合政府，而且是「那種令人煩惱的聯合政府，其中那些碰巧持異議者，有時似乎差不多對於爭論與和諧同樣感到興奮」。有「偉大的老人」（Grand Old Man）之稱的格拉史東已七旬有一，但是他的力量與精力不減，熱情與熱忱隨著逝去的歲月而更加旺熾，統領著這個聯合政府。他離開內閣時，他們之中有個人寫道，彷彿是他已使得我們「成了沒有貓管束的鼠群」。

　　但是，並非只有自由黨人，或是輝格黨人，才有麻煩與焦慮。民主制度的肇始以及它對於舊的、固有利益的威脅，使托利黨領袖都感到震驚，而開始忘記了迪斯累利長期以來給予他們的教訓。他們在平民院的議長是斯塔福德‧諾斯科特爵士（Sir Stafford Northcote）。他一度擔任格拉史東的私人秘書，仍對這位偉人心存敬畏。他坐在正面席（the Front Bench）[1] 的同伴，對於普選的前景感到害怕，拼命地堅持他們年輕時的信仰與做法，也保持著當年的怯懦。一批數目很小、極端能幹的人便乘虛而入，他們在國會戰鬥游擊中表現出來的勇武很少能有人與之匹敵。這就是由倫道夫‧邱吉爾勛爵（Lord Randolph Churchill）、阿瑟‧詹姆斯‧貝爾福（Arthur James Balfour）、亨利‧杜拉蒙德‧沃爾夫爵士（Sir Henry Drummond Wolff）與約翰‧戈斯特所領導的「第四黨」。他們毫不寬容或毫不尊敬地挪揄與辱罵格拉史東。但是倫道夫勛爵在名聲突起後，對於自己這一方的領袖也做出最強烈的批評。他在投給《泰晤士報》的一封信中，指控他們「忽視一連串的機會、膽怯無能、在不當的時刻表現鬥志旺盛、遊移不前、害怕負責、壓抑與勸阻苦幹的同夥、與政府勾結、追求聯合、嫉妒賢能、

論見陳腐、缺乏認知」。他的譴責並不限於國會，且以「信任人民」爲格言，「建立黨的民主制度」爲口號，對一般民眾提出呼籲，而根本不理會他們名義上的領袖。他的成功十分具有戲劇性，以致於他的權力不久就幾乎變得與沙利茲伯里的權力一樣強大。

這些都是黨派鬥爭的奇怪歲月。新力量——激進主義與托利黨民主制度——的崛起，正對舊的國會體制大加撻伐。議題都很混亂，而且超越政黨的路線。衝突很猛烈，時常都是兩敗俱傷。張伯倫與倫道夫勛爵當然有時意見極端不和，但是更加常見的是與他們自己的領袖存有歧見。在格拉史東利用愛爾蘭的自治（Home Rule of Irland）做爲利斧，逼人們對於這個重大問題做出明快的決策，將這政治界線畫分出來之前，這種混亂都未能夠獲得解決。

*　　　*　　　*　　　*　　　*

自由黨人經常抱怨，不論何時只要他們繼托利黨之後掌權，都會繼承一堆帝國糾葛事件，使他們涉入他們反帝國主義情緒所憎惡的事情。一八八○年的情況便是如此。他們首先遇到的一椿麻煩出自南非。那裡德蘭士瓦省（the Transvaal）的波耳共和國（the Boer Republic）長久以來都有各種困難，內部有破產與失序的威脅，它的東邊邊界則有祖魯人戰士王國的威脅。爲了要拯救它免於沒落與滅亡，迪斯累利的政府已經將它併吞，這個行動起初沒有遇到任何抗議。迪斯累利期望南非的白人社群都能按照加拿大的模式，以自治的邦聯形式團結起來；但是時機尚未成熟。德蘭士瓦的波耳人開始產生了想重新獲得獨立的強烈欲望，盼望有機會推翻英國的統治。英國的軍力終於在一八七九年敉平祖魯人的叛亂，波耳人馬上覺得安全得足以抓住他們的機會。或許他們將可盼望由自由黨政府手中獲得他們的自由是很自然的事。格拉史東曾經譴責過併吞德蘭士瓦，但是他黨內一個強有力的派系偏愛非洲原住民而不支持波耳人。他自己深信聯邦制度是南非問題的唯一解決之道。一八八○年年底波耳人起事，一小股英國軍隊在馬久巴丘（Majuba Hill）被打得七零八落。英國在南非有大得足以打垮波耳人的兵

力，但是格拉史東拒絕對要求從事報復的呼聲低頭，而繼續在馬久巴丘戰役進行時便已經著手的談判。結果雙方於一八八一年簽訂普利托利亞協定（the Pretoria Convention），一八八四年並進行修訂，而使德蘭士瓦真正得以獨立。依照自由黨的原則所進行的談判，為南非波耳人的權力提供了基礎。一切在未來都很可能進行得更加平順，但是有兩項發展例外。在蘭德（the Rand）河畔發現廣大富饒的金礦區，波耳農民的共和國中間突然冒出一個很大的、忙碌的、四方人士匯集的掘礦社會。同時，塞西爾・約翰・羅茲（Cecil John Rhodes）已經在開普頓進入政壇。他天生有使夢想成真的精力，決心要建立一個龐大的、統一的南非自治領。這些事件還得要經歷一番過程才產生一定的結果。

＊　　　　＊　　　　＊　　　　＊　　　　＊

如同格拉史東當時所預見的，迪斯累利購買蘇彝士運河股分的行動雖說是很漂亮的一招，但不久便帶來有關埃及的所有問題。格拉史東就職時，埃及名義上由土耳其派出的總督（the Khedive）統治[2]，實際上則是由英法統治。埃及總督出售他的運河股分僅暫時使他免於破產。不久之後法蘭西與英國兩國的債務委員就受到任命監督他的財政，也掌管其他更多的事務。英國的專員伊夫林・巴林（Evel'n Baring），亦即後來受封的克羅麥伯爵（Earl of Cromer），是大英帝國最偉大的總督（Proconsul）。他將主掌埃及的命運達三十年，其間只有一段時間除外。不過，一八八一年年底，英法的控制被阿拉比上校（Colonel Arabi Pasha）領導的民族主義分子的起義而粉碎了。由陸軍支持的起義迅速傳遍全國。格拉史東設法運用「歐洲協調」的原則來解決，但是徒勞無功。法蘭西的國內政治突然發生變化，逼得她只好束手不管，而其他的歐洲列強則維持著敬而遠之的態度。一八八二年六月十一日，五十名歐洲人在亞力山卓的暴動中遇害，阿拉比開始積極加強這個城市的防禦工事，以致於對港口中的英國船隻造成威脅。因此，在整整一個月以及發出警告之後，要塞都遭到了砲擊，阿拉比的大砲都被轟得

寂靜無聲。幾天之後，英國政府決定派加尼特・沃爾司利子爵（Viscount Garnet Wolseley）率軍前往埃及。這個決定結果在軍事上獲得成功，阿拉比的部隊於九月十三日在特勒凱比爾(Tel-el-Kebir）遭到徹底擊敗。格拉史東對這勝利至為高興，但是良心感到不安。自由黨的反應現在是贊成撤退，但是不能使埃及保持真空狀態。併吞她雖然合乎邏輯，也符合歐洲其他列強的期望，但太令人厭惡而使自由黨的良知受不了。格拉史東因此選擇了最遭的折衷辦法。對於佔領埃及的非難仍由英國承擔，但是大權都由債務委員會來行使，算是容許所有主要歐洲強權都可進行干預。不過，巴林於一八八三年擔任總督（Consul-general），實際上成了這個國家的統治者之後，大為需要改革的新紀元便開始了。

對埃及的干預導致英國在蘇丹（the Sudan）捲入了更加令人困擾而糾纏不清的困境。這片廣大的疆域，南北縱深超過了一千英里，由埃及的邊界沿著尼羅河炎熱的河岸一直向南延展幾乎到了赤道。它形成了土耳其駐埃及總督的管轄部分；儘管英國的顧問都善盡其力，它仍受到開羅（Cairo）派出的管理員不當的、令人感到悲哀的治理。在埃及人起義反抗法蘭西與英國的同一年，蘇丹人也起義反抗埃及人。他們由一位穆斯林狂熱分子馬赫迪(the Mahdi）領導，很快就消滅了埃及部隊，不久就控制住蘇丹的大部分地區。格拉史東謂蘇丹人是「為自由而正當奮鬥的民族」。這是在以高度恭維方式描述馬赫迪的部隊。這些部隊向前挺進；他們嗜殺，將恐怖散布到了每個地方。蘇丹一定得被再度征服，要不然她的人民就必須撤離。而英國政府選擇了撤離。埃及人不得不同意此舉。英國在一八八三年年底做的決策是撤回遠在蘇丹南方的衛戍部隊。英國是埃及陸軍的教師，應當對此事負責。下定決策很容易，完成決策比較困難。但是一八八四年一月十四日，曾在中國戰爭[3]中成名的查爾斯・喬治・戈登將軍(General Charles George Gordon），由內閣賦以撤離軍民的任務而離開了倫敦。

戈登本人曾經在蘇丹服役，在鎮壓奴隸販賣的行動中扮演過令

人注意的角色。他於二月抵達喀土穆（Khartoum），立刻就判斷如果撤走衛戍部隊而將這個國家任由馬赫迪的德爾維希成員（Dervishes）[4] 處置，將會是錯誤的決策。因此他請求援軍，並且提出反攻的計畫。英國政府被前線的這種改變嚇了一跳，可能已預見一位具有英雄氣概的指揮官是不會隨時準備自行撤退的。戈登從來就不喜歡退卻。他決心留在喀土穆一直到他自願從事的使命完成為止。他的意志力時常都表現得變化莫測，根本與格拉史東決心不想涉及新的殖民冒險事業背道而馳。倫道夫・邱吉爾勛爵在平民院中首先提起戈登個人的安全問題。他在三月直率地詢問政府道：「他們將對一位將他們自進退維谷中救出來的人，讓他自行掙扎，不為他出一點力，對他的命運一點都不關心嗎？」倫道夫勛爵碰到的回答都是閃爍其詞。儘管戈登懇求增援至為迫切，在開羅的巴林也發急件支持戈登，而這個時代第一流的王室軍人沃爾司利勛爵也提出建議，對於戈登的援助仍姍姍來遲。到了五月，戈登在喀土穆已與外界斷了連絡。同時，英國政府仍堅持如沙利茲伯里所稱的「放棄」政策，拒絕派遣解圍的部隊。

在整個春季與夏季，英國的興論高漲，到處有人舉行大會要求一定要拯救戈登。他有堅定的宗教信仰、閱讀聖經不倦、抨擊奴隸制度、為貧苦兒童做慈善工作以及擁有軍事才幹，在在都使他成了家傳戶曉的人物，勇武、高貴如同亞瑟王麾下的武士。但是，格拉史東的心思卻放在其他事情上。一件是選舉權的改革，另一件是有關極其熱衷的無神論者查爾斯・布雷德洛（Charles Bradlaugh）的事。這個人曾當選國會議員，但是拒絕出席開會，他的事情使平民院煩惱並讓格拉史東感到內疚超過了六年時間。倫道夫勛爵於五月在平民院談到了格拉史東：「我曾經比較他為戈登將軍所做的努力，與他為布雷德洛先生所做的努力。如果他對一位妖言惑眾、褻瀆神祇者表現出可貴的道德情操；那若是用這些情操的百分之一來支持一位篤信基督教的英雄時，保證戈登的使命早已成功。」

終於，當時的陸軍部政務大臣（Secretary of State for War）

哈廷頓勛爵將這件事變成了信任內閣與否的問題。在他的堅持下，政府被說服派兵拯救戈登。沃爾司利於九月匆匆前往開羅，在不到一個月的時間內就已經召集到一支有一萬人的攻擊部隊。他知道無法快速地襲擊馬赫迪大批集中的持矛手（Spearmen）。兵貴神速，但是不能冒險。他能夠期望的，最快的也只能是先鞏固基地然後再發動爲期六個月的軍事攻勢。他於十月由埃及的邊界出發，向八萬英里外的喀土穆挺進。他的行軍路線大都通過尚未測繪的尼羅河河區；途中急流與瀑布多不勝數，天氣酷熱令人感到疲倦。在蘇丹北部，尼羅河向東流去。沃爾司利知道時間十分緊迫。他感到英國的目光與掛慮都集中在戈登與他自己身上，以及他們兩人之間的距離上。他的主力部隊必須急忙溯河而上，經過了所有的瀑布，直到他們準備妥當後急襲喀土穆。同時，他派遣由赫伯特‧斯圖爾特爵士（Sir Herbert Stewart）率領駱駝兵團（Camel Corps）橫越一百五十英里的沙漠，再奔往戈登所在的都城喀土穆之北的尼羅河河畔。斯圖爾特於十二月三十日決心開始行動。一月十七日，斯圖爾特在距他的目的地一百二十英里之處的阿布克里（Abu Klea）遭到大批德爾維希成員的攻擊。他的部隊不到兩千人，遇到了數目至少五倍的敵人。在奮不顧身的攻擊下，英國的方陣被馬赫迪狂熱的大隊人馬攻破，但是英軍卻打贏了這一仗。兩天之後，斯圖爾特的先行部隊在不斷的騷擾中到達了尼羅河，但是他已受到重傷。接替他的指揮官面對著危險的情況。一月二十一日，由戈登所派順流而下的一艘汽船由喀土穆抵達。斯圖爾特的部隊需要進行偵察及照料傷患，因此無法避免延擱，以致於產生了悲劇。二十四日，由二十六名英國士卒與二萬零四十名蘇丹人組成的部隊乘兩艘汽船往南航行，兩岸的德爾維希成員則開火射擊。他們於二十八日抵達喀土穆，但爲時已晚。戈登的旗幟不再在總督官邸屋頂上飛揚。他已經殉國。在捍衛者展現大無畏的勇氣後，那個城市已於兩天前陷落。戈登獨自陣亡了，他的國人都沒有援助他及支持他。或者在半數的國人眼中，格拉史東是兇手。維多利亞女王悲不自勝，

以致於在公開的電報中向他坦率地表達她的感受。戈登成了國家的
烈士。眞的，他的確在日誌中承認未遵守命令；但是事實俱在，派
遣他出征的內閣當時實際上已將他棄之不顧。最後，幾乎成功的援
救部隊退回埃及。十三年之後，戈登才得到平反。格拉史東後來承
認，英國政府派了位「英雄中的英雄」到喀土穆，他擁有他那型人
所有的缺陷與美德，政府爲此受到了報應。

　　　　＊　　　　　＊　　　　　＊　　　　　＊　　　　　＊

　　自由黨的地位也受到它在國內的活動影響，同樣發生動搖。當
全國人只想到戈登的同時，政府正在緊鑼密鼓進行它一項相當大的
立法工作，在郡縣完成將選舉權民主化之「改革方案」（Reform
Bill）。幾乎每位成年男子都可得到選舉權。另一項法案廢除了目
前剩下來的小市邑；而且除了少數地區例外，也將全國分成單一議
員的選區（Single-Member Conshifuency）。所有這一切都是一
八六七年的法案的邏輯延伸，但是它使得已經很困難的情況更如雪
上加霜。單一議員選區廢除了輝格黨與激進派各選出一名議員的舊
辦法。自由黨人與激進派乘機得寸進尺。張伯倫曾一再抨擊「不耕
種，也不紡織」的階級；他現在以他所稱的「未授權的方案」，以
及它著名的「三英畝地與一頭母牛」承諾，將他主要的攻擊目標由
城鎮轉移向鄉村。輝格黨人無法對此挑戰坐視不理；他們與激進派
之間的歧見太大，根深蒂固，以致於他們無法再合作。到了一八八
五年秋天，托利黨在貴族院的議長沙利茲伯里，也是現在的首相，
帶著幾分事實的說，格拉史東「勸告人們團結就是勸告人們陽奉
陰違」。

　　格拉史東宣布改弦易轍奉行愛爾蘭「自治」政策（Home
Rule），陡然打斷了人們對於英國政治進一步的推測。爲了瞭解這
項事件的意義與衝擊，我們必須回顧愛爾蘭的憂鬱局勢。自從一八
四〇年的大饑饉（the Great Famine）以來，愛爾蘭已經年年陷
於愁苦。她的農人，尤其是在西部，都生活在極端貧窮與潦倒之
中。戈登將軍以前曾經在致《泰晤士報》的信中如此描述：「由所

有的報告與我自己的觀察看來，我必須說，在我提到地名的地方，我們同胞的狀況比世界上任何民族的狀況都差，更不用與歐洲比較了。」他們正「生活在我們連牧牛都不願去的地方，處於饑餓的邊緣」。愛爾蘭過去是，現在也是個窮苦地區。儘管有饑饉與向外移民，她仍然人口過多。但是這些不幸由於英國政府的政策而大爲加劇。愛爾蘭的農民被當時的土地制度弄得民不聊生。他們憎恨它，不僅是因爲它幾乎將專制權力交到地主的手中，而且因爲它還徵收了他們認爲依權利應屬於他們的土地。他們的憎恨強烈而且根深蒂固。它不只是單純的貧窮，而且也不只是在茅室斗屋中靠馬鈴薯爲食的生活。他們覺得繼承的財產被人剝奪了。十九世紀的大部分時間，英國人都不理會這種恨意，而且粉碎它製造的罪行。在一八七〇年之前的四十年期間，國家總共通過了四十二項「強制法」（Coercion Act）。在同一個時期，都沒有一條保護愛爾蘭農人免於被驅逐及付高額租金的法令。英國政府的這種做法是故意的，其目的在於使愛爾蘭農人依英國模式做按日計酬的勞工。但是愛爾蘭並不是英國；愛爾蘭的農人堅守著他的土地；他用他掌握的每種方法來擊敗外來的地主。

　　一定不要認爲可以從不列顚島上將愛爾蘭的景象看得一清二楚。地主大部分都是來自英國、歷史悠久的殖民者；他們相信自己是，而在許多方面都是，在原始國家施以文明教化的影響力。他們時常都得爲自己的性命與財產戰鬥。天主教會深深地支配著迷信的愛爾蘭農民，使他們在政治的以及宗教的立場上都憎恨英國。自從伊莉莎白女王時代起，愛爾蘭曾不只一次險些成爲歐洲大陸入侵不列顚的踏腳石。焚燒禾堆、刺殺地主及其他的恐怖行動，曾經使得英國人普遍接受地主陳述的案情。動盪與鎭壓兩者之間會形成惡性循環，以及只有補償彌合根本的不滿才能解決起義，這樣的想法很難被人領悟。

　　由他第一次當首相的時刻起，格拉史東就特別關注愛爾蘭的事務，一直到最後它們霸佔了他的心思而幾乎將其他的事置之不顧。

他爲愛爾蘭所做的努力，一如所見，面對著許多頑強的反對聲浪。
英國的政界幾乎根本不同情愛爾蘭的難題，儘管政界的許多領導人
的確都是愛爾蘭貴族階級的成員。在他第一次的任期中，格拉史東
曾經成功地消除了愛爾蘭對外來教會的厭惡，廢除了愛爾蘭的新教
教會。他的第二項措施，防止不予以補償便將農人驅逐的「土地
法」（Land Act），已於一八七○年通過。但事後證明是項失敗。
又過了十年，他才深信必須給予愛爾蘭農民在土地保有權方面的眞
正保障。

伊薩克‧巴特（Issac Butt）於一八七三年創立了自治聯盟
（the Home Rule League）。它的目的在於以和平的、立憲的方
法完成自治；而它的領袖巴特，是能幹、有禮、受人稱讚的平民院
議員，相信具有說服力的辯論。但是，英國對他的主張沒有回應，
愛爾蘭對他的方法沒有信心。這項運動的實際領導權不久就傳到了
查爾斯‧斯圖爾特‧帕涅爾（Charles Stewart Parnell）的手中。
帕涅爾是位地主、新教徒、國會的新人。他的母親是位因爲奮戰對
抗英國人而贏得名聲的美國海軍將領之女，他由她那裡獲得了對英
國方式與制度的憎恨與輕視。他是愛爾蘭人中有教養的人，天生就
是位領袖，擁有遵守規律的力量以及戰術方面的技巧，不久就將自
治由辯論的題目變成了當時至高無上的問題。他積極地爲他的主張
奮鬥，蔑視平民院的傳統，而迅速地得到了一個不同尋常的地位，
以致於英國的政客說「與他打交道就如同在與外國強權打交道」。

帕涅爾的成功，主要是自治運動正好與爆發的農民騷動結合在
一起。在七○年代末期，世界穀物的價格嚴重下跌，以及連年歉
收，使淪入赤貧的農民無法支付他們的地租，結果使得被驅逐及交
出租地的數目遽增。一八七七年，邁克爾‧達維特（Michael
Davitt）因叛國罪入獄服刑七年而獲釋時，這個過程正好剛剛開
始。達維特是位不凡人物，熱愛愛爾蘭，對人富有溫情，與帕涅爾
形成了強烈的對比。達維特相信自治與土地問題可以分開來看；他
不顧極端的愛爾蘭民族主義分子（the Srish Nationalisfs）的反

對，於一八七九年創立了土地聯盟（the Land League）。它的目標是減少高額租金以及提倡農人擁有土地的所有權。達維特自己以前曾經確信可以得到旅美愛爾蘭人的具體支持。當帕涅爾宣布他支持這個聯盟時，農民對土地的渴望、在政治上對於實現自治的要求、以及美國移民對於壓迫者未能忘卻的憎恨，最後便結合在一起而形成了不可輕侮的同盟。

＊　　　＊　　　＊　　　＊　　　＊

在這個時候，格拉史東對這件事都未能立即弄個清楚；他完全只想到引起他重新掌權的重大外交問題與帝國殖民問題。他的政府所做的第一個答案是努力使臨時性的「擾亂賠償法案」（Compensation for Disturbance Bill）能在國會通過。當這個法案於一八八〇年七月在貴族院遭到駁回時，愛爾蘭便很快地反應、進行恐怖活動。在這年的最後一季，差不多發生了二千件暴行。帕涅爾採用了一種新武器，他建議追隨者，如果任何人若違犯農民的法律與習俗，便把「他與一般人隔離開來，彷彿他是昔日的痲瘋病人」，以便讓他的日子難以忍受。此武器的第一批受害者當中有個人是位土地仲介，名為杯葛隊長（Captain Boycott）[5]，他的名字已經成了英語的常用詞。這是土地聯盟獲得最大成功的時期。資金正由美國與澳大利亞湧入；而且，因為聯盟比都柏林堡（Dublin Castle）的政府當局更有效地控制愛爾蘭較多的土地，驅逐農民租地一事幾乎都杜絕了。

之後，政府決定雙管齊下，打擊恐怖行動，並且改革土地法。一八八一年全面性的「強制法」，借用莫利的話說，給予愛爾蘭代理總督（Viceroy）「隨他高興將任何人鎖起來，並且隨他高興將那人拘留多久便多久」的權力。就在為這強制法展開辯論之際，帕涅爾竭力採取妨礙議事的政策。他在平民院的目標一直是要利用國會程序無規則可循而以習俗為基礎的事實，使政府工作陷入停頓狀態。由一月三十一日直到二月二日，平民院持續地開會長達四十一個小時，僅在議長武斷地「提出本院現在應當休會的問題」才告一

結束。隨後國會通過了終止辯論（Closure）的決議案，就這樣首次打破了完成國會事務的傳統方法。

政府繼「強制法」之後，立即頒布了「土地法」；此法對愛爾蘭人的全部要求幾乎都予以讓步。這項法案是以三個F為基礎——即由法庭決定的 Fair Rent（公平租金），所有付租金者的 Fixity of Tenure（土地保有權的釐定）、以及佃農所做的 Free Sale（自由出售）。這遠比愛爾蘭人所要求的任何事都要慷慨大方；但是帕涅爾一方面受到愛爾蘭裔美國極端分子的驅使，一方面又相信自己能使格拉史東提出更大的讓步，於是進行妨礙新建立的土地法院的運作。根據「強制法」，政府別無任何其他選擇而只有逮捕他。於是他在十月被捕。被問到何人會取代他的位置時，他的回答是「月光隊長（Captain Moonlight）[6]。他的預言可說是言之有理。做奸犯科與殺人害命的事件倍增，到了一八八二年的春天，格拉史東終於深信強制政策已經失敗了。

同時，帕涅爾渴望獲得釋放。極端分子在愛爾蘭正好得勢，因此他必須重掌他身為領袖的威權。因此在四月，他與政府締結了「基爾梅納姆協定」（Kilmainham Treaty）；基於這項協定，帕涅爾會應用他的影響力去結束暴行與恐怖活動，政府則頒布「款項拖欠法案」（Arrears Bill），幫助因為欠租金而無法利用「土地法」的佃農。愛爾蘭事務首席大臣兼「強制法」的擁護者威廉·愛德華·福斯特，以及代理總督考柏勛爵（Lordd Cowper）都辭職了。他們的職務由腓德烈·卡文迪許勛爵（Lord Frederick Cavendish）與斯潘塞伯爵（Earl Spencer）取代。帕涅爾與他的兩位忠實支持者於五月二日獲得釋放，情況似乎終於多少可能會平息下來。但是這些光明的遠景被一椿可怕的事件破壞了。五月六日，腓德烈·卡文迪許勛爵在都柏林登陸上岸。幾個小時之後他與他的次官伯克（Burke）正在鳳凰公園（Phoenix Park）散步，結果雙雙被人刺死。殺人者是一夥稱為無敵者（the Invincibles）的團體。他們攻擊的目標是伯克。他們並不認識腓德烈勛爵，他只

是因爲企圖保衛他的同伴以致於遇害。英國舉國震驚，主張「強制法」的黨派愈加肆無忌憚，任何立即調解的希望全都付之東流。格拉史東盡其所能圖挽救，免得他的政策全成畫餅。他現在深信帕涅爾在愛爾蘭擁有影響力，與他合作才有任何持久的成功希望。他的內閣只有一兩位大臣有這樣的看法。就帕涅爾而言，他樂於靜待時機，而愛爾蘭比較平靜無事有三年之久。

　　　＊　　　　＊　　　　＊　　　　＊　　　　＊

　　我們就這樣回到了一八八五年。六月八日，政府在預算的修正案上遭到挫敗，格拉史東立即辭職。自由黨中的不和與分歧已經起了作用，但是更加直接的原因是愛爾蘭的議員支持保守黨的對手。倫道夫・邱吉爾勛爵已使帕涅爾瞭解，一個保守黨的政府將會停止繼續執行「強制法」，這一點就足以左右愛爾蘭的支持。在經過一番猶豫與天人交戰之後，沙利茲伯里勛爵成立了一個在平民院屬於少數的保守黨政府。倫道夫勛爵就職擔任印度事務大臣（Secretary for India），而他的宿敵斯塔福德・諾斯科特爵士（Sir Stafford Northcote）進入貴族院，邁克爾・希克斯・比奇爵士（Sir Michael Hicks Beach）成了財務大臣兼平民院議長。最重要的任命是卡納萬伯爵（Earl of Carnarvon）成爲愛爾蘭的代理總督。人盡皆知，卡納萬支持自治政策。他於八月一日與帕涅爾在格羅斯凡諾廣場（Grosvenor Square）的一幢房子裡晤面。他留給帕涅爾的印象是政府正在打算採取自治措施。隨著大選的逼近，帕涅爾必須做出他的選擇。他透過擔任中間人的情婦，奧謝夫人（Mrs. O'Shea），使格拉史東獲悉保守黨所採途徑的性質。格拉史東回覆道：「我應當說，我絕對不會採取任何相反的立場與倫道夫・邱吉爾對抗。」眞相是，這個時候格拉史東已經轉變支持自治政策，但是他還沒有準備與帕涅爾討價還價，而寧可袖手旁觀而讓沙利茲伯里去走下一步棋。

　　當選舉於十一月到來的時候，帕涅爾無法自格拉史東那裡得到明確的支持承諾，於是令在不列顛的愛爾蘭人投票給保守黨。在這

次競選運動的演說中，愛爾蘭並不是個重要的議題。選戰主要是為了前一屆政府令人不愉快的政績開打。張伯倫未經授權的激進方案另外提供了一個主要的爭議話題。選舉結果很不幸。自由黨在市邑丟掉了許多席次，但是他們在郡縣中吸引最近得到選舉權的工人支持而稍有斬獲。在新的平民院中，自由黨以八十六個席位的多數勝過了保守黨。但是帕涅爾已經實現了他的夢想。他的追隨者，由於在愛爾蘭郡縣中實行「改革法」而人數大增，佔了八十六個席位。這種處境正是沙利茲伯里所描述的「低水位標準——也就是，托利黨加上帕涅爾黨（Parnellite）的席次相等於自由黨的席次」。

在這種情況下，格拉史東繼續希望帕涅爾派與保守黨的聯盟會堅持下去，以及自治成為大家同意的措施，不會受到貴族院不當的反對而獲得通過。他對於「天主教的解放」、「穀物法的廢除」以及第二次的「改革法」等先例都記憶猶新。對於帕涅爾透過奧謝夫人所提的詢問，他的答覆是，自由黨在政府宣布它的政策之前做出任何舉措都是不對的。他在十二月見到沙利茲伯里的姪子阿瑟・詹姆斯・貝爾福，並且於二十日寫信給貝爾福：「我確信這個問題只能由政府處理；但是我特別希望基於公共政策的立場，它應當由現在的政府處理。」保守黨對此信不屑一顧。幾天之前，政治情況已經由於格拉史東的兒子赫伯特（Herbert）將他對於自治的看法公開披露而有所改變。這所謂的「黑瓦登的風箏」（Hawarden Kite）[7]本隱藏著不為公眾所見，卻由一直在政治漩渦鬥爭的所有那些力量帶上了水面。格拉史東十分渴望避免的自由黨的分裂果然成真。輝格黨人已經因為激進派的力量日增而離心離德，堅決反對愛爾蘭自治。保守黨察覺到，他們將可由格拉史東戲劇性的改變獲益，態度遂變得強硬了起來。他們與輝格黨可能結盟已早有所聞。對帕涅爾而言，這種結果是場災難。他的支持已使得保守黨多得到三十個席次。它算是給予敵人一分贈禮。

格拉史東的希望中是否有何實質意義頗費疑猜。卡納萬代表的是他自己，而並非保守黨或內閣。他接近帕涅爾是試探性的，他的

政府並未牽連在內。沙利茲伯里，就他的角色而言，自然對於在一次攸關重大的選舉中能得到愛爾蘭人的選票感到滿意。但是他篤信新教，熱衷聯合王國統一事業，忠於地主以及已信仰保守黨的愛爾蘭少數黨，以致於他不曾認真地考慮愛爾蘭自治的問題。他更少具有皮爾或格拉史東心中那分感情。沙利茲伯里也沒有這種使黨派分裂的熱情。

一八八五年耶誕節時，局勢終於抵定。卡納萬於元旦辭職，而沙利茲伯里政府於一月二十六日宣布它會提出最嚴格的一種「強制法」。格拉史東沒有什麼猶豫，也幾乎未與他的同僚諮商，就在女王的演說詞上做出修正使這法案遭到挫敗。新政府無疑會贊成愛爾蘭自治，哈廷頓與其他輝格黨領袖都拒絕加入。或許這情況是無可避免，但是格拉史東以他對待張伯倫的態度卻摧毀了實現自治法的最後一線希望。在全國人的眼中，張伯倫現在在自由黨中的地位僅次於格拉史東。但是格拉史東嚴重地低估了張伯倫的重要性，拒絕派給他殖民大臣的職務，只派他到地方政府監督委員會（Local Government Board）任事。張伯倫對愛爾蘭的看法在前一年就一直在改變。他認為愛爾蘭人奸詐地投向保守黨那一方，他對於帕涅爾也就不再信任。他們之間的私人關係也為中間人——威廉‧亨利‧奧謝隊長（Captain William Henry O'Shea），帕涅爾情婦的丈夫——毀掉了。張伯倫反對關於自治法的任何宏大計畫，得需要格拉史東使盡全盤圓滑功夫與說服才能將他贏過來，但是格拉史東並不打算那樣做。在準備「自治法案」時，也沒有同張伯倫諮商；張伯倫自己的地方政府改革計畫也遭到忽略。他於三月二十六日辭職，成了格拉史東最可怕的敵人。

「自治法案」由格拉史東在一八八六年四月八日於一篇持續達三個半小時的演說中向平民院提出。他提出自治這個法案，旨在對愛爾蘭主持正義，為她的人民爭取自由。它是個使人印象深刻的表現，甚至在格拉史東令人目眩的國會生涯中也很傑出。但是，他對自由黨關於自由權與自治的原則所做的訴求碰到強烈的反感。他突

然改採新政策、他為了繼續執政而仰賴愛爾蘭人投票、以及大眾對愛爾蘭人罪行的辛酸回憶，合在一起便加深了他政敵的恐懼與偏見。由於種族、宗教、階級與經濟利益的情緒滲雜進來，格拉史東使用的自由黨論點變得含混不明，並且引起了反駁。格拉史東強烈的道德感在敵方產生了反應，敵方相信他是位偽君子或者更有過之。他已經從事了一個突然的、有毀滅性的政策運動。倫道夫・邱吉爾勛爵問道：「為什麼？只不過是為了匆匆忙忙滿足一位老人的野心而已。」

這項「自治法案」在它提出的兩個月後，於二讀時遭到了挫敗。九十三位自由黨人投票反對政府。格拉史東難以做決定。他可以辭職或解散國會。他選擇了後者，單單為了愛爾蘭自治這個問題競選。他的熱情、熱心與精力都不足以克服龐大的反對力量。在新的貴族院保守黨有三百一十六個席位、自由黨反自治派（Liberal Unionist）有七十八個席位，格拉史東派（Gladstonist）卻只有一百九十一個席位，帕涅爾派有八十五個席位。格拉史東立即辭職，沙利茲伯里再度上台。

除了一段很短的時間之外，保守黨從此將掌權二十年。自由黨-輝格黨自一八三〇年開始佔盡優勢的長期統治成了過往雲煙。它已經被輝格黨厭惡社會改革以及格拉史東突然轉向贊成自治政策而導致結束。自由黨的前景一片黑暗。它本身奉行不受英國選民歡迎的政策，不僅失去了它的左翼，而且還失去了到此時為止從事改革的年輕領袖中最傑出的人才。命運巨輪的轉動已將光明帶給了在一八八〇年前景似乎十分黯淡的保守黨人。他們曾視對手為不可抗拒的民主制度的工具，但現在都已敗在他們的手下。

【1】　譯注：平民院中議長所見的左右各最前排。
【2】　譯注：一八六七年至一九一四年間土耳其蘇丹授與埃及執政者的稱號。
【3】　譯注：指太平天國戰爭，戈登曾組軍協助李鴻章。
【4】　譯注：追隨馬赫迪反英的上埃及和蘇丹的部落成員。

【5】　譯注：全名應爲查爾斯‧杯葛，梅耶公司（Co. Mayo）大地主之仲介，是
　　　帕涅爾反驅逐運動的首位受害者，他受到社會上與商業上的排斥。之後在一
　　　千名部隊的保護下，得到解救。一八八〇年十二月十三日《每日郵報》（the
　　　Daily Mail）造出杯葛（boycott）這個字來描述愛爾蘭土地聯盟的新武器，
　　　此後此字遂爲人普遍使用。

【6】　譯注：按「月光」有「兼差」之意。

【7】　譯注：按黑瓦登是格拉史東的府邸，故有此說。

第二十章　沙利茲伯里執政

　　一八八六年的夏天，並沒有人立即察覺到，關於愛爾蘭自治（Home Rule for Irland）的爭議已經在英國政黨的忠誠方面造成重大的改變。沙利茲伯里的政府依仗由哈廷頓領導——不過在國會與國家中他們當中最令人畏懼的人是約瑟夫・張伯倫——的自由黨反自治派（Liberal Unionist）的支持。自由黨反自治派抗議，表示他們仍舊是自由黨，有十年之久他們在平民院中仍坐在自由黨這一邊。這種說法激怒了格拉史東的追隨者，他們當中許多人都很憤慨地公開將張伯倫比做是出賣耶穌的猶大（Judas Iscariot）。一八八七年年初，雙方領袖舉行的圓桌會議（Round Table Conference）失敗之後，彼此心照不宣，都認為鴻溝太寬而無法逾越。這種決定性的分裂製造出奇怪的同床者。沙利茲伯里不得不與僅在二個月之前被他譴責為暴民領袖與「傑克・凱德」（Jake Cade）[1]的那個人一道工作。他不得不接受張伯倫的部分方案做為後者支持保守黨的代價。相對的，張伯倫現在被繫在保守黨的戰車上，被迫就他的角色而撤回他以前的許多政策與意見。在自由黨方面，格拉史東被剝奪走了輝格黨的支持，也只好對黨內的激進派讓步，他們的看法遠遠超前他自己的看法。

　　沙利茲伯里的政府與前一年的政府沒有什麼大不同的地方，只不過邁克爾・希克斯・比奇堅持不當平民院的議長罷了。他力稱「實際的領袖應當才算是議長」。因此，倫道夫・邱吉爾才三十七歲就當上了平民院議長兼財政大臣。他的生涯已經到達了頂點。在六年的過程中，他的辯論才幹與政治手腕已使他超越所有的對手。他在平民院的地位未受到黨內任何其他成員的挑戰，雖然許多成員並不信任他的方法，也不喜歡他的政策。政府內部幾乎毫不和諧。倫道夫勛爵對於托利黨關於民主制度的觀念，在沙利茲伯里的傳統保守主義中引不起什麼火花。沙利茲伯里首相並不十分相信可以藉立法而改善現況。他相信，政府的首要事務就是維持現有的秩序，

保守黨人應首先對依仗他們保護其利益的階級負責。倫道夫勛爵於一八八六年十一月寫信給他，說「認為托利黨不擅於制定法律，就像我之前認為的那樣，他們能夠治國、發動戰爭、大行增加稅賦與支出；但是在一個民主制度中，立法並不是他們的本行。我想這恐怕只是懶童之見吧！」沙利茲伯里回覆道：「我們必須以比我們的對手較慢的速度與較低的調子工作。我們所擬的法案都必須是試探性的、謹慎的，而並不是全面性的與戲劇性的。」這樣的衝突因為倫道夫涉入外交事務而更形緊繃。他於十月公開抨擊對土耳其表示友好的政策，並表示他自己支持巴爾幹人民的獨立。這兩個人在性格上與政策上根本是南轅北轍。最後的衝突卻是為了比較微不足道的事，即倫道夫勛爵要求刪減陸軍與海軍的預算。倫道夫勛爵於一八八六年的耶誕節前夕這個不對的時刻，為了不對的問題而辭職，也並未設法找人支持。他又活了九年，忍受著諸多病痛，不過他的生涯早已經煙消雲散了。

這種戲劇性的下台，來得有如年度政治大事件的最後一幕。在保守黨方面，上述事件的翻版就是輝格黨背棄格拉史東。沙利茲伯里以一個擁有全然輝格黨見解的自由黨反自治派的成員喬治‧戈森（George Goshen）做他的財政大臣，並且就此宣布托利黨的民主政治現在已被認為是多餘的累贅。從此，他的政府在立法方面的記錄乏善可陳。主要的措施是一八八八年的「地方政府法」（the Local Government Act），根據此法案成立了郡議會（County Council）與奠下了未來發展的基礎。三年後小學取消了學費；而「工廠法」（Factory Act）做了某種進一步的努力，用來規範雇用婦女與兒童方面的弊端。這都不是十分動人的成就。甚至於完成的這些次要的措施，大都是對張伯倫所做的讓步。張伯倫經常在政府外面宣揚只有推行積極改革的政策，才能申張反自治派的主張。

沙利茲伯里以及相當大部分的輿論，都對海外事務極感興趣。帝國主義在海外世界探險、征服及拓居活動都達到了高潮。大衛‧利文斯頓（David Livingstone）[2]、亨利‧摩頓‧斯坦利

（Henry Morton Stanley）[3]、約翰·漢寧·斯皮克（John Hanning Speke）[4]，與其他的旅行家已經打開了最黑暗的非洲內部。他們的探險事蹟為歐洲列強獲得殖民地鋪好了路。這種以和平方式瓜分非洲，是這個時期最重要的成就。功勞大都歸於沙利茲伯里，他於一八八七年當外交大臣兼首相，從來沒有忘記正在繪製殖民非洲的地圖時應當保持和平。法蘭西人為了從一八七〇年敗於普魯士人之手而尋求安慰，首先插足這個領域；德意志人則於八〇年代初葉動手，也並未落後太遠。格拉史東與迪斯累利，如果也有心一試，利用他們擁有的海軍與經濟力量，很可以併吞他們國人曾經繪製過地圖並深入探險的這個大陸的大部分地區。但是兩人都未表現出很熱衷於熱帶非洲的冒險。這項推展英國利益的任務大都是由塞西爾·約翰·羅茲（Cecil John Rhodes）[5]、威廉·麥金隆爵士（Sir William Mackinnon）與喬治·戈爾迪爵士（Sir George Gordie）完成的；他們不顧國內政府的冷漠，而開拓出來一個龐大的新帝國。

　　沙利茲伯里就職時，他自己並沒有提倡任何帝國擴展的大計，但是卻準備支持進行擴展的人。鞏固殖民地並進行政治控制的工作，依伊莉莎白時代的模式，托付給三家領有特許狀的公司。英國皇家尼日公司（the Royal Niger Company）在奈及利亞（Nigeria）作業，不列顛東非公司（the British East Africa Company）控制著現在的肯亞（Kenya）與烏干達（Uganda），而不列顛南非公司（the British South Africa Company）獲得了南北羅德西亞（the Rhodesias）的領土。三家公司都是在一八八六年到一八八九年的期間成立的。羅德西亞（Rhodesia）是大英國協（the British Commonwealth）中唯一以建立它並且預見到其前途的那個人性名（即上述之羅茲）來命名的自治成員。它的首都名做沙利茲伯里，乃係紀念這位首相。英國與其他從事殖民的強權發生許多邊界爭執，但是沙利茲伯里始終奉行以談判解決爭執的穩定政策。英國於一八九〇年與德意志、法蘭西及葡萄牙都簽了協定，此一政

策算是達到了頂點，德意志協定在這三者中最重要，界定了英德兩國在中非與南非的領地的邊界。英國討價還價，將赫爾戈蘭（Heligoland）割讓給了德意志，做為她承認尚吉巴（Zanzibar）是英國保護領地的補償。英國並且用一個未來可能屬於德意志的海軍事基地交換一個盛產香料的島嶼。到了一八九二年，沙利茲伯里已經實現他大部分的目標。英國能否控制尼羅河流域以及確定西非殖民地邊界，是尚未解決的問題。

沙利茲伯里的外交政策大都受到這些殖民地事務的擺布。他在原則上依附著「四國同盟」的原則，卻不可避免地被拖得越來越靠近俾斯麥的德意志、奧匈帝國與義大利所締結的三國聯盟（Bismack's Triple Alliance）。英國多多少少經常在西非與法蘭西對抗，在近東（the Near East）及遠東（the Far East）與俄羅斯發生衝突。沙利茲伯里成功的關鍵在於他能夠技巧地處理在強烈民族敵對的時代與各國發生的無數糾葛。他有次說：「英國的政策將懶洋洋地順水漂流，只偶而伸出鉤篙避免操撞。」至今還不曾有任何其他不列顛外交大臣更為熟練地揮動過他外交上的鉤篙。

＊　　　＊　　　＊　　　＊　　　＊

滿懷怨恨的愛爾蘭是個無情的問題，使得國內政治蒙上了陰影。沙利茲伯里在競選之際曾經斷言，「愛爾蘭所缺的是政府——從不退縮，始終如一的政府」。他的姪子阿瑟・詹姆斯・貝爾福，於一八八七年擔任愛爾蘭事務大臣。他發現貝爾福是能夠將「以果決的手段來治理以取得二十年穩定」的這個觀念付諸實施的人。貝爾福面對的情況非常艱難。農產品價格正在不斷地下跌，但是政府已經駁斥了帕涅爾所持防止農民集體被驅逐的唯一辦法是重新評估租金的論點。被威廉・奧布來恩（William O'Brien）與約翰・狄龍（John Dillon）組織起來的愛爾蘭農民，將事情掌握在他們自己的手中，而發動了「運動計畫」（the Plan of Campaign）。這個計畫的基礎是，佃農應當共同要求減租。如果地主拒絕，就開始抗租，而將這筆租金做為運動基金（campaign fund）。這計畫

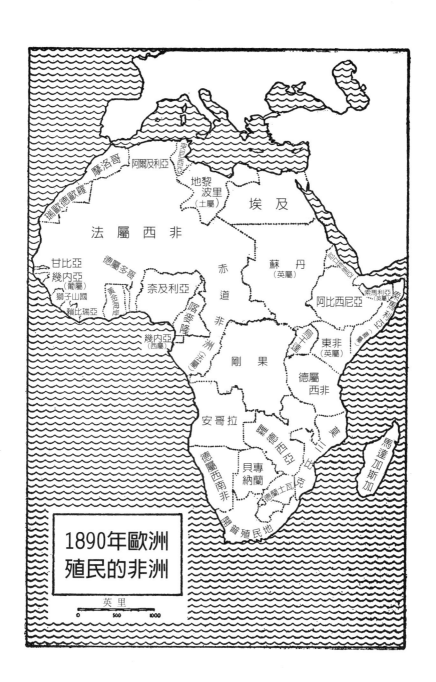

1890年歐洲
殖民的非洲

英里
0   500   1000

以恐怖手段執行，現在已成爲愛爾蘭土地爭執中不變的特色。政府的對策是做少許讓步，但通過「犯罪法」（the Crimes Act）而給予行政當局絕對的武斷權力。貝爾福將他的權力延伸到了極限，並採取行動，其堅定的決心與他愛爾蘭對手的無情旗鼓相當。他在平民院爲他的行動辯護，雄辯滔滔、足智多謀，以致於迅速地躋身到主要議員之列。

　　帕涅爾遠離這些是非。他現在察覺到與英國廣大的意見取得一致才能夠贏得自治。他小心謹慎、堅持採取合乎憲法的行動，但一八八七年四月十八日《泰晤士報》刊出一封上面有他簽名的假信件對他造成打擊，信中說他寬恕了鳳凰公園的謀殺事件。帕涅爾一面譴責這封信係僞造，同時拒絕在英國的法院中提出訴訟。因爲他這樣子的克制，再加上像沙利茲伯里這樣身分崇高的人都公開表示這封信與其他信都是貨眞價實，使得大多數的英國人都深信帕涅爾難脫干係。但是，次年政府成立了一個由三位法官組成的委員會來調查愛爾蘭的所有罪行。他們一直開了六個月的會，而到了一八八九年二月他們最後才開始查看這些信件。他們發現它們都是一位名爲理查德・皮戈特（Richard Piggott）的老朽愛爾蘭新聞人員僞造的。皮戈特因爲根本字都拼錯而漏出馬腳，而且他在查爾斯・羅素爵士（Sir Charler Russell）嚴謹的盤問下而無法搪塞。他在證人席上崩潰，並認罪了。幾個星期之後，他在馬德里的一家飯店飲彈自殺。這件事對於公眾的影響極富戲劇性。帕涅爾有幾個月都處在得意的巔峰。長期被咒罵的人突如其來、妙不可言地在爲時甚短的時間內大出風頭。大選正在迫近，政府失去了人民的愛戴，看起來似乎沒有任何事能夠防止格拉史東與愛爾蘭自治政策獲勝。

　　但是，這件事有了變化。一八九〇年十一月十三日，奧謝控告奧謝夫人與帕湟爾兩人通姦的訴訟在離婚法院（the Divorce Court）開庭。法院對奧謝隊長做出「在指定日內若不提出反對理由即行生效的離婚判決」（decree nisi）。帕涅爾身爲（離婚案中被控通姦的）共同被告，並沒有提出辯護。他一直與奧謝夫人同居了十年之

久。後代子孫將獲悉事實上帕涅爾當時並未顏面盡失，但是當時的輿論卻對他厲聲譴責。自由黨內非遵奉國教者的強烈是非觀念開始抬頭。格拉史東一心一意只想到自治問題，拒絕加入這種道德上的口誅筆伐。但是他深信使保守黨停止利用帕涅爾的通姦事件的唯一辦法，是讓這位愛爾蘭領袖自動引退一陣子。有人建議謂帕涅爾應當繼續留在政壇，他經常的答覆都是「它行不通」。這位愛爾蘭領袖承受著巨大的壓力。他的朋友兼讚賞者塞西爾‧約翰‧羅茲拍電報說：「辭職——結婚——重返。」這是聰明的忠告。但是帕涅爾不爲所動；在他冷酷外表下面長久燃燒的熱情爆發成了火燄。他的自尊心起而反抗。不論他的國家或主張爲此將付出何等代價，他都拒絕向「英國人的偽善」低頭。

　　格拉史東採取的最後措施，是寫信給帕涅爾，說除非這位愛爾蘭人退休，否則他就停止領導自由黨。在這封信送出去之前，愛爾蘭黨再度肯定了帕涅爾的領導。格拉史東在失望中將信送往報界。這是無法挽回的一步，公開的最後通牒。次日早上格拉史東寫道：「我可以說，過去五年來的每一天，我們都在從事費力的將席西弗斯（Sisyphus）[6] 的石頭推上山的工作。帕涅爾先生的決定……意謂著那石頭將離開我們身邊，再度滾落到山底。我實在無法召回那已經逝去的歲月。」這件事隨後便風平浪靜了。帕涅爾痛批格拉史東之後，天主教會宣布不支持他，他黨內大多數人也拒絕接受他。他做了一連串瘋狂而又不顧一切的努力想恢復他的影響力，但是徒勞無益。不到一年他就去世了。

　　自由黨的前途在一八八九年本來十分光明，現在都被烏雲籠罩住了。形勢也未能因爲他們在一八九一年採行全面性的「紐塞方案」（Newcas the Programme）而獲得改善。爲了設法應付黨內每個派系的要求，這個方案得罪人之處遠多過使人滿意之處。選舉於次年夏天到來的時候，結果主張自治的人（包括愛爾蘭的議員）只比反對者多得到四十個席位。在平民院，自由黨有二百七十五個席位，愛爾蘭民族主義者（the Irish Nationalists）有八十二個席

位，相對的保守黨有二百六十九個席位，自由黨反對自治派有四十六個席位。對格拉史東而言，多數黨的實力太薄弱，但是他組成的內閣卻包括許多有才之士，諸如威廉・哈考特爵士、羅茲伯里伯爵、約翰・莫利與亨利・坎貝爾－班納曼爵士（Sir Henry Campbell-Bannerman）。他們所有的人當中最閃亮的明星是赫伯特・亨利・阿斯奎思（Herbert Henry Asquith），這個世紀最能幹的內政大臣（Home Secretary）。

格拉史東很果斷，對第二次的「自治法案」立即展開工作。他自己在一八九三年二月親自將它提出。他以八十有四的高齡，力抗由令人生畏的辯論之士如張伯倫及貝爾福所領導的反對黨，帶著這法案開過八十五次會議。在國會的歷史中幾乎很少有比這更加不凡的成就。不過一切都是徒勞。這項法案以些微多數在平民院獲得通過，卻在貴族院二讀時因為四十一票對四百九十一票而遭到否決。如此一來，成立一個統一的、自治的、忠於英國王室的愛爾蘭的希望全都歸於破滅。一代之後，內戰、瓜分、與南方脫離世界事件的主流，將成為愛爾蘭的命運。英國的立即反應是並不關心。貴族院受到他們的勝利鼓勵，就不斷地阻撓政府。政府只有在一個主要的問題上獲得成功，它就是新的「地方政府法」，藉以建立都市、農村地區以及教區（parish）的議會。在「自治法案」遭到挫敗之後，格拉史東便日益失去他同僚的支持。他們拒絕他解散國會的計畫以及對貴族院的抨擊。他，就他扮演的角色而言，增恨他們增加稅賦及軍備支出的計畫。他談到一個計畫時說：「這計畫瘋了。提出它的他們是什麼人？當我經歷公共生活多年時，這些人都還沒有出生。」他在宣誓成為樞密院諮議大臣（privy counsellor）五十二年半之後，於一八九四年三月三日辭職。他與他的內閣大臣的分手很感人。威廉・哈考特爵士發表告別演說，聲淚俱下，情緒激動。格拉史東卻不為所動，在後來提到此次會議時說它是個「哭哭啼啼的內閣」。他於一八九八年去世。他的生涯是這個世紀中最引人注意的事件，在史冊上留下無數的痕跡。他是他的時代中最偉大的、

受人歡迎的領袖，他在重大道德議題上打動人心的力量幾乎無人能夠與之頡頏。他德高望重，屹立在平民院議員的最前列。他的概念幾乎很少沒有價值。格拉史東的成就，就像他的失敗一樣，都是奇大無比。

＊　　　＊　　　＊　　　＊　　　＊

一八九三年一月，獨立勞工黨（the Independent Labour Party）於布拉福（Bradford）舉行的會議中創立，蘇格蘭的礦工領袖詹姆斯・基爾・哈迪（James Keir Hardie）是它的主席。獨立勞工黨的目的是推廣社會主義的學說，以及在國會選舉中提出獨立的工人階級候選人。這是宏大政治世界中不太受人注意的，在英國工業地區正出現的新力量的徵象。憲章運動失敗之後的沈寂，已在若干年前被社會主義的宣傳運動以及工會（Trade Union）活動的浪潮打破了。一八八・年成立的民主聯盟（the Democratic Federation）是它們的最初形式。不過，由於一位富有的、提倡階級戰爭與革命者亨利・邁耶斯・海因德曼（Henry Mayes Hyndman）竭力以金錢支持，這個聯盟轉而信奉馬克思主義（Mraxism）。但是即使在這樣一位富人的提倡下，工人階級仍發現馬克思主義並不吸引人，這個運動也就幾乎沒有什麼成績。

在英國，遠比上述組織更具重要性者，是大約同一個時候崛起的費邊社（the Fabien Society）。它是由一群年輕的、默默無聞的、但具有高度天賦的人在經營，其中有悉尼・韋布（Sidney Webb, 1858-1947）[7]與喬治・伯納・蕭（George Bernard Shaw）[8]。他們指責所有的革命理論，著手宣傳實際的社會主義學說。他們對於組織新政黨不感興趣，並認為社會主義的目標可以藉由「滲透」現有的政黨來達成。主要是依仗悉尼・韋布與碧翠絲・韋布（Beatrice Webb, 1858-1943）[9] 的力量，他們多少有所成功。由費邊社用筆撰述，匯成洪流的出版物，特別是一八八九年的《費邊社文集》（the Fabian Essays），對於塑造勞工黨的過程貢獻甚多。大體上，這些出版物的看法是實用的與以經驗為依據的，幾乎

沒有什麼得歸功於教條主義的理論，而且根本與馬克思無關。它們
非常強調轉變到社會主義的過程之性質緩慢而又錯綜複雜，亦即
「漸次進行的必然性」（the inevitability of gradualness）。

　　大多數的工人幾乎很少知道這些高深的智力活動。他們在專心
地努力提高自己的生活水準。在維多利亞中葉，工會組織大都限於
工人階級中有技術的與比較富裕的成員。但是一八八九年倫敦的碼
頭工人是收入低得可憐的一群人，他們爲了一小時六便士的工資罷
工。罷工的策畫者之一約翰‧伯恩斯（John Burns），提醒碼頭
工人要記住勒克瑙事件。他說：「孩子們，這次罷工是工人的勒克
瑙。而我自己，眺望天邊，可以看到銀色的閃光——它並不是染著
兄弟鮮血的刺刀上的閃光，而是碼頭工人舊六便士銀幣（tanner）
圓邊的閃光。」這次罷工的確是工人的勒克瑙。因爲大眾普遍同情
且支持，碼頭工人得到了勝利，工會組織隨後在沒有技術的工人中
間快速地擴展。

　　全國各地都開始成立社會主義的小團體，但是他們在政治上都
很勢單力薄。它們在選舉上唯一的成功，是一八九二年詹姆斯‧基
爾‧哈迪的重返西罕（West Ham）國會議員寶座。他初次由管
樂隊陪同，戴著無邊布帽進入平民院，造成了轟動。這些社會主義
團體最大的困難，是他們強烈的信仰在工人大眾或工會領袖當中都
引不起反響，大多數的工人與工會領袖仍信賴自由黨人與激進派。
但是詹姆斯‧基爾‧哈迪耐心地苦幹，要爭取工會都脫離自由黨。
他在碼頭罷工之後有所拓展，並且在願意支持政治活動的新工會方
面，都有所斬獲。他們能夠得到一些支持，主要是因爲自由黨人不
太願意支持工人階級的議員候選人。他們只推舉一小撮所謂的「自
由黨-工黨聯盟者」（Lib-Labs），其中大多數都是礦工。

　　結果，社會主義團體與許多的工會於一九○○年二月二十七日
在倫敦法林頓街（Farrington Street）的紀念堂（the Memorial
Hall）舉辦大會，會中決定成立勞工代表委員會（Labour Repre-
sentation　Committee），由拉姆齊‧麥克唐納（Ramsay

MacDonald）擔任它的書記。這個委員會的目標被界定爲建立「國會中旗幟鮮明的勞工團體，他們將有自己的黨鞭（Whips）及對政策表示同意之權」。工黨（the Labor Party）於是創立起來了。拉姆齊・麥克唐納將成爲二十世紀第一位工黨首相。他將在遇到國家危機的時刻將工黨分裂，於社會主義者的辱罵聲中去世；而社會主義者之所以擁有政治財富，大多是因爲他的建樹。

＊　　　＊　　　＊　　　＊　　　＊

　　格拉史東已由羅茲伯里勛爵繼他而擔任首相。羅茲伯里於他在位的十六個月期間運氣甚佳，在德比賽馬會（Derby）上贏了兩次。此外他就沒有踫上太多其他的好運氣了。羅茲伯里眼界廣闊，能夠安然看待難以避免的宦海浮沈與攻治妥協。他擔任外交大臣時至爲從容，沈思世界重大問題與長考英國的行動。他是女王自己挑選的首相，他的帝國主義見解使他在黨內不受歡迎。貴族院持續地阻撓他。此時，財政大臣威廉・哈考特爵士在他的預算建議中提出大量抽徵遺產稅（death duties）的計畫。受到波及的資產階級群情憤慨。個人個性的衝突，以及帝國主義者與「英國本土主義者」（Little Englanders）[10] 的爭吵將內閣弄得四分五裂。羅茲伯里後來說道：「我從來就不曾掌握實權。」他繼承的是脆弱不穩、耗費原有實力的局面。一八九五年六月，在國會突然舉行的表決（Snap vote）中，政府的提案遭到否決時，他趁機辭職。自由黨領袖在內閣的不和不再由於保密而不爲人知之後，以後幾年都是自由黨的黑暗歲月。在大選中保守黨、自由黨反對自治派的聯盟贏得了決定性的勝利。它比包括愛爾蘭民族主義者在內的反對派多得到一百五十二個席位。

　　沙利茲伯里勛爵因此成立了一個強大的政府。他再度身兼首相與外交大臣兩職，而他在黨內與全國的地位無人能及。現在他不在用正常方法處理事務。據說他在少數參與的社交場合與他的內閣閣員碰面時，都認不出他們。他愛避居到他位於哈特菲（Hatfield）的塞西爾（Cecil）府邸，此時他靠親筆書寫大批信件來辦理他的

眾多事物。他閒暇時都是在他私人實驗室裡做科學實驗；他也樂於乘坐很有氣派的機動三輪車繞著他的庭園奔馳。他的威權與聲望部分得自他公開場合的言行中至為明顯的貴族自信神色。他在性格上將政治中的貴族傳統表現得淋漓盡致。他對民眾的歡呼不以為意，而在那個民主時代，這樣子的冷漠態度是被人接受的，甚至贊同的。他的副手兼最親密的顧問是他的姪兒阿瑟・詹姆斯・貝爾福，而貝爾福當上了第一財務大臣。但是，在公眾眼中支配著政府的人是自由黨反對自治派的領袖約瑟夫・張伯倫；他現在的權力如日正當中，渴望得到由於一八八六年的事件而長久未給予他的官職。張伯倫自行選擇，當上了殖民地事務大臣（Colonial Secretary）。他確信他的本能。人們對於國內事務的興趣早就煙消雲散了。五年中政府只通過一項重大的改革措施，即一八九七年的「工人補償法」（the Workmen's Compensation Act）。政治上使人興奮的事是帝國勢力在非洲大陸與亞洲大陸的衝突，而張伯倫決心要在這些地方揚名立萬。

　　張伯倫以他在激進派陣營中的改革熱忱處理他的任務。他本身有了很大的改變，因為他在伯明罕的歲月中是主張地方自治的社會主義者與共和主義者，現在則是大英帝國的建築師。他宣稱：「佔領世界的大片地區是不會有何意義的，除非你能夠善用它們，除非你願意去發展它們。我們都是擁有廣大產業的地主；發展產業是地主的職責。」張伯倫雖然已做了若干進展，特別是在西非，卻無法以他期望的方式實現這種開疆拓土的承諾。由他任職的那個時刻起，與擴展政策不可分離的問題經常爆發，而將改革方案都推到幕後去了。第一個方案是個很小的方案，與繼續藉劫掠奴隸（slave-raiding）而使黃金海岸（the Gold Coast）許多地方感到恐懼的阿散蒂人（the Ashanfi）[11] 有關。沃爾司利率了一支遠征軍去對付他們。這支部隊於一八九六年一月摧毀了阿散蒂帝國（阿散蒂人於十八世紀由小部之邦聯轉變而成的王國）。奈及利亞（Nigeria）的情況更加困難，因為涉及到了另一個強國。法蘭西人

由陸上向撒哈拉大沙漠（the Sahara Desert）的南部移動，正企圖用他們佔優勢的軍力將英國人限制在沿海地區。如同沙利茲伯里所言，張伯倫痛恨做任何放棄，於是組織由亨利・盧加德爵士（Sir Henry Lugard）統率的西非邊防軍（the West Africa Frontier Force）進行報復。他的措施完全成功；有技巧的外交支持果決的行動。而一八九八年六月，英法兩國簽訂英法協定（the Anglo-French Convention），確定了英國人完全感到滿意的西非疆界線。

幾個月之後，英國與法蘭西因為尼羅河上游的控制問題而發生了更加危險的爭執。自從戈登殉國，德爾維希成員便已經在蘇丹掌握著無人挑戰的大權。他們的先知馬赫迪已經去世，但是他的繼承人，其他人所稱的哈里發（the Khalifa），將他們鬆散的帝國握在手中。他也懷著犧牲埃及與阿比西尼亞（Abyssinia）來擴大領土的野心。同時，由英國軍官改編與改革的埃及陸軍成功地捍衛著尼羅河下游與紅海沿海地區，不讓德爾維希成員侵襲。一八九六年，在埃及的英國指揮部反擊他們南方不安分狂熱分子的時機到了。法蘭西已經開始向尼羅河源頭挺進，英國必須預先加以阻止；義大利人在紅海沿岸的拓居地需要支援；德爾維希成員使之死灰復燃的販奴活動須加以鎮壓。而在國內，沙利茲伯里勛爵的政府並不反對帝國的拓展政策。三月，埃及陸軍中的英軍總司令赫伯特・基欽納爵士，為了替戈登復仇與重新征服蘇丹而發動了軍事攻勢。這片非洲廣大的疆域無法再留下來做為野蠻統治的祭品，或仍當作吸引歐洲敵對國家前來競爭的磁鐵。

大沙漠與嚴苛熱帶氣候對於基欽納的遠征而言是令人膽寒的挑戰，但他並不將一切交付給運氣。他現在將要展現的通天本事，就是他對於組織有先見之明。在尼羅河兩岸的河上戰爭是充分企畫、指揮有方的艱苦作業。情勢若是逆轉就會在英國引起強烈的批評，因此若要冒險，就必須步步為營，謀定而後動。補給是主要的難題；為了應付遠在非洲大陸內部基欽納縱隊的各種需求，已建了一條長達五百英里以上，穿過乾燥、未經探勘區域的鐵路。這一仗大

體是一場工兵的戰爭，其間許多短暫、兇猛、英勇的行動使這一仗十分熱鬧。基欽納以一萬五千名士卒開始這次軍事攻勢，最後則總共有二萬五千人，其中有八千人是英國部隊。哈里發的部隊至少三倍於此數，忠心耿耿，勇敢慓悍，擅長沙漠作戰。兩年半之後，亦即一八九八年九月二日，德爾維希成員的陸軍終於在喀土穆城外的恩圖曼戰役（the Battle of Omdurrman）中被敵人徹底擊敗。當時參加此役的一位年輕輕騎兵描述，這是「由科學的部隊戰勝野蠻人最具有代表性的戰鬥」。哈里發與他倖而逃脫的將領都漸漸遭到捕獲，然後蘇丹進入了一個建設性的統治時期。

　　恩圖曼戰役五天之後，消息傳到了喀土穆，在白尼羅河（the White Nile）上游名爲法紹達（Fashoda）的哨站發現有些歐洲人。他們是馬爾尚少校（Major Marchand）與他的軍官，還有一個排的西非士兵。他們由大西洋海岸地區行軍兩年，穿越二千五百英里長的叢林，希望橫跨剛果（Congo）至阿比西利亞的尼羅河源頭建立法蘭西的地盤。基欽納親自揚帆溯河而上去會馬爾尚。這兩位軍人相互以禮相待，但是何人佔據地盤，何人的軍力較大至爲明顯。法蘭西的國旗在雙方同時向倫敦與巴黎報告的期間，在法紹達要塞與英國和埃及的國旗一道飄揚。這兩個首都談到戰爭都眾說紛紜。但是，鑒於英國在尼羅河畔戰爭中獲勝、法蘭西對於蘇丹南部行省的領土要求便無法得到承認。法蘭西遂行讓步，依一八九九年三月所簽的協定，剛果河流域與尼羅河流域的分界線便定爲英法勢力範圍的分界線。這是幾十年來因殖民地爭執破壞英法關係的最後一次。此後，在德意志與日俱增的威脅下，英法兩國經常都在增進和諧。

　　這些並不是政府唯一掛心的外交問題。一八九五年年底，美國發生了危機，如同之前所述，克利夫蘭總統力稱美國有權就英屬圭亞那與委內瑞拉（Venezuela）之間的邊界問題做出裁決。在這些年，德意志處心積慮在推動她向小亞細亞（Asia Minor）滲透的計畫，關於柏林-巴格達之間要修建鐵路的事甚囂塵上。沙利茲伯

里對此並未表示反對。他寧可見到德意志人而非俄羅斯人在土耳其忙著滲透。在遠東方面，因爲建造橫貫西伯利亞的鐵路而使得俄羅斯可能威脅到中國，英國外交部一直爲此事憂心忡忡。滿州省（Manchuria）以及海軍基地旅順港（Port Atthur），即將落入俄羅斯人的掌握。當時幾乎無人預見日本軍隊不久就會重創沙皇，使俄羅斯慘敗。張伯倫在外交事務上一言九鼎，但因考慮不周而企圖與德意志結盟。沙利茲伯里不爲所動，抑制他急於一試的同僚，並察覺到與歐洲國家結盟比保持孤立政策還要危險。他相信英國有力量莊敬自強，但他的這種見解將受到考驗。因爲對英國而言，世界舞台上的重大事件以及它們所引起的外交折衝，都已被南非戰爭的爆發弄得相形失色。

【1】　譯注：一四五〇年在肯特郡率眾暴動而身亡者。
【2】　譯注：蘇格蘭傳教士，深入非洲腹地從事傳教和地理考察活動達三十年，著有《南非考察和傳教旅行》等。
【3】　譯注：英國探險家，記者，多次到非洲探險和考察剛果地理，著有《穿過黑暗大陸》等。
【4】　譯注：英國軍人和探險家，曾在喜馬拉雅山和西藏探險。
【5】　譯注：英國殖民者，開普殖民地總理，以在南非開採鑽石礦和金礦致富，成立了德比爾斯採礦公司和英國南非公司，擴張英國殖民領地。
【6】　譯注：希臘神話中的科林斯國王，因生性貪婪被罰在陰間推巨石上山頂，但巨石至山頂後又滾落，此工作遂永無休止。
【7】　譯注：英國經濟學家，社會史學家，費邊社重要成員，與其妻合著《工會主義史》等。
【8】　譯注：一般譯作蕭伯納，英國劇作家，評論家，費邊社會主義者，主要劇作有《人與超人》等。
【9】　譯注：英國費邊社會主義者，社會活動家，悉尼·韋布之妻，著有《英國合作社運動》等。
【10】　譯注：反對英帝國對外領土擴張政策的英國人。
【11】　譯注：南迦納（S.Ghana）說庫阿語（Akan）的民族之成員。

第二十一章　南非戰爭

　　英國隨著戰爭的擺布而進入二十世紀。她在戰場上投入了差不多五十萬人馬，是有史以來派往海外的最大兵力。南非的衝突一開始時只是個很小的殖民軍事攻勢，但不久就要求國家投入大規模的資源。在英國，群眾對此事的興趣日濃，情緒日益激動。自從「選舉權法」准許每位成年男子能對國家事務發言以來，幾乎才過了差不多一代的時間。近來透過義務教育，所有的人都能夠了解時勢、判斷時勢。通俗的報章雜誌已開始在大眾之間流通，迅速地將好的、壞的以及有時是誤導的新聞帶入數以百萬計的家庭。然而這種快速散布知識與責任的結果並不像某些人預料的會引起社會不安與革命的騷動。恰恰相反，波耳戰爭的幾年中，眾多英國人民都表現出愛國心以及普遍支持帝國事業的熱忱。

　　英國當然也有聲嘶力竭的批評人士與少數異議分子，他們被人嘲笑為親波耳派，其中包括若干有影響力的自由黨領袖。而在這一群人當中有位剛嶄露頭角的年輕律師，名為勞合‧喬治（David Lloyd George）。他現在因為猛力抨擊這場戰爭與英國政府而名揚全國。不過，國內人民普遍堅定不移地支持帝國主義。他們對深紅色的粗線在地球儀上標示出不列顛帝國幅員感到自豪，並對王室海軍掌控世界七海海域相當有信心。歐洲對此非常羨慕。大多數的強權都明白表示同情波耳人，暗示將結盟合夥來對付這個島嶼王國。它們不可能讓她輕易獲勝而自她的殖民地戰爭中脫身，但是她的制海權卻使它們不得不三思而行。在戰爭爆發的時候，王室海軍的一個機動艦隊在樸茨茅斯（Portsmouth）動員，這樁事由許多角度考慮都證明有震懾歐洲的效果。德意志皇帝也體會到這個教訓。英國海上軍力發揮勢不可擋的威力，使他加倍努力建立強大的、航行遠洋的德意志艦隊。而他這種見賢思齊的精神將會引出可怕的後果。

＊　　　　＊　　　　＊　　　　＊　　　　＊

　　南非戰爭的根源淵遠流長。兩個內陸地區的波耳共和國依照含糊的宗主權應當屬於英國，它們除了與葡屬莫三比克（Portuguese Mozambique）有段很短的邊境之外，四周都被英國的殖民地、保護國及疆域團團圍住。然而，最初衝突並非不可避免。在開普殖民地，大批荷蘭人看起來安於英國的統治，並支持塞西爾・約翰・羅茲當他們的總理。橘自由邦（the Orange Free State）對英國很友善，甚至在德蘭士瓦——最頑強的邊疆農民的家鄉——也有相當多的波耳人贊成與英國合作。在南非，英波聯盟的希望絕對沒有滅絕。但是在十九世紀的最後五年，所有這一切突然改變了。

　　約瑟夫・張伯倫於一八九五年擔任殖民地事務大臣時，碰到了一個至為複雜的情況。德蘭士瓦由於開採維瓦特斯蘭高地（the Witwatersrand）上極為富饒的金礦區而改變了外貌。這是外國資本與勞工開發的成果，其中大多數資本與勞工均來自英國。不到幾年，約翰尼斯堡（Johannesburg）已發展成大城市。「外僑」（the Uitlanders）——或所謂身為外國人的「外地人」（Outlanders）——與原住民波耳人的數目相等；他們付給這個國家幾乎二十分之一的稅賦，但是德蘭士瓦政府拒絕給予他們政治權利。這個共和國的總統保羅・克魯格爾，曾經參加過「大遷徙」，現在已年過七旬，決心保持他國家的特性與獨立。他領導固執的荷蘭人，不願意與英國追求共同大業，準備享受工業發展之利，但是卻反對發展工業。對他而言，一個國際性的金礦區顯然對閱讀聖經、閉關自守的農民構成了威脅。但是，他更恐懼羅茲的不列顛南非公司（British South Africa Company）的包圍動作；這家公司已經控制住將成為目前羅德西亞（the Rhodesias）的北邊地區，現在正設法取得西邊的貝專納蘭（Bechuanaland）。在藍德河流域擁有很大金融利益的羅茲，夢想統一南非，以及興建通過英國地盤由開普殖民地至開羅（Cape-to-Cairo）的鐵路。

　　「外僑」在政治上與經濟上的不滿情緒勢必爆發出來，張伯倫到了一八九五年年底已準備好要對付這種情況。不過他不知道羅茲

已經擬定了英國人在約翰尼斯堡起義的計畫,並且由公司的部隊入侵德蘭士瓦做為嚮應。這項大計將由羅德西亞的行政官員(總督)藍德‧斯塔‧詹姆森博士(Dr.Leander Starr Jameson)領導。最後一刻,在約翰尼斯堡並沒有發生起義行動,但詹姆森並沒有得到羅茲取消起義的指示,而率領了五百人於十二月二十九日入侵德蘭士瓦。借用張伯倫的話,此一行動是「有失體面的,未奉政府命令而擅自入侵他國的展示」,自然遭到失敗。一月二日,詹姆森與他的人馬在多柯普村(Doornkop)投降。這次襲擊是個轉捩點;南非歷史的整個過程此後就大為偏離和平的大道。這個國家的氣氛被民族偏見及種族偏見所破壞。在開普殖民地的荷蘭人,自然同情德蘭士瓦的波耳人,開始對英國人怒吼。羅茲被迫辭去總理之職,但是在英國卻大出風頭,這讓波耳人更加確信有人處心積慮對付他們的共和國。橘自由邦將它的命運交給了克魯格爾。在德蘭士瓦,他的目標得到支持。反動派佔了上風,大規模購買軍火準備應付即將出現的衝突。

　　以後的三年中,不斷進行耗時費力的談判。張伯倫的決心可說與克魯格爾居心叵測的頑強不相上下。一八九七年三月,一位傑出的公僕阿爾弗烈德‧米爾納爵士(Sir Alfred Milner)在南非擔任高級專員。他是位身具長才的行政官員,但是卻缺乏外交天賦。上任才幾個月,他就打定了主意。他寫信給張伯倫,表示「除了在德蘭士瓦從事改革或戰爭,別無徹底擺脫南非政治麻煩的良策。目前,在德蘭士瓦的改革機會比以往差得多。」但是張伯倫希望除非萬不得已,否則盡量避免戰爭,甚至還希望將發動戰爭的責任推給波耳人。他像羅茲一樣,相信克魯格爾在壓力下會屈服。他們都低估了非洲南部草原的拓居者。

　　一八九九年四月,兩萬多名「外僑」簽署的請願書由南非送到唐寧街,此時危機到達了項點。米爾納於五月發出的急件表示「數以千計的英國臣民永久淪入農奴(helot)處境的景象……一成不變地在暗中破壞大不列顛在女王領土內的影響力與名譽,以及對英

國政府的尊敬。」隨後是個談判時期，英國政府要求將選舉權給予在德蘭士瓦居住過五年以上的每位公民，並且重新提出對「宗主權」的權利要求。六月，克魯格爾與米爾納於布隆泉（Bloemfonfein）舉行會談，但是並沒有解決任何問題。米爾納深信波耳人現在已經完全武裝起來，正打算建立一個荷屬南非合眾國（Dutch United States of South Africa）。克魯格爾同樣深信英國人意圖剝奪波耳人的自由與獨立。他淚流滿面，並且說：「你們想要的是我們的國家。」張伯倫又做了幾次努力，企圖達成協議，但是此時雙方都正加緊做軍事準備。十月九日，波耳人發出最後通牒，同時英國在南非的軍力仍舊很薄弱。三天之後，波耳人的部隊移動越過了邊界。

＊　　　＊　　　＊　　　＊　　　＊

戰爭爆發時，波耳人在戰場上投入了三萬五千人，或者說是英國人數的兩倍，而且還有優良的德意志槍械。他們的部隊幾乎全是騎兵。他們配備著曼尼奇槍（Mannlicher）及毛瑟槍（Mauser rifle），全都是使用這些槍的高手。在幾星期之內，他們就已經包圍東邊的拉迪史密斯（Ladysmith）、西邊的馬非京（Mafeking）與慶伯利（Kimbeley）。由喬治‧懷特爵士（Sir George White）率領的一萬人，在位於納塔爾邊界的拉迪史密斯受到包圍，而圍城之前早有兩營英國部隊已經在尼柯遜山脊（Nicholson's Nek）中伏，被迫激械投降。在馬非京，由羅伯特‧貝登堡上校（Colonel Robert Baden-Powell）指揮的小股部隊被皮特‧克朗杰（Piet Cronje)所率數倍的敵軍包圍。在慶伯利，塞西爾‧約翰‧羅茲本人與許多平民被困。在季節雨下過之後，被波耳人於夏末故意焚燒而刺激生長的草原正好適合放牧。鄉野的情況對波耳人有利。世界輿論一致厭惡英國人。同時，雷德弗斯‧布勒爵士（Sir Redvers Buller)率領了由三個師組成的軍團從英國前往南非增援，各自治領也提議派志願軍或即將前往。從正式通訊中所提的「寧可要步兵」這句話，充分說明陸軍部不明白當前情況。英國派遣的部隊都

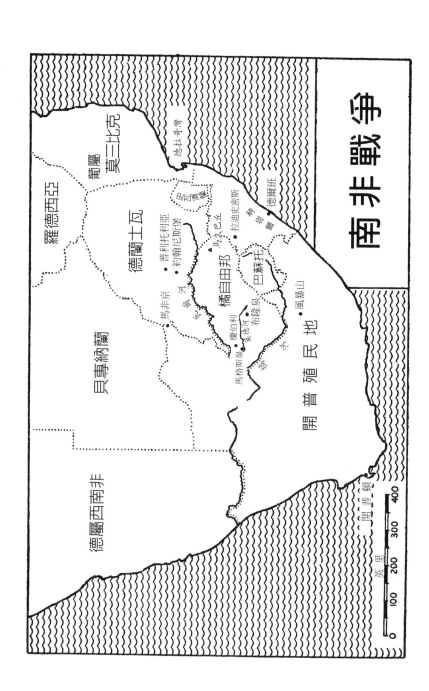

南非戰爭

德拉哥灣
德屬莫三比克
葡屬
羅德西亞
普利托利亞
約翰尼斯堡
五島灣海灣
德蘭士瓦
拉迪史密斯
倫敦
德爾班
貝專納蘭
馬久巴丘
克羅斯馬非京
河
橘
橘自由邦
巴蘇托
慶伯利
馬格斯郡
布隆泉
奈
斯德
爾
風暴山
開普殖民地
德屬西南非
開普頓

英里 0 100 200 300 400

是精銳之師，但是英國政府完全不知敵人的武器與狀況。

　　克魯格爾長久以來都想得到一個由他單獨控制的鹹水港。在納塔爾的山上隘口外躺著德爾班港（Durban），如果他能到達那裡，就能將它奪下來。德爾班藉鐵路與德蘭士瓦連結起來。這條鐵路與通往開普頓的綿長鐵路相比，既短又便於管理，並且距他只有咫尺之隔。若能控制德班港，關於關稅、貨運費以及其他等等爭執均將迎刃而解。起初雙方都將主要的努力集中在這個地區。

　　英國的一個軍團一抵達，就由布勒遣調，分配在幾個前線。他親率一個師捍衛納塔爾，另派一個師去解救慶伯利，再派一師部隊往開普殖民地的東北地區。在十二月一個星期內，各師冒著波耳人的槍砲射擊向前挺進，結果均遭慘敗，士卒與槍砲都損失極重。布勒親自在納塔爾的科倫索（Colenso）指揮作戰。而在科倫索、在通往慶伯利路上的莫德河（the Modder River）以及在開普殖民地東部的風暴山（Stormberg），波耳人都守住了陣地，並攻入面前的英軍地區。雖然在各戰役中英軍損失均不到一千人，如今看來微不足道，但是對於不列顛與大英帝國的公眾而言卻是令人震驚的大事，對於身在其境的部隊而言更是如此。但是維多利亞女王用一段話鼓舞全國人民，這段話如今名傳千古。阿瑟‧詹姆斯‧貝爾福想同她討論所謂「黯淡的一週」，她回答道：「務請瞭解『這裡』無人沮喪。我們對於戰敗的可能性不感興趣。它們並不存在。」曾在阿富汗戰爭（the Afghan War）中揚名、駐守堪達哈（Kandahar）的羅伯茨勛爵（Lord Frederick Sleigh Roberts）被任命為新的總指揮，而喀土穆的赫伯特‧基欽納勛爵擔任他的參謀長。幾個月之後，這兩位聲名赫赫的將領，帶著一直有增無減的部隊改變了戰局。同時，布勒在納達爾也不懈地戰鬥。

　　新的英軍指揮部清楚地看出必須使用大批兵力協同作戰，而波耳人的都城——布隆泉與比勒托利亞——成了英軍一定要攻打的目標。克朗杰在馬非京受到欺騙，以為英軍主要的攻擊目標是慶伯利，便將他大部分部隊調往這鑽石產地中心以南數英里的馬格斯泉

（Magersfontein）。他在這裡挖溝掘壕保衛自己，等待英軍攻擊。慶伯利的確是羅伯茨勛爵的目標之一，但是他派遣約翰‧佛侖奇爵士（Sir John French）從遠途包抄而奪下此地。佛侖奇的騎兵於二月十五日解了慶伯利之圍。由後方來的威脅現在逼得克朗杰只好放棄他的土壘，向東北方後撤。十二天之後，基欽納發動正面攻擊，克朗杰率四千人投降了。此後戰局急轉直下。次日，布勒就解了拉迪史密斯之圍；三月十三日羅伯茨到達布隆泉，五月三十一日到達約翰尼斯堡，六月五日攻陷比勒托利亞。馬非京在被困長達二百一十七天之後終於解圍，並在倫敦引起不合時宜的慶祝。克魯格爾逃掉了。橘自由邦與德蘭士瓦合併，而羅伯茨於一九○○年秋天返回英國。差不多正好在激戰一年，佔據叛軍的兩個首府之後，英國人民覺得波耳戰爭似乎結束了，英國打贏了。在這個時刻，沙利茲伯里聽取張伯倫的建議，參加大選，結果又獲得絕對多數贏得另一次任期。

　　　＊　　　　＊　　　　＊　　　　＊　　　　＊

　　一九○一年一月二十二日維多利亞女王晏駕，被安葬在奧斯本（Osborne）──她與艾伯特親王在五十五年前設計與布置，位於威特島（the Isle of Wight）上的鄉間別墅。在女王長期孀居期間，別墅的陳設都沒有改變。她早決定根據親王所定的模式過她的生活，從來沒有動搖。不過，君主制度已經漸漸地發生重大改變。君主已成了帝國的象徵。在一八八七年及一八九七年女王統治五十週年與六十週年的慶典上，印度與各殖民地的代表都出席參加儀式。王室成了日益成長的民族與種族之大家庭的聯繫，而具有遠見的前任首相羅茲伯里勛爵早已為這大家庭取了「國協」（the Commonwealth）之名。迪斯累利的遠見卓識與張伯倫的滿腔熱忱對這個大英帝國的拓展都有所貢獻。女王也受到自己所扮重大角色的影響。她派兒孫對日益擴大的領地做官式訪問，所到之處都受到熱烈歡迎。她在英國接受各殖民地無數高官的拜謁。她指派宮中的印度官員，並向他們學印度斯坦語（Himdustani）。她就這樣用

她權力範圍之內的每種手段將她各種不同的人民團結在一起，對英國王室效忠；而她的努力與這個時代的帝國主義精神全然一致。當她已逾八旬，她最後的公開活動之一是訪問愛爾蘭。她從來不贊成愛爾蘭的自治，認為這似乎危及帝國的團結。她很想褒揚在南非表現英勇的愛爾蘭士卒，因此於一九○○年四月前往都柏林，她的小軟帽與上衣上都戴著酢醬草（愛爾蘭的國花）。愛爾蘭臣民，甚至包括當地的民族主義者，都熱烈地歡迎她。在愛爾蘭，對於王室仍洋溢著大量善意，不過悲哀的是英國政府卻未能利用。

　　女王不再公開露面以後，英國一度出現反對王室的情形，自稱為共和主義者大談他們的理念。到了十九世紀結束時，所有這一切都煙消雲散了。女王忠於王室職務、治國有方、秉性真誠、談話銳利，有時令人驚惶失措——女王這些氣質長久以來使她的臣民留下深刻印象。大體而論，他們不知道她在政治事務上是何等精明，也不明白她在應付許多大臣與無數危機的過程中所累積的智慧。但是他們確實體會到她是一位偉大的濟世人物。甚至於私底下時常發現她很衝動與有黨派之見的大臣，都尊敬她所擁有不時打動她並使她產生警覺的責任感。她代表英國傳統的堅定不移與持續不懈。她的年歲愈長，舉國對她愈是尊敬。她去世時已治國幾近六十四年之久。她的臣民幾乎沒有人能夠記得她不是他們君主的時間。但是所有善於深思的人都感受到英國力量的發展與不列顛民族的進步，而這些都是在以維多利亞之名所命名的時代發生的事。維多利亞時代於一九○一年結束，但是它所激勵的目標感與信心，卻還要歷經後來的種種劫難。

　　　　＊　　　＊　　　＊　　　＊　　　＊

　　同時，南非戰爭還在繼續進行。在過去，波耳人對於政治威權，甚至他們自己的領袖行使的威權，從來都沒有表現出溫順或服從；英國人佔領他們的主要城鎮以及奪取鐵路，似乎都不是他們放棄鬥爭的充分理由。草原廣闊，一個人可以由散布四處的農舍得到消息、食物、住所、飼料，更可騎乘戰馬，甚至獲得彈藥。羅伯茨

與布勒幾乎尚未離開南非的海岸地區，戰爭就已如火燎原，演變成快速出沒、猛擊敵人的游擊戰。就提五位著名的游擊隊領袖，路易‧博塔（Louis Botha）、詹姆斯‧巴里‧芒尼克‧赫佐格（Jawes Barry Munick Hertzog）、德‧威特（C.R.De Wet）、德‧拉‧雷伊（J.H.De La Rey），他們不久就在許多地方性戰役中與基欽納碰上，而這戰爭不再花十七個月便沒法子結束。英國以非同尋常的努力才降服了波耳人。一九○一年二月，博塔攻打納塔爾，佛侖奇將軍將他擊退，這個國家相當多地區都變成荒地。其他的游擊隊領袖則入侵開普殖民地，希望將當地荷蘭人團結起來。響應的人少之又少，但是他們足以破壞訊速實現和平的希望。基欽納在逐退侵襲者之後，與博塔於月底會面安排談和條件。這兩位領袖都想要爲開普殖民地的叛亂者爭取特赦；但是高級專員米爾納持反對意見，英國政府支持他的立場。在遭到挫折，而且是大大有違他的判斷與個人的意願下，基欽納被迫採取現在所謂的「焦土」政策。鐵路沿線都建了碉堡，各地都樹立了圍欄；然後沿著圍欄建了更多的碉堡。甚至最具英雄氣概的游擊隊也不可能在這樣選出來的圍地內行動。然後，這個地區，男女老幼都被趕入了集中營。採取這些方法也只有一項理由，即大多數的游擊隊員都是身著便衣從事戰鬥，只有將對他們施予援手的家庭成員一起監禁才能夠鎮壓他們。沒有任何理由能爲集中營本身惡劣情況找出開脫之辭；甚至也無法以負責將大批平民成群囚禁的軍事當局因管理乏力只好從事這令人厭惡的任務的說法，做爲辯解的理由。到一九○二年二月爲止，二萬以上的犯人，或者說幾乎每六人中有一人，大部分因爲疾病而死亡。起初當局否認有任何事出了差錯，或者辯說沒有任何減輕慘況的可能。但是後來有位英國婦女愛米莉‧霍布豪斯小姐（Miss Emily Hobhouse）曝露公開了這些可怕的事實。不久將任首相，此時仍在野的亨利‧坎貝爾-班納曼，譴責集中營是「野蠻人的方法」。張伯倫使集中營脫離軍方的控制；它們的狀況因此很快地獲得改善，波耳人終於在一九○二年三月二十日求和。

　　三天之後，塞西爾‧約翰‧羅茲因心臟病去世。他在去世前最後的一次演說中，對開普頓的忠王者（Loyalist）說：「你們認為你們打敗了荷蘭人。事情並非如此。荷蘭人並沒有被打敗。被打敗的是克格魯爾政權（Krugerism），一個腐敗而又邪惡的政府，在本質上英國成分勝過荷蘭成分。不！荷蘭人今天像過去一樣，雄武有力，不會被人征服；這國家就像是你們的一樣，同樣也仍舊是他們的，你們將來必須將同過去一樣，與他們一起生活與工作。」的確，五月三十一日在費雷尼欣（Vereeniging）簽訂的和約，設法具體表現這種精神；而它的條款可說是極端寬宏大度。有三十二支游擊隊在戰場上仍未被擊敗。各派兩位代表與不列顛的特使會面，在好幾次協商之後都同意放下武器與彈藥。除了某些違反戰爭作法的具體行為，當局將不會懲罰任何人；並且英國允諾盡早實施自治，而國會也會付三百萬英鎊做為補償。簡言之，這些就是和約的主要條件，其中最後一點可以說是很慷慨，無論如何在現代戰爭史上並無前例。沙利茲伯里勛爵在締結和約之時辭職。他身為參加貴族院開會的最後首相，領導大不列顛帝國做了空前的擴展。他於次年去世，一種現在被視作老式的、精神上的某種冷漠超然也隨著他而自英國政治中消失。和約的所有條件都一一被執行，米爾納竭力重建南非。英國與南非自治領的部隊幾乎總共動員了差不多五十萬人，其中傷亡者佔十分之一。大不列顛聯合王國所花費的金錢總共超過了兩億兩千萬英鎊。

　　　　＊　　　　　＊　　　　　＊　　　　　＊　　　　　＊

　　本書的記述現在已到達十九世紀末，現代人可能理所當然地眺望著一長期和平及繁榮。前途似乎光明燦爛，沒有任何人夢想到，我們已經進入一個時期，在其中一個世界強權可以因為想取得發號施令與獨自稱霸的至高誘因而引起戰爭。兩次令人恐懼的戰爭各自持續大約五年之久，將說明在維多利亞時代鼎盛時期各種發展達到的重大地步。德意志崛起成為世界強權，長久以來都表現出過分的民族自信與持續建立武備。沒有人設法測定未來戰爭的特性與後

果。戰鬥到一直贏得勝利成了唯一的目標，而交戰國在這方面的力量將令人驚駭莫名。在已流逝的十九世紀末，似乎十分容易將幾乎是全國規模的部隊體制視爲自然的事；國家的部隊都是藉由普遍徵兵而建立，並由工業進步所產生的無窮資源予以支持。現代生活的顯著特色是組織井井有序，當德意志全力投入擴軍任務時，其步伐就很明顯，甚至無可避免。也許可以這麼說——甚至這種說法是被證實了的——整個歐洲大陸爲了促成現代進步而採取的各種方法，都是以大規模重整軍備爲原則。這就是人類的活力，它未受到阻礙反而欣欣向榮。

　　歐洲強權都規定每位男丁應當受訓當兵，服役二年或甚至三年，但英國因爲地處海島與擁有制海權而使她能置身於這種普遍趨勢之外。然而這種迴避態度絕對不會使危險的趨勢發展緩和下來。恰恰相反，英國在南非無意地在招致危機的過程中扮演了主導的角色。她對所有的國家表現出她自己至高無上。征服波耳人的過程持續長達三年，使歐洲與美洲其他國家也考慮到帝國大業及其他很多事情。所有的強權以不同的心情開始思考海軍問題。德意志看出來，若她沒有強大卓越的戰艦便無法達到她稱雄世界的目標，法蘭西與其他的國家則競相效法她的例子。它的確是表現民族自尊與力量的新管道，而其中位於地球另一邊的日本，更加熱切地採取此一途徑。增添大批的海軍人員及建制，正指出他們全部作爲的邏輯與重要性。征服空中的活動也在進行。若能夠獨自溫和的進行統治世界，英國自然會感到很滿意。

　　差不多一百年的和平與進步已經將英國帶到領導世界的地位。她已經一再努力，爲她自己維持和平，所有的階級都繼續進步繁榮。選舉權已經擴大幾乎到了精算的界限，然而社會平靜、次序井然。保守勢力已經表現出他們能夠安然渡過風暴，國內政黨之間也確實沒有出現任何大風暴。英國民眾可以繼續做他們平日的工作，而將政治鬥爭留給那些無所恐懼的黨派分子。英國這匹馬已經表示縱使鬆開韁繩信步而行，她也不會朝任何方向狂奔。沒有任何人感

到他自己被摒棄於憲法之外。過度的堅持己見會造成傷害。的確，對那些住在大不列顛帝國舉世無雙的領土範圍之內，或在她的範圍內尋找蔽護的那些人而言，二十世紀的黎明似乎很光明靜謐。無盡的工作正等待進行。不論什麼黨統治都無關緊要：因為它們有充分的權利互相批評。沒有任何古代的禁制阻礙喜歡冒險的人。如果他們犯了前人曾經犯過的錯誤，英國人能夠矯正它們而不會帶來嚴重的後果。積極而有生氣的政治應當受到支持。漸漸地、大膽地前進似乎完全可以做到。

　　除了海軍事務之外，美國對這些徵候大都保持距離。她的思想都朝內，放在她無限的天然資源上，它們才剛被發現，尚未大加開採。她的人口仍舊大部分依仗來自驚人增加的歐洲移民。這些移民對他們出生，遭遇不幸的歐洲大陸心懷憤恨，不希望他們的新家園捲入舊家園的鬥爭。美國龐大的潛力，成了地球的不詳之兆；不過除了有想像力的人之外，其他人仍模模糊糊看不清楚。但是在這通訊條件日益進步而顯得縮小的世界中，已很快地便不可能繼續保持遺世獨立，不理其他國家面臨的問題。世界強權的身分地位與它所承擔的責任不可分。第一次世界大戰驚天動地的高潮，終於把美國與舊世界暨英國的命運連結在一起。

　　　　＊　　　　　＊　　　　　＊　　　　　＊　　　　　＊

　　在這裡陳述的就是英語民族的悠久歷史。他們在可怕的但是獲勝的戰爭中將成為盟友。而那並不是結束。我們的面前又出現了另一個階段，盟國在其中將再度接受考驗，而最重要的目標可能就是保護和平與自由。未來尚不可知，但是過去應該使我們對未來懷著希望。至於如何精確地界定最後團結成為一體的確切條件，我們現在尚無法尋求到答案。

中英名詞對照表

巴爾的摩　Baltimore

巴爾幹各國　Balkan States

戈特查可夫親王　Gortchakov, Prince

戈登暴動　Gordon Riots

扎卡里‧泰勒　Taylor, General Zachary

扎卡賴亞‧錢德勒
　　Chandler, Zachariah

日內瓦公約　Geneva Convention（1864）

比利時　Belgium

比薩拉比亞　Bessarabia

毛利人　Maoris

毛毯黨　Blanketeers

水晶宮　Crystal Palace

爪哇　Java

牛津運動　Oxford Movement

五畫

加利福尼亞　California

加拿大　Canada

加拿大太平洋鐵路　Canadian Pacific Railway

加拿大法　Canada Act

北安娜河　North Anna River

卡什敦　Cashtown, Pennsylvania

卡托街陰謀　Cato Street Conspiracy

卡洛琳　Caroline, Queen of George IV

卡納萬　Carnarvon, fourth Earl

卡萊爾　Carlisle, Pennsylvania

卡爾‧馬克思　Marx, Karl

卡爾普丘　Culp's Hill

卡德偉爾　Cardwell

古巴　Cuba

司法條例　Judicature Act

四國聯盟　Quadruple Alliance

尼加拉瀑布城　Niagara Falls

尼古拉‧范西塔特　Vansittart, Nicholas

尼古拉一世沙皇　Nicholas I.

尼柯遜山脊　Nicholson's Nek

尼斯　Nice

布里格姆‧揚　Young, Brigham

布里斯班　Brisbane

布拉克斯頓‧布雷格將軍
　　Bragg, General Braxton

布林格陵戰役　Bowling Green

布隆泉協定　Bloemfontein, Convention of

牛奔河戰役　Bull Run River

布蘭迪車站　Brandy Station

平克頓　Pinkerton's Private Detective Agency

本位制之戰　Standards, Battle of the

本第哥　Bendigo, New South Wales

民主聯盟　Democratic Federation

民權法案　Civil Rights Bill

犯罪法　Crimes Act（Ireland）

申南多河　Shenandoah River

白令海　Behring Sea

白海　White Sea

白橡林戰役　Fair Oaks

皮克峰　Pike's Peak

皮特‧克朗杰　Cronje, Piet

皮特‧雷蒂夫　Retief, Pieter

皮特馬利堡　Pietermaritzburg

皮爾　Peel

皮爾‧布雷加特將軍　Beauregard, General Pierre

七畫

亨利・巴瑟特斯　Bathurst, third Earl

亨利・布魯厄姆　Brougham, Henry

亨利・克萊　Clay, Senator Henry

亨利・坎貝爾・班納曼　Campbell-
Bannerman, Sir

亨利・杜拉蒙德・沃爾夫爵士
Drummond Wolff, Sir Henry

亨利・亞丁頓　Addington, Henry

亨利・亞丁頓・西德茅思
Sidmouth, Henry Addington

亨利・哈夫洛克　Havelock, General Sir
Henry

亨利・約翰・坦普爾・帕默斯頓
Palmerston, Henry John Temple

亨利・勞倫斯　Lawrence, General Sir
Henry

亨利・華杰・哈勒克　Halleck, General
Henry W.

亨利・盧加德爵士　Lugard, Sir Henry

亨利・邁耶斯・海因德曼
Hyndman, H.M.

亨利丘　Henry Hill, the

佛雷澤農莊戰役　Frayser's Farm

伯佳密　Bergami, M.

伯明罕　Birmingham, Chamberlain's
"Muicipal Socialism"

克多麥・伊夫林・巴林　Baring, Evelyn
（later Earl of Cromer）

克拉倫登　Clarendon, Lord

克倫代克河　Klondike

克萊門特・瓦藍迪加姆
Vallandigham, Clement L.

克萊頓-布爾沃條約　Clayton-Bulwer
Treaty

克羅麥・厄味林・貝靈　Cromer,
Evelyn Baring, first Earl of

克羅斯低島戰役　Cross Keys

兵役法　Enlistment Act

利・亨特　Hunt, Leigh

利物浦勛爵　Lord Liverpool

利斯堡　Leesburg

利奧尼達斯・波爾克　Polk, General
Leonidas

利奧波德一世　Leopold I

君士坦丁堡　Constantinople

坎特伯里　Canterbury New Zealand

坎培拉　Canberra

查爾斯・約翰・坎寧・印度總督
Canning, Earl, Governor-General of
India

投票法　Ballot Act

改革法案　Reform Bill

沙凡那　Savannah

沙隆　Châlons

沃爾司利　Wolseley, Viscount

沃爾特・巴奇霍特　Bagehot, Walter

沃爾納將軍　Walner, General

貝川那蘭　Bechuanaland

貝西卡灣　Besika Bay

貝爾福　Balfour, A.J.（Arthur James）

貝德福德　Bedford, Sixth Duke of

辛辛那提　Cincinnati

邦聯　Confederacy

那不勒斯王國　Naples Kingdom of

八畫

亞力山卓　Alexandria

阿拉巴馬　Alabama

阿拉比上校　Arabi Pasha, Colonel

阿拉莫　Alamo

阿拉斯加　Alaska

阿波馬托克斯縣政府
　Appomatox Court House

阿肯色州　Arkansas

阿奎亞溪　Aquia Creek

阿許蘭　Ashland, Virginia

阿富汗戰爭　Afghan War

阿斯奎思　Asquith, H.H.

阿瑟港　Port Arthur

阿道夫·尼埃爾　Niel, Marshall
　Adolphe

阿爾布雷希特·羅恩　Roon, Count
　Albrecht Von

阿爾瓦羅·德門達納　Mendaña, Alvaro
　de

阿爾馬之役　Alma

阿德萊德王后，威廉四世之妻
　Adelaide, Queen of William IV

非什河　Fish River

非洲　Africa

九畫

信德　Sind

保加利亞　Bulgaria

保守黨　Conservative Party

保羅·克魯格　Kruger, President Paul

俄克拉荷馬　Oklahoma

南方山脈　South Mountains

南卡羅萊納　South Carolina

南卡羅萊納州　Southern Right Demo-
　crats

南非　South Africa

南非黑人戰爭　Kaffir Wars

南提羅爾　Tyrol

南達科塔　South Dakota

南澳大利亞　South Australia

南澳之阿德萊德　Adelaide, South Aus-
　tralia

哈立斯堡　Harrisburg, Penn.

哈利·史密斯　Smith, Sir Harry

哈廷頓　Hartington, Marquess of

哈里特·比翠·史托　Stowe, Harriet
　Beecher

哈里森碼頭　Harrison's Landing

哈里發　Khalifa, the

哈格鎮　Hagerstown, Maryland

哈特拉斯小島　Hatteras Inlet

哈德森港　Port Hudson, Louisiana

哈德森灣公司　Hudson's Bay Company

哈潑　Harpers Ferry

契卡毛加　Chickamauga

契卡索絕壁　Chickasaw Bluff

契卡荷米尼河　Chickahominy River

契利安瓦拉戰役　Chilianwala, Battle of

威森堡戰役　Wissembourg, Battle of

威廉·尤爾特·格拉史東
　Gladstone, W.E

威廉·史塔奇·羅斯克蘭斯
　Rosecrans, General William S.

威廉·皮特　Pitt, William

威廉·亨利·西沃德　Seward, William
　H.

威廉·亨利·奧謝　O'Shea, Captain W.
　H.

威廉·哈考特　Harcourt, Sir William

約翰・佛侖奇　French, General Sir John

約翰・狄龍　Dillon, John

約翰・貝爾・胡德　Hood, General John B.

約翰・貝爾參議員　Bell, Senator John

約翰・拉姆頓・德罕伯爵　Durham, John Lambton

約翰・昆西・亞當斯　Adams, John Quincy

約翰・波普　Pope, General John

約翰・莫利　Morley, John

約翰・麥克阿瑟　MacArthur, John

約翰・勞倫斯　Lawrence, John（Later Lord）

約翰・斯科特・埃爾登　Eldon, John Scott

約翰・菲力普　Philip, Dr. John

約翰・撒迪尼斯・德萊恩　Delane, J.T.

約翰・戴維森・洛克斐勒　Rockfeller, John Davison

約翰・羅素　Russell, Lord John

約翰・羅斯金　Ruskin, John

約翰尼斯堡　Johannesburg

美拉特　Meerut mutiny

美國　U.S.

英法協定　Anglo-French Convention

英格蘭銀行　Bank of England

英國皇家尼日爾公司　Royal Niger Company

重建法　Reconstruction Acts（1867）

韋勒將軍　Weyler, General V.

風暴山戰役　Stormberg, Battle of

食品暨藥品銷售法　Sale of Food and Drags Act

十畫

倫巴底　Lombardy

倫古巴　Nguni

倫敦　London

倫敦傳教學會　London Missionary Society

倫瑟斯頓，塔斯尼馬亞　Launceston, Tasmania

倫道夫・邱吉爾　Churchill, Lord Randolph

唐・卡洛斯・比爾將軍　Buell, General Don Carlos

唐納・麥克連爵士　MacLean, Sir Donald

唐納爾森要塞　Fort Donelson, Tenn.

哥倫比亞　Columbia, South Carolina

哥敦士維　Gordonsville, Virginia

哥德瑞奇（Lord）　Goderich, first Viscount

夏洛蒂公主　Charlotte, Princess

夏洛蒂王后　Charlotte, Queen of George III

夏普斯堡　Sharpsburg, Maryland

夏爾・莫里斯・德・塔里蘭・佩里戈德　Talleyrand-Périgord, Charles Maurice de

烏班納　Urbana, Virginia

席維爾岬　Sewell's Point

庫爾佩珀　Culpeper

旁遮普　Punjab

格洛夫洛特戰役　Gravelotte, Battle of

格倫勒　Glenelg Lord

格倫達勒戰役　Glendale, Battle of

格雷伯爵　Grey, Earl